初中生数学核心素养差异性培养教学实践研究

潘玉保　邹守文　著

合肥工业大学出版社

图书在版编目(CIP)数据

初中生数学核心素养差异性培养教学实践研究/潘玉保,邹守文著.
—合肥:合肥工业大学出版社,2021.8
ISBN 978-7-5650-5357-3

Ⅰ.①初…　Ⅱ.①潘…②邹…　Ⅲ.①中学数学课—教学研究—初中
Ⅳ.①G633.602

中国版本图书馆 CIP 数据核字(2021)第 146021 号

初中生数学核心素养差异性培养教学实践研究

潘玉保　邹守文　著　　　　　责任编辑　毛　羽

出　版	合肥工业大学出版社		版　次	2021 年 8 月第 1 版	
地　址	合肥市屯溪路 193 号		印　次	2021 年 8 月第 1 次印刷	
邮　编	230009		开　本	710 毫米×1010 毫米　1/16	
电　话	编辑部:0551-62903120		印　张	17	
	市场营销部:0551-62903198		字　数	288 千字	
网　址	www.hfutpress.com.cn		印　刷	合肥现代印务有限公司	
E-mail	hfutpress@163.com		发　行	全国新华书店	

ISBN 978-7-5650-5357-3　　　　　　　　　定价:38.00 元

如果有影响阅读的印装质量问题,请与出版社市场营销部联系调换。

前　言

　　数学核心素养的思想其实早已渗透到我国基础数学教育中，2018 年 1 月出台的《普通高中数学课程标准(2017 年版)》正式给出了高中数学核心素养的概念，并对六个具体核心素养的概念进行了界定。至于初中阶段数学核心素养的概念，却一直没有明确。初高中课程标准修订组组长史宁中教授说过：义务教育阶段的数学核心素养虽然现在还没有给予准确定论，但它也离不开《义务教育数学课程标准(2011 版)》(以下称《标准》)中提到的八个核心词，即数感、符号意识、推理能力、模型思想、几何直观、空间想象、运算能力、数据分析观念，以及两个超出数学范畴的一般素养，即应用意识和创新意识。虽然初中数学核心素养概念还没有明确，但《标准》已明确要求，人人应学有价值的数学，人人都能获得必需的数学，让不同的人在数学上得到不同的发展。为此，对存在个体差异的学生如何培养他们的数学核心素养，对数学学习能力较弱的学生如何帮助他们在核心素养方面取得进步，特别是对数学有爱好和特长的学生如何培养他们更好地发挥数学特长，笔者做了一些探索。

　　作为长期从事初中数学教育教学研究的教育工作者，笔者认为既要关注教育教学改革的发展，又要全面落实立德树人的根本任务。在具体落实数学核心素养培养方面，笔者考虑到学生学习数学的主客观因素和个体的差异，因此选择了"初中生数学核心素养培养的差异性研究"作为主要研究方向。在实践过程中，笔者对学习能力强的学生采取"扬长式"教育，即不忽视或冷漠学生的数学特长，通过课堂教学的改革，促使这些学生发挥其特长；对学习能力弱的学生采取循循善诱的教学方式，促使他们达到数学核心素养的基本要求。笔者为此在 2018 年还申报了省级课题。在这三年的研究过程中，本课题组开展了大量的卓有成效的研究：对课题研究对象进行了前期测试，并对测试结果进行了科学的分析，同时采取分层抽样的方法，对部分学生进行家访调查，为课题研究做好前期准备工作；在课题结题前，又进行了后期测试,通过前后测试数据的比对和分析,发现通过课题的研究能够有效培养学生的"四基""四能",使不同程度的学生在核心素养上都有所提高;为使研究个体具有代表性,笔者深入农村、乡镇、城区,开展了上百次的研究课教学活动,并对每一节课的教学情况进行交流、总结,获得了课题研究的第一手材料,积累了一定的素材;通过课堂教学大赛和示范课、展示课等多种形式的教学实践,并将课题研究成果和课堂教学有机结合,提高了课堂教学质量。课题的研究成果于 2019 年 11 月开始在南陵县推广,在获得良好评价的基础上,又对其进行了一些充实和完善;2020 年 12 月 30 日在芜湖市进行了本成果的推广和介绍;2021 年借助于"中学数学教学参考"的网络平台,在更大范围内进行了本成果的推广和介绍。

本课题在尊重个体差异的前提下,以班级制课堂教学为主要阵地,以数学核心素养结合个体差异的培养为研究内容,发挥个体差异性资源优势,扬长避短,构建了个性差异下的数学核心素养培养的课堂教学"五步法"的教学模式,初步总结出六个不同的数学核心素养的差异性培养的策略与方法和基于主客观因素影响下的学习能力差异的数学核心素养培养的策略。这些成果丰富了因材施教的内容,使学习能力不同的学生在数学核心素养方面都得到了不同程度的提高。

本课题在研究过程中得到了一些同仁的帮助和指导,在此对他们表示诚挚的感谢!

由于作者的水平所限,书中一定存在错误、缺漏和不当之处,欢迎读者批评指正。

潘玉保　邹守文

2021 年 7 月

目　　录

第一章 绪 论

第一节 研究背景和指导思想

一、研究背景

2018 年 1 月,《普通高中数学课程标准(2017 年版)》正式发布. 该标准界定了数学核心素养的含义,提出了六个数学核心素养 —— 数学抽象、逻辑推理、数学建模、直观想象、数学运算和数据分析,并阐述了每个数学核心素养的内涵、价值、表现和目标. 这是进一步深化课程改革和落实立德树人根本任务的标志性工作.

数学核心素养是人才培养所应达到的质量标准在数学学科层面的表达. 它是数学学科本质的提取和凝练,旨在使学生通过数学知识、数学方法的学习,数学思想、数学价值的领悟,以及态度、情感的熏陶,形成正确的价值观念、必备品格和关键能力.

关于初中阶段的数学核心素养,初高中课程标准修订组组长史宁中教授认为:义务教育阶段的数学核心素养虽然现在还没有给予准确定论,但它也离不开《义务教育数学课程标准(2011 年版)》中提到的八个核心词,即数感、符号意识、推理能力、模型思想、几何直观、空间想象、运算能力和数据分析观念;以及两个超出数学范畴的一般素养,即义务教育阶段强调的应用意识和创新意识.

数学新教材变革主要以发展学生数学学科核心素养为导向,在教材的编写上除了整合相关知识,保证知识系统的整体性、联系性外,最重要的就是六大核心素养的落实. 每一个核心素养都不是孤立的,它们既有自身的独立性,又有相互交融性和内在整体性. 新教材通过对核心素养培养的落实引导学生把握数学问题的本质,感悟数学的科学价值、应用价值、文化价值和审美价值,把数学内化为无形的思维去看世界,解决现实问题.

但在当今的现实教学中,只关注教学内容的研究而忽视教学对象即学生个体的研究,仍是普遍现象.为使人人都获得良好的数学教育,让不同的人在数学上得到不同的发展,以及全面落实数学核心素养的任务,课题组拟定以"初中生数学核心素养培养的差异性研究"为研究方向.

二、指导思想

本书的研究以马克思列宁主义、毛泽东思想、邓小平理论、"三个代表"重要思想、科学发展观、习近平新时代中国特色社会主义思想为指导,深入贯彻党的十八大、十九大精神,落实全国教育大会精神,全面贯彻党的教育方针,落实立德树人的根本任务.

本书的研究旨在落实义务教育阶段数学教育的性质:有助于学生掌握必备的基础知识和基本技能;有助于培养学生的抽象思维和推理能力;有助于培养学生的创新意识和实践能力;有助于学生在情感、态度与价值观等方面得到发展.

通过本书的研究,帮助学生掌握现代生活和进一步学习所必需的数学知识、技能、思想和方法;提升学生的数学素养,引导学生会用数学眼光观察世界,会用数学思维思考世界,会用数学语言表达世界;促进学生思维能力、实践能力和创新意识的发展,探寻事物变化规律,增强社会责任感;促进学生形成正确人生观、价值观和世界观;培养不同学生在不同层次上有不同的发展.

第二节 概念界定和研究意义

一、概念界定

《普通高中数学课程标准(2017年版)》界定了数学核心素养的概念,并对数学核心素养的含义和要求做了具体阐述.

1. 数学核心素养

数学核心素养是数学课程目标的集中体现,是具有数学基本特征的思维品质、关键能力以及情感、态度与价值观的综合体现,是在数学学习和应用的过程中逐步形成和发展的.数学学科核心素养包括:数学抽象、逻辑推理、数学建模、直观想象、数学运算和数据分析.这些数学核心素养既相对独立又相互交融,是一个有机的整体.

（1）数学抽象

数学抽象是指通过对数量关系与空间形式的抽象,得到数学研究对象的素养.其主要包括:从数量与数量关系、图形与图形关系中抽象出数学概念及概念之间的关系,从事物的具体背景中抽象出一般规律和结构,并用数学语言予以表征.

数学抽象是数学的基本思想,是形成理性思维的重要基础,反映了数学的本质特征,贯穿在数学产生、发展、应用的过程中.数学抽象使得数学成为高度概括、表达准确、结论一般、有序多级的系统.

数学抽象主要表现为:获得数学概念和规则,提出数学命题和模型,形成数学方法与思想,认识数学结构与体系.

（2）逻辑推理

逻辑推理是指从一些事实和命题出发,依据规则推出其他命题的素养.其主要包括两类:一类是从特殊到一般的推理,推理形式主要有归纳、类比;另一类是从一般到特殊的推理,推理形式主要有演绎.

逻辑推理是得到数学结论、构建数学体系的重要方式,是数学严谨性的基本保证,是人们在数学活动中进行交流的基本思维品质.

逻辑推理主要表现为:掌握推理基本形式和规则,发现问题和提出命题,探索和表述论证过程,理解命题体系,有逻辑地表达与交流.

（3）数学建模

数学建模是对现实问题进行数学抽象,用数学语言表达问题、用数学方法构建模型解决问题的素养.数学建模过程主要包括:在实际情境中从数学的视角发现问题、提出问题,分析问题、建立模型,确定参数、计算求解,检验结果、改进模型,最终解决实际问题.

数学模型搭建了数学与外部世界联系的桥梁,是数学应用的重要形式.数学建模是应用数学解决实际问题的基本手段,也是推动数学发展的动力.

数学建模主要表现为:发现和提出问题,建立和求解模型,检验和完善模型,分析和解决问题.

（4）直观想象

直观想象是指借助几何直观和空间想象感知事物的形态与变化,利用空间形式特别是图形来理解和解决数学问题的素养.主要包括:借助空间形式认识事物的位置关系、形态变化与运动规律;利用图形描述和分析数学问题;建立形与数的联系,构建数学问题的直观模型,探索解决问题的思路.

直观想象是发现和提出问题、分析和解决问题的重要手段,是探索和形成论证思路、进行数学推理、构建抽象结构的思维基础.

直观想象主要表现为:建立形与数的联系,利用几何图形描述问题,借助几何直观理解问题,运用空间想象认识事物.

（5）数学运算

数学运算是指在明晰运算对象的基础上,依据运算法则解决数学问题的素养.其主要包括:理解运算对象,掌握运算法则,探究运算思路,选择运算方法,设计运算程序,求得运算结果等.

数学运算是解决数学问题的基本手段.数学运算是演绎推理,是计算机解决问题的基础.

数学运算主要表现为:理解运算对象,掌握运算法则,探究运算思路,求得运算结果.

（6）数据分析

数据分析是指针对研究对象获取数据,运用数学方法对数据进行整理、分析和推断,形成关于研究对象知识的素养.数据分析过程主要包括:收集数据,整理数据,提取信息,构建模型,进行推断,获得结论.

数据分析是研究随机现象的重要数学技术,是大数据时代数学应用的主要方法,也是"互联网+"相关领域运用的主要数学方法,数据分析已经深入科学、技术、工程和现代社会生活的各个方面.

数据分析主要表现为:收集和整理数据,理解和处理数据,获得和解释结论,概括和形成知识.

2. 差异性

本书中所说的差异性指的是学生在主客观差异、个体与群体的差异、阶段性差异等方面的相关因素影响其培养方法选择的一系列研究过程.所谓相关因素,主要指学生因素、教师因素、家庭因素及学校因素,其中学生因素和教师因素是本课题的重点研究对象.对于学生因素,本课题将重点关注学生的非智力因素(自我效能、动机水平和情感态度)、学习策略因素和学生的个人特质(性别和性格等).其中,学习策略因素又包括认知策略(精细加工、组织梳理、复习强化)、元认知策略(计划、监控、调节)、资源管理策略(寻求帮助、时间管理、自主参考).对于教师因素,本课题则重点关注教师的教学行为,即教学方式(讲授教学、探究教学、认知发展教学)、教师教学任务设计(学习理解类任务、实践应用类任务、创新迁移类任务)、师生关系等因素变量.这里的"差异性"主要体现为个体差异和实施培养差异(课堂教学).

如何针对初中生个体差异实施数学核心素养培养,是课题研究的主要任务.

二、研究意义

本书在尊重个体差异的前提下,以班级制课堂教学为主要阵地,以数学核心素养结合个体差异的培养为研究内容,发挥个体差异性资源优势,扬长避短,构建了个性差异下的数学核心素养培养的课堂教学"五步法"的教学模式,建立了六个不同的数学核心素养的差异性培养策略与方法,完善了基于主客观因素影响下的学习能力差异的数学核心素养培养的策略.该课题成果丰富了"因材施教"的内容,使学习能力强、中、弱的学生在数学核心素养方面都得到了不同程度的发展:基础好的学生,其数学核心素养更上一层楼,能高效地进行高中阶段的学习,乃至更进一步的学习;中等程度的学生,其学习兴趣和潜能得到激发,具备继续学习数学的基础和能力;基础较弱的学生,能顺利地完成初中阶段的学业,具备适应今后工作和生活相应的数学素养.该课题成果为有效提高课堂教学效益,全面提升学生的数学核心素养,提供一些可操作的具体详细的培养策略与方法,具有一定的理论意义与实践价值.

第三节 研究原则与理论支撑

一、研究原则

1.立足基础性原则

《全日制义务教育数学课程标准(实验稿)》指出,义务教育阶段数学教育的目标是,通过义务教育阶段的数学学习,学生能获得适应社会生活和进一步发展所必需的数学基础知识、基本技能、基本思想、基本活动经验;体会数学知识之间、数学与其他学科之间、数学与生活之间的联系,学会运用数学的思维方式进行思考,增强发现和提出问题的能力,提高分析和解决问题的能力;了解数学的价值,提高学习数学的兴趣,增强学好数学的信心,养成良好的学习习惯,具有初步的创新意识和实事求是的科学态度.

综上所述,本书的基础性原则是指:面向全体学生,尊重个体差异,在落实立德树人根本任务的前提下,让所有学生都能掌握初中阶段所应具备的数学基础知识、基本技能、基本思想、基本活动经验,同时具备基于自身学习实际的数学抽象、逻辑推理、数学建模、直观想象、数学运算和数据分析的素养.

2. 促进发展性原则

在尊重个体差异的前提下,以班级制课堂教学为主要阵地,发挥个体差异性资源优势,创新教学方法与策略,使个体数学核心素养得到不同程度的发展.

3. 尊重差异性原则

在尊重个体差异的前提下,采取有效的、切实可行的、多种形式的方法,培养学生的数学核心素养,使学习能力强、中、弱的学生在数学核心素养方面能得到不同程度的发展:基础好的学生,其数学核心素养更上一层楼,能高效地进行高中阶段的学习;中等程度的学生,其学习兴趣和潜能得到激发,具备继续学习数学的基础;基础较差的学生,能顺利地完成初中阶段的学业,具有相应的数学素养.

因材施教是指在教学中根据不同学生的认知水平、学习能力和自身素质,教师选择适合每个学生特点的学习方法进行针对性的教学,发挥学生的长处,弥补学生的不足,激发学生学习的兴趣,树立学生学习的信心,从而促进学生全面发展.正如《论语·为政》中的"子游问孝""子夏问孝",朱熹集注引宋程颐对其评曰:"子游能养而或失于敬,子夏能直义而或少温润之色,各因其材之高下与其所失而告之,故不同也."

本书所研究的差异性原则,是在新时代教育改革发展的环境下提出的.它包含两个方面的内容:一方面,要承认学生个体的差异和个体需求的差异,在充分尊重差异的前提下,有针对性地对学生的核心素养进行培养,使其获得不同程度的核心素养;另一方面,所采取的培养方法的差异性,即针对存在数学素养差异的个体进行不同方法和策略的培养(课堂教学).

二、理论支撑

本课题研究以教育学、心理学、教学论和数学课程标准的相关理念为指导,融合了建构主义认知理论、人本主义学习理论、有效教学理论、"掌握学习"理论和《义务教育数学课程标准(2011年版)》的基本理念.

1.建构主义认知理论

建构主义认知理论认为,学生对于所学的知识,必须经过自己亲身探索、体验、认知,自己去建构对知识的认知,建构知识的框架和知识体系,才能完全转化为自己的知识并形成技能.这就要求我们在教学中创设灵活多样、富有激情的有效练习形式,诱发学生自己主动进行练习,引导学生自主地思考问题,巧妙地启发学生解决问题,从而让学生自己去建构知识框架和知识体系,培养学生创设问题和解决问题的能力.

2.人本主义学习理论

人本主义学习理论注重启发学习者的经验和创造潜能,引导其结合认知和经验,肯定自我,进而达到自我实现的目的.

3.有效教学理论

有效教学理论认为,教学就其本体功能而言,是有目的地挖掘人的潜能、促使人身心发展的一种有效的实践活动.其理念主要体现在:一是促进学生的学习和发展是教学的根本目的,也是衡量教学有效性的唯一标准;二是激发和调动学生学习的主动性、积极性和自觉性是有效教学的出发点和基础;三是提供和创设适宜的教学条件,促使学生形成有效的学习是有效教学的实质和核心.

4."掌握学习"理论

美国著名的教育家、心理学家布卢姆提出"掌握学习"理论,强调每个学生都有能力学习和理解任何教学内容,达到掌握水平.只要提供较好的学习条件,多数学生学习能力、速度和动机方面的个别差异将会消失,大多数学生将获得较高的学习动机.

5.《义务教育数学课程标准(2011年版)》的基本理念

《义务教育数学课程标准(2011年版)》的基本理念包括:数学课程应致力于实现义务教育阶段的培养目标,要面向全体学生,适应学生个性发展的需要,使得人人都能在数学上得到不同的发展.

教师教学应该以学生的认知发展水平和已有的经验为基础,面向全体学生,注重启发式教学和因材施教.教师要发挥主导作用,处理好讲授与学生自主学习的关系,引导学生独立思考、主动探索、合作交流,使学生理解和掌握基本的数学知识与技能、数学思想和方法,获得基本的数学活动经验.

第四节　研究方法

本书以马克思主义唯物辩证法作为研究的方法论指导,关注学生的学习实际,以课堂教学为立足点,以学生学习的全过程为依托,以提升学生的数学核心素养为突破口,以培养德智体美劳全面发展的社会主义建设者为根本目标,使得人人都能获得良好的数学教育,让不同的人在数学上得到不同的发展.其主要研究方法有:

(1)文献研究法,即通过检索各类数据与相关文献,了解研究现状,掌握研究理论;同时对相关文献资料进行归纳、演绎和比较分析,得出结论.

(2)调查研究法,即通过访问、实地查看等方式调查收集第一手资料.

(3)定性研究法,即研究学生因素和教师因素对学生培养的影响,以及为之而采取的教学方法和策略.

(4)定量研究法,即采用合理的计量方法选取样本进行研究.

(5)行动研究法,即通过大量的课堂教学课例、教研活动等形式,进行实证性研究.

在研究过程中,本书还涉及问卷调查、谈话交流、访问、观察、统计测量、实验、个案研究等研究方法.

具体技术路线如图 1-4-1 所示.

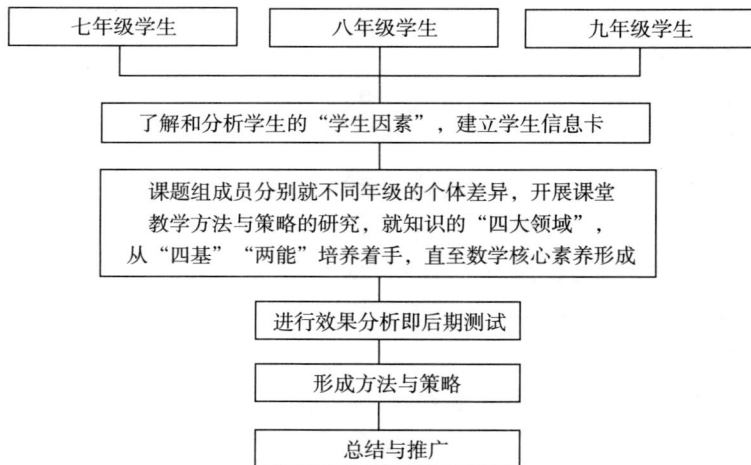

图 1-4-1

第二章　初中生数学核心素养差异性培养的教学模式与案例

五步教学法

在前期调查和后期研究及多次的实践中,笔者总结出初中生数学核心素养培养的差异性培养课堂教学"五步法"的教学模式,具体做法阐述如下.

第一步:"预",即教师课前做好预设.《礼记·中庸》语"凡事预则立,不预则废".教师在全面了解学生的认知规律、知识掌握情况,深入分析教材和学生"最近发展区"的前提下,从课程标准要求出发对教学内容进行分层预设,让学生对所学内容进行预习,并尝试解决预设的问题.教师可将预设的问题分为 A、B、C 三类. A 类为基础知识,依据标准要求让学生掌握最基本的概念、性质、定理等;B 类为综合达标,在掌握基础知识的前提下,让学生综合运用知识解决中等难度问题;C 类为拓展培优,在掌握 A、B 类内容的前提下对知识进行适度拓展,培养核心素养."预"要求教师课前收集有效的信息,并对信息进行分析和处理,在课堂教学中精准地对学生进行差异性培养.

第二步:"解",即教师将"预"中的问题归类整理后,在课堂教学中,教师对预习中出现的问题进行分层精讲.在"解"的环节中坚持以学生为主体,教师起引导、连接和点评的作用.对 A 类基础题,请班级后进生解答;对 B 类综合题,请班级中等生解答;对 C 类拓展培优题,请班级基础较好的学生解答.在分析和点评的过程中关注学生的行为,重视师生互动、生生互动,立足学生回答问题中的"学情",通过"解"和点评的过程引领学生差异性素养的发展.

第三步:"探",即探究.在师生共同努力下,将精讲的内容进行"变式""拓展",按分层要求,通过变式、拓展、升华等手段,强化对知识的理解,掌握对固化知识的变式功能.变式、拓展方法可以是:一般化与特殊化的转化、数字与字母的替换、已知与结论的互换、条件的增减、图形的几何变换等.在"变 — 探"的过程中,不同学生的数学核心素养会得到不同的发展.

在"解"和"探"的教学环节,可适当对学生进行分组,即分组汇报变式的成果,这里分组可有两种方法:一是每组里都有好、中、差不同的学生,二是按照学习的好、中、差分组.这一环节与"探究"环节融合,通过分组,让学生积极参与合作探究.在合作探究中,培养学生的合作探究精神,差异性培养学生的数学核心素养.因为学生年龄、相互的熟悉程度等因素,他们在交流过程中敢于提出自己的"思维成果",在"提出问题 — 思考问题"的过程中,能有效地促进学生核心素养的差异性发展.

第四步:"结",即小结,旨在创新课堂的评价与小结方式.小结环节,不是简单的教师罗列知识点,而是继续发挥学生的学习主动性,采取"学生自评""学生互评""教师点评"等方式.在自评与互评的过程中,让学生感受本课时的学习"学情",找出本节课学习的得与失,想一想还有哪些困惑和不足.这种方式,不仅提醒学生在课堂学习中注重学习过程,更重要的是让学生"思考"学习过程.

第五步:"悟",即感悟.学生对当天学习的内容,进行课后再反思,争取又有新成果(不同人有不同的成果).通过对学习内容的再反思,形成对知识理解的再生成,提升对知识理解的再升华.这使得基础较弱的学生能"悟"到对知识的理解,对于中等学生能"悟"到对知识的灵活运用,对于"基础较好的学生"能"悟"到对知识举一反三,使不同学生得到不同的数学核心素养的发展.在此基础上,对学生本节课的课堂内容做具体要求,即布置课后任务,既能检测本节课的学习效果,又为下节课的教学做一定的铺垫.

第一节　数学抽象素养差异性培养的教学模式与案例

数学抽象是指通过对数量关系与空间形式的抽象,得到数学研究对象的素养.它主要包括:从数量与数量关系、图形与图形关系中抽象出的数学概念及概念之间的关系,从事物的具体背景中抽象出的一般规律和结构,并用数学语言予以表征.

数学抽象是数学的基本思想,是形成理性思维的重要基础,反映了数学的本质特征,贯穿在数学产生、发展、应用的过程中.数学抽象使得数学成为高度概括、表达准确、结论一般、有序多级的系统.

数学抽象主要表现为:获得数学概念和规则,提出数学命题和模型,形成数学方法与思想,认识数学结构与体系.

案例 1 基于学生个体差异下的数学抽象 素养差异性培养的教学设计

—— 以"17.1 勾股定理"第 1 课时为例

内容和内容解析

一、内容

义务教育教科书八年级《数学》(下册) 第十七章"17.1 勾股定理"第 1 课时勾股定理的探究、证明及简单应用.

二、内容解析

勾股定理的内容是:如果直角三角形的两条直角边长分别为 a,b,斜边长为 c,那么 $a^2 + b^2 = c^2$.它揭示了直角三角形三边之间的数量关系.在直角三角形中,已知任意两边长,就可以求出第三边长.勾股定理常用来求解线段长度或距离问题.

勾股定理的探究是从特殊的等腰直角三角形出发,到网格中的直角三角形,再到一般的直角三角形,体现了从特殊到一般的探索、发现和证明的过程.证明勾股定理的关键是利用割补法求以斜边为边长的正方形的面积,教学中要注意引导学生通过探索去发现图形的性质,提出一般的猜想,并获得定理的证明.

我国古代在数学方面有许多杰出的研究成果,其中勾股定理就是一个突出的例子.教学中可以介绍我国古代在勾股定理的证明和应用方面取得的成就和作出的贡献,以培养学生的民族自豪感;要围绕勾股定理进行探索、发现和证明,培养学生学习数学的热情和信心.

基于以上分析,可以确定本节课的教学重点 —— 探索并证明勾股定理.

目标和目标解析

一、目标

（一）知识与技能

1. 了解勾股定理的文化背景，参与勾股定理的探索、发现和证明过程.（针对基础薄弱的学生）

2. 了解勾股定理的文化背景，体验勾股定理的探索、发现和证明过程.（针对基础中等的学生）

3. 了解勾股定理的文化背景，掌握勾股定理的内容，会用面积法证明勾股定理.（针对基础较好的学生）

（二）过程与方法

在探索勾股定理的过程中，学会与他人合作，并能与他人交流思维和探究结果，体验数学思维的严谨性.（针对所有学生）

通过对勾股定理的探究、证明过程，学生可增强合情推理能力，体会数形结合思想.（针对基础较好的学生）

（三）数学思考

在勾股定理的探索过程，学生发展合情推理能力，体会数形结合的思想.

（四）情感态度与价值观

本课时，通过对勾股定理的一些文化历史背景的了解，对我国古代研究勾股定理的成就的介绍，培养学生的民族自豪感，激发学习热情.

二、目标解析

1. 要求学生先观察以直角三角形的三边为边长的正方形面积之间的关系，通过归纳和合理的数学表示发现勾股定理的结论.（针对所有学生）

2. 理解赵爽弦图的意义及其证明勾股定理的思路，能通过割补法构造图形证明勾股定理.（针对基础较好的学生）

3. 了解勾股定理相关的史料，知道我国古代在研究勾股定理上的杰出成就.（针对所有学生）

4. 要求学生能运用勾股定理进行简单的计算.（针对基础薄弱的学生）

重点：已知直角三角形的两边长能求第三条边的长.（针对基础较好的学生）

教学问题诊断分析

勾股定理是关于直角三角形三边关系的一个特殊的结论. 在正方形网格中比较容易发现以等腰直角三角形三边为边长的正方形的面积关系, 进而得出三边之间的关系. 但要从等腰直角三角形过渡到网格中的一般直角三角形, 提出合理的猜想, 学生理解起来可能有较大困难. 学生第一次尝试用构造图形的方法来证明定理存在较大的困难, 解决问题的关键是要想到用合理的割补方法求以斜边为边的正方形的面积. 因此, 在教学中需要先引导学生利用导学案观察网格背景下的正方形的面积关系, 然后思考去网格背景下的正方形的面积关系, 再把这种关系表示成边长之间的关系, 这有利于学生自然合理地发现和证明勾股定理.

难点: 勾股定理的探究和证明.

学生核心素养差异性分析及授课策略

由于一个班的学生在数学核心素养方面的差异性较大, 大概有三分之一的学生入学时数学基础就很薄弱, 这其中又有一半的学生成绩处于不及格水平; 三分之一的学生成绩一般, 有些基础比较欠缺, 需要通过反复练习来巩固; 还有三分之一的学生成绩优良, 基础扎实.

基于以上因素, 本节课运用的教学方法是"启发探索"式, 采用教师引导启发、学生独立思考与自主探究、师生讨论交流相结合的方式. 对内向、数学抽象能力与逻辑推理能力较弱的学生, 通过介绍数学家、数学史, 介绍相应的数学趣题, 激发他们的学习兴趣, 多鼓励他们积极探索、积极发言、多提问一些基础知识, 促使他们不断进步; 对成绩一般的学生, 培养他们良好的学习习惯, 使其能有计划地学习, 发展非智力因素, 以弥补智力上的不足; 对程度较好的学生, 在课堂提问时, 要多提问一些有针对性、启发性的问题, 培养他们对探究过程中用到的数学思想、教学方法有一定的领悟和认识, 达到培养能力的目的. 总之, 力争做到对不同层次的学生以不同问题、不同方法来施教, 使各层次的学生都积极参与观察、思考、探索、发现, 从而形成自觉实践的氛围.

核心素养培养的差异性落实课前预设

1. 创设多样性的问题情境, 为学生自主从图形关系中抽象出概念之间的关系铺平道路,为有效进行推导打下基础.

(1)创设着眼于和本节知识相关的问题情境,从而顺理成章地进入本节内容.

(2)让学生观看图片,创设情境,通过对我国古代研究勾股定理成就的介绍,培养学生的民族自豪感,激发其学习热情.

(3)让学生观看视频,创设情境,了解西方对勾股定理的发现、证明过程,激发学生学习热情,同时为探索勾股定理提供背景材料.

2.以历史上相关的著名故事为切入点,为不同层次的学生探究提供展示的舞台.

(1)从历史上相关的著名故事切入,提出问题,造成悬念,激发学生探究的激情.

(2)在网格拼图实验中,从特殊的图形开始探究,让不同层次的学生有不同的发现.

(3)在网格拼图实验中,从一般的图形开始探究,让不同层次的学生有不同的发现,养成良好的探究习惯.

3.设置两种不同的证明方法和古代重要的推导思想,让不同的学生经历不同的学习体验,最后都能达标.

(1)设置拼图活动,让学生们从视觉上感受拼接前后的等量关系,从而构建等式,推导出结论,达到自己学习的预期效果.

(2)设置"赵爽弦图",让学生们从整体与部分上感受等量关系,从而构建等式,推导出结论,达到自己学习的预期效果.

(3)设置赵爽用"弦图"证明勾股定理的思路,使学生了解我国古代数学家对勾股定理的证明作出的贡献,增强学生们的民族自豪感.

4.设置不同的课业,让不同的学生经历不同的学习体验,最后都能达标.

(1)设置 A,B,C 三类作业,让不同的学生都掌握能够解决问题的办法,从而可以达到自己学习的预期效果.

(2)设置必做和选做题,其中的必做题检查所有学生的应用勾股定理解决问题的素养,选做题发展基础较好的学生从问题中抽象出一般规律的能力.

5.创设形式多样的数学活动,为逻辑推理素养、抽象素养的培养提供平台.

(1)在网格拼图实验中,让每个学生都能学会验证,不同层次的学生,探究的程度不同.

(2)在理论推导中,调动学生思维的积极性,发展学生的形象思维;力求让学生在获得知识的过程中有所感悟,了解知识的来龙去脉和内在联系,从而培养逻辑推理能力,体会数学中的数形结合思想.

(3)在小组讨论活动中,让所有学生都有所得,从而激发每个学生的探索积极性.

教学过程设计

一、预

(一)展示学案中的任务内容

1.根据同学们的预习情况,让学生回忆三角形按角可分为哪几类,三角形的三边有何关系?

2.如图 2-1-1、图 2-1-2 所示,分别以等腰直角三角形和一般的直角三角形三边为边,向外作正方形,三个正方形的面积有何关系?(小方格的边长为1)

(1)图 2-1-1 和图 2-1-2 中,正方形 A,B,C 的面积各为多少?将结果填于表 2-1-1 中.

(2)正方形 A,B,C 的面积有什么关系?

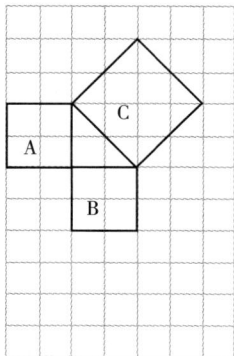

图 2-1-1

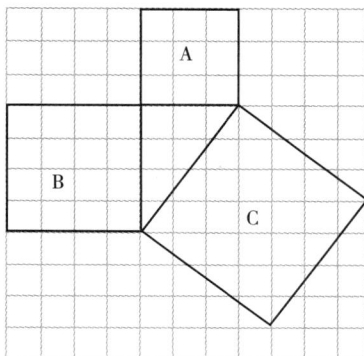

图 2-1-2

表 2-1-1 正方形 A,B,C 的面积

	图 2-1-1	图 2-1-2
A 的面积		
B 的面积		
C 的面积		

3.是不是所有的直角三角形都有这样的特点呢? 下面就来证明这个命题.

(1)证法一:根据图 2-1-3 所示,求 a,b,c 之间的关系.

(2)证法二:现在我们一起来探索"弦图"的奥妙吧! (如图 2-1-4 所示)

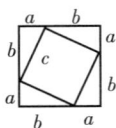

图 2-1-3

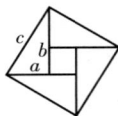

图 2-1-4

(3)赵爽用"弦图"证明勾股定理的思路是什么? (如图 2-1-5 所示)

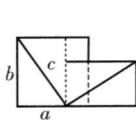

(a)

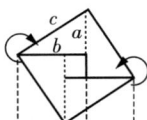

(b)

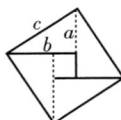

(c)

图 2-1-5

4.巩固练习(针对自己情况有选择性地做).

(1)设直角三角形的两条直角边长分别为 a 和 b,斜边为 c.

①已知 $a=6,c=10$,求 b;②已知 $a=5,b=12$,求 c;③已知 $c=25,b=15$,求 a.

(2)在图 2-1-6 中,所有的三角形都是直角三角形、四边形都是正方形. 已知正方形 A,B,C,D 的边长分别为 12,16,9,12.求最大正方形 E 的面积.

(3)图 2-1-7、图 2-1-8 中的数字表示正方形的面积,求正方形 A,B 的面积.

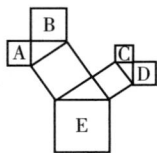

图 2-1-6

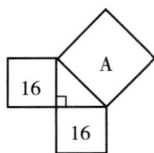

图 2-1-7

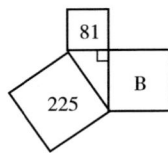

图 2-1-8

(4)图 2-1-9、图 2-1-10 中的数字表示正方形的面积,求表示边长的未知数 x,y 的值.

(5) 已知：Rt△ABC 中，$AB=4$，$AC=3$，则 BC 的长为_____.

(6) 如图 2-1-11 所示，在 Rt△ABC 中，$\angle ACB=90°$，$CD\perp AB$，$AC=2\sqrt{2}$ cm，$BC=\sqrt{10}$ cm，求 CD 的长.

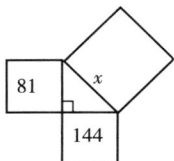

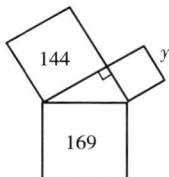

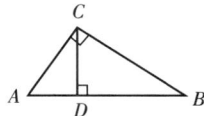

图 2-1-9　　　　　　　　　图 2-1-10　　　　　　　　　图 2-1-11

（二）分析学生完成情况

大多数学生很容易求出正方形 A，B 的面积，而正方形 C 的面积一般中等、基础较好的学生才能求出，大部分学生知道直角三角形三边的规律，但只有中等以上的学生能归纳出命题，只有极少数学生用证法一、证法二证出来了；巩固练习（5）基本只写出了答案，绝大部分学生很难找出巩固练习（6）的解题方法.

二、解

问题　1. 根据同学们的预习情况让其回忆三角形按角可分为哪几类，三角形的三边有何关系.

2. 图 2-1-12 是 2002 年在北京召开的第 24 届国际数学家大会，它是最高水平的全球性数学科学学术会议，被誉为数学界的"奥运会"．图 2-1-13 是本届大会的会徽.

（1）图 2-1-13 是由我们学过的哪些图形组成？

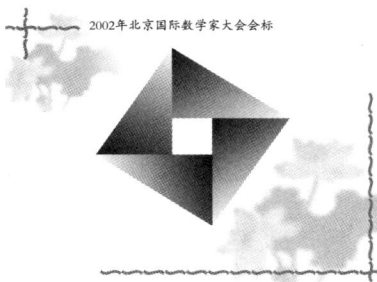

图 2-1-12　　　　　　　　　　图 2-1-13

(2) 图 2-1-13 标志着我国古代数学的成就！这个图形里到底蕴含着怎样博大精深的知识呢？

3. 观看勾股定理相关的史料视频.

【师生活动】　教师根据学生的预习情况,先提问,然后通过多媒体展示图片及视频,最后让学生发表见解.

教师做补充说明:这个图案是我国汉代数学家赵爽在证明勾股定理时用到的,称为"赵爽弦图".

在本次活动中,教师应关注:

(1) 学生的预习是否到位;

(2) 学生对"赵爽弦图"及勾股定理的历史是否感兴趣;

(3) 学生对勾股定理历史背景的了解程度.

【设计意图】　(1) 本节课是本章的起始课,重视引言教学,从国际数学家大会的会徽说起,设置悬念,引入课题.

(2) 观看视频,是为了激发学生学习热情,同时为探索勾股定理提供背景材料.

程度较弱的学生:注意力集中于图片的美观和视频的搞笑之处.

程度中等的学生:注意力集中于图片中几何图形反映的内容和视频中勾股定理的由来.

程度优秀的学生:注意力集中在我国古代数学家是怎样推理出勾股定理,以及勾股定理的用途.

差异性培养策略:创设的两种情境,使学生对"赵爽弦图"及勾股定理的历史引起兴趣,同时也在心中提出不同的问题,为有效学习勾股定理的探索、发现和证明设置了悬念.

三、探

(一) 创设情境,引入新课

问题　如图 2-1-14 所示,毕达哥拉斯是古希腊著名的数学家. 相传在 2500 年以前,他在朋友家做客时,发现朋友家用地砖铺成的地面反映了直角三角形的某种特性.

(1) 现在请你也观察一下图 2-1-14,有什么发现吗?

(2) 等腰直角三角形是特殊的直角三角形,一般的直角三角形是否也有这样的特点呢? (如图 2-1-15 所示)

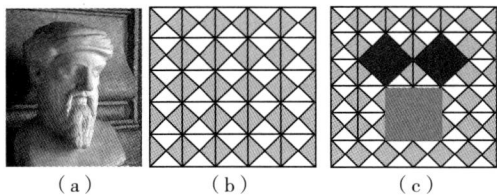

（a）　　　　（b）　　　　（c）

图 2-1-14

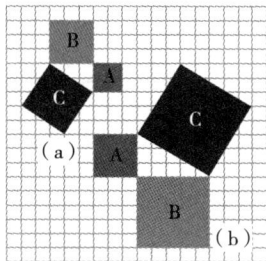

图 2-1-15

（3）通过上述两个问题,你有新的结论吗?

【师生活动】　　教师展示图片并提出问题,学生观察图片,分组交流讨论.

教师引导学生猜想等腰直角三角形、一般三角形的结论:两条直角边的平方和等于斜边的平方.在独立探究的基础上,学生分组交流.

教师参与小组活动,指导、倾听学生交流.针对不同认识水平的学生,引导其用不同的方法得出正方形 C 的面积.

在本次活动中,教师应重点关注:

（1）给学生留出充分的时间进行思考和交流,鼓励学生大胆说出自己的看法.（针对基础薄弱的学生）

（2）学生能否准确挖掘出图形中的隐含条件,计算各个正方形的面积.（针对基础中等的学生）

（3）学生能否将三个正方形面积的关系转化为直角三角形三条边之间的关系,并用自己的语言叙述出来.（针对基础中等及以上的学生）

（4）学生能否用不同方法（如补全法、切割法等）得到正方形 C 的面积.（针对基础较好的学生）

（5）学生能否主动参与探究活动,在讨论中发表自己的见解,倾听他人的意见,对不同的观点进行质疑,从中获益.（针对所有学生）

【设计意图】　　（1）问题是思维的起点,通过问题激发学生好奇、探究和主动学习的欲望.

（2）渗透从特殊到一般的数学思想.为学生提供参与数学活动的时间和空间,发挥学生的主体作用;培养学生的类比迁移能力及探索问题的能力,使学生在相互欣赏、争辩、互助中得到提高.

差异性培养策略:鼓励学生勇于面对数学活动中的困难,尝试从不同角度寻求解决问题的有效方法,并通过对这些方法的反思,获得解决问题的经验.让基础处于不同层次的学生都在轻松的氛围中积极参与对数学问题的讨论,鼓励数学基础薄弱的学生敢于发表自己的观点,并尊重与理解他人的见解,从交流中获益.

（二）分组探究

问题　是不是所有的直角三角形都有这样的特点呢？这就需要我们对一个一般的直角三角形进行证明.到目前为止,对这个命题的证明方法已有 500 多种.下面,我们就来证明这个命题.

（1）证法一:根据图 2-1-16 所示,求证 a,b,c 之间的关系.

（2）证法二:现在我们一起来探索"弦图"的奥妙吧!（如图 2-1-17 所示）.

（3）赵爽用"弦图"证明勾股定理的思路是什么？（如图 2-1-18 所示）.

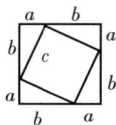 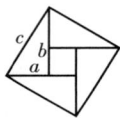　　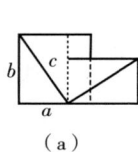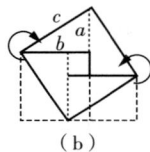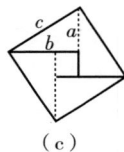

　　　　　　　　　　　　　　　　　　（a）　　（b）　　（c）

图 2-1-16　　图 2-1-17　　　　　图 2-1-18

（三）点评、归纳提升

【师生活动】　学生通过独立思考,在导学案上求 a,b,c 之间的关系,教师适时引导.对三个基础处于不同层次的学生进行关注如下.

基础薄弱的学生:积极参与,敢于提出自己的观点.

基础中等的学生:通过交流,能够建等量关系.

基础较好的学生:探究多角度解决问题的有效方法,体会数学中的数形结合思想.

证法一:∵ $S_{大正方形} = (a+b)^2 = a^2 + 2ab + b^2$,$S_{大正方形} = 4S_{三角形} + S_{小正方形} = 2ab + c^2$.

∴ $a^2 + 2ab + b^2 = 2ab + c^2$.

∴ $a^2 + b^2 = c^2$.

证法二:∵ $S_{大正方形} = c^2$,$S_{小正方形} = (a-b)^2$,$S_{大正方形} = 4S_{三角形} + S_{小正方形}$.

∴ $c^2 = 2ab + a^2 - 2ab + b^2$.　∴ $a^2 + b^2 = c^2$.

赵爽用"弦图"证明勾股定理的思路: $a^2 + b^2 = c^2$,即直角三角形的两条直角边平方的和等于斜边的平方.

【设计意图】 （1）通过拼图活动,调动学生思维的积极性,为学生提供从事数学活动的机会,发展学生的形象思维;力求让学生在探索知识的过程体验中有所悟,了解知识点的来龙去脉和内在联系,从而培养逻辑推理能力,也使学生对定理的理解更加深刻,体会数学中的数形结合思想.

（2）通过对"赵爽弦图"的介绍,了解我国古代数学家对勾股定理的发现及证明作出的贡献,增强学生们的民族自豪感.

（四）课堂练习

巩固练习:课本第28页"复习巩固"中的6道题目供基础处于不同层次的学生有选择性地去做.

【师生活动】

教师应重点关注:

（1）学生的主动性和积极性.(针对所有学生)

（2）学生是否会灵活运用勾股定理建立方程.(针对基础中等及以上的学生)

【设计意图】 　在直角三角形中,已知两边,求第三边,应用勾股定理可建立方程解决问题,渗透方程思想.

差异性培养策略: 让不同层次的学生都积极地参与,对基础薄弱的学生多鼓励,调动他们的学习兴趣;对基础较好的学生培养能力,从而达到对全班同学差异性的培养.

四、结

1.本节课,你学到了什么数学知识?

2.你了解了勾股定理的发现和验证方法吗? 你还有什么困惑?

【师生活动】

1.学生谈体会.

2.教师进行补充、总结,为下节课做好铺垫.

在此次活动中教师应重点关注:

（1）不同层次的学生对知识的理解程度.

（2）学生能否从不同角度谈感受.

（3）倾听他人的意见,体会合作学习的必要性.

【设计意图】 　在轻松愉快的气氛中体会收获的喜悦.给学生留有继续学习的兴趣.

差异性培养策略: 通过小结为学生创造交流的空间,调动学生的积极性,既引导学生从面积的角度理解勾股定理,又从能力、情感、态度等方面关注学生对课堂的整体感受.

五、悟

同学们,请你们把今天的学习内容在大脑中"过"一遍,对自己在课堂上的参与过程、探究过程和推导方法进行反思,在回顾和总结、提高后完成下面的作业.

1.必做题:课本 28 页第 1、2、3 题.

2.选做题:收集有关勾股定理的证明方法,下节课做展示、交流.

【设计意图】 必做题是面向全体学生巩固所用,选做题是对知识的拓展应用和推广.这样分层有利于不同层次的学生得到相应的发展,对培养数学核心素养的差异性有好处.

差异性培养策略:设置不同的课业,让不同的学生经历不同的学习体验,最后都能达标.

3.评价分析(见表 2-1-2 所列).

表 2-1-2 学生(自评、互评)课堂学习评价报告

评价目表	因素	主要表现
个人评价	思考问题	
	参与活动	
	提问或回答问题	
	讨论与交流	
小组评价	参与课堂展示	
	课堂练习	

每个项目可得 1～3 颗"★",计算一下自己得了几颗"★"?你打算在以后的学习过程中怎么办?

差异性培养策略:评价分析的目的在于让学生清楚地知道自己在参与学习过程中取得的成绩以及认知的程度、行为的对错,从而激发学生学习的兴趣,培养他们勇于创新的精神.

附件:板书设计

17.1 勾股定理(第 1 课时)

1.探索勾股定理.

2.猜想出勾股定理:直角三角形中两条直角边的平方和等于斜边的

平方.

3.勾股定理的证明:方法一;方法二.

4.练习.

设计说明:

1.探究体验贯穿始终.　　　　2.展示交流贯穿始终.

3.习惯养成贯穿始终.　　　　4.情感教育贯穿始终.

5.文化育人贯穿始终.

案例2　"6.3　实数"第1课时教学设计

内容和内容解析

一、内容

义务教育教科书七年级《数学》(下册)第六章"6.3　实数"第1课时.

二、内容解析

在学习本节课之前已经学习了数的开方,引进无理数概念之后,学生所学的数将从有理数范畴扩充到实数范畴.本节课内容在中学数学学习中占有重要地位,它不仅是后续学习二次根式、一元二次方程以及锐角三角函数等知识的基础,也是学习高中函数、不等式等知识的基础.学生在七年级上半学期已经学习了有理数,在学习本节内容之前,学生已经知道了许多正有理数的算术平方根都是无限不循环小数.本节内容先通过"几何直观"让学生感受到无理数的存在,然后将有理数与有限小数、无限循环小数统一起来,再采用与有理数"对比"的方法引入无理数,揭示有理数与无理数的联系与区别,有助于学生理解实数定义.随着无理数的引入,数的范畴由有理数扩充到实数.接着,类比用数轴上的点表示有理数,指出实数与数轴上的点的一一对应关系.实数的概念贯穿于中学数学学习的始终,学生对实数的认识是逐步加深的.

基于以上分析,本节课的教学重点是:了解无理数和实数的概念,知道实数与数轴上的点的一一对应关系.

目标和目标解析

一、目标

1.知识技能:通过类比思想来引导学生学习,教师通过让学生经历"类比"的学习过程,让学生理解无理数和实数的概念,知道实数与数轴上的点是一一对应关系.

2.数学思考:让学生在观察(类比、分类)、讨论、探究等数学活动中,发展学生的合情推理和演绎推理能力,积极引导学生独立思考,了解数学的基本思想和思维方式,培养学生的逻辑推理等数学素养.

3.问题解决:利用概念让学生了解无理数和实数的区别,在这一学习过程中,培养学生与他人合作交流的能力,引导其初步形成评价与反思意识.

4.情感态度:对"数学活动"的探究,可培养学生的求知欲和好奇心,让学生在学习的过程中体会成功的乐趣,养成独立思考、合作交流、反思质疑等学习习惯和严谨的科学态度.

二、目标解析

1.达成知识技能目标的标志是:通过数学活动(探究、讨论等),让学生理解和掌握如何用无理数和实数的概念来区分无理数和实数,知道实数与数轴上的点是一一对应关系.

2.达成数学思考目标的标志是:通过让学生经历探究认知无理数与实数概念的过程,培养学生独立思考的能力,让学生体会类比、分类讨论等基本思想和思维方式,积极培养学生的数学素养.

3.达成问题解决目标的标志是:学生会用无理数和实数来区分哪些数是无理数、哪些数是实数,在合作交流中能解决问题,在学习中能形成初步的评价和反思意识.

4.达成情感态度目标的标志是:通过"数学活动",让学生体会到学习的乐趣和信心,在"系列数学活动"中,培养了学生的合作交流、反思质疑能力和严谨的科学态度.

教学问题诊断分析

无理数是从现实世界中抽象出来的一种数,其严格的数学定义非常高深,加之初中生对无理数几乎没有任何感性认识,其至对无理数是否真正存在还有质疑,因此认识无理数就成了初中学习中的一个难点.为了突破这一难点,应从学生熟悉的有理数入手,通过与有理数对照的方法引入无理数的概念,进而揭示出有理数和无理数的联系与区别.

基于以上分析本节课的教学难点是:对无理数的认识.

核心素养差异性培养策略

以学生熟悉的情境问题引入,根据不同学生掌握知识的情况来促进不同学生素养的发展.通过生活中的具体日晷模型和几何图案来培养不同学生的数学抽象素养(表层),通过归纳类比得出的不同数据来得出无理数和实数概念,以此来差异性培养学生的数学核心素养.在探究实数与数轴上的点是一一对应关系时充分利用数与形的结合来差异性培养学生的数学素养.在整个课堂教学过程中尊重学生个体差异,在合作探究的过程中,有意识地让不同层次的学生"分组",在合作交流的过程中使不同学生得到素养的差异性发展.

针对基础薄弱学生,培养其对实数概念的认知;对于基础中等学生,培养其"类比"观察、归纳能力;对于基础较好的学生,培养其思维探究提升能力.

教学支持条件分析

利用幻灯片(信息技术),提供丰富的学习内容,如从高铁南陵站到高铁滦河站的介绍,教学内容的有节奏按"次序"呈现等有助于学生对知识的学习和掌握.

教学过程设计

一、预

(一)展示学案内容

A 组题

问题 1　老师某日于 10:21 从安徽南陵站出发,14:20 到达山东济南西站,休息 1 小时 20 分钟后于 15:40 从山东济南西站出发,18:09 到达河北滦河站.问:南陵站到济南西站需要多长时间? 济南西站到滦河站需要多长时间?

问题2 走进美丽的滦县中山实验学校,首先映入眼帘的是"日月园"中的日晷仪,它的轮廓是什么形状的? 圆周率是什么? (割圆术介绍).

问题3 美丽的"春晖园"中有我们学过的什么几何图形?

B组题

问题1 四个全等的等腰直角三角形如何拼成一个正方形?

问题2 若一个等腰直角三角形的边长为1,则正方形的面积是多少? 边长呢? (如图2-1-19所示).

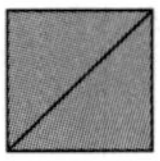

图2-1-19

C组题

问题 在$3,59,2,29,\dfrac{59}{60},\dfrac{29}{60},\pi,\sqrt{2}$这些数中哪些是有理数?

追问(选做) $\pi,\sqrt{2}$与有理数的区别在哪里? 这两个数有什么特征? 有理数能在数轴上表示出来,这两个数可以吗?

(二)预设环节

预设环节:填写"预"学案学习报告(见表2-1-3所列).

表2-1-3 实数(第1课时)"预"学案学习报告

题组类型	A组题	B组题	C组题
掌握内容			
困惑内容			
其他情况			

二、解

问题1 老师某日于10:21从安徽南陵站出发,14:20到达山东济南西站,休息1小时20分钟后于15:40从山东济南西站出发于18:09到达河北滦河站.问:南陵站到济南西站需要多长时间? 济南西站到滦河站需要多长时间?

【师生活动】 教师通过投影展示问题,让学生合作交流谈想法,并给出解答.教师引导学生得出3小时59分,2小时29分等数据.(引入课题)

【设计意图】 通过贴近生活实际的例子引入,激发学生的学习兴趣,进

而激发学生的求知欲来引入课题.(本环节关注基础薄弱的学生素养培养)

问题 2　走进美丽的滦县中山实验学校,首先映入眼帘的是"日月园"中的日晷仪,它的轮廓是什么形状的?圆周率是什么?(割圆术介绍).

【师生活动】　教师引导学生说出轮廓的形状并说出圆周率,教师再介绍圆周率.(情感价值观的教育、科学严谨学习态度的培养)

问题 3　美丽的"春晖园"中有我们学过的什么几何图形?

追问 1　四个全等的等腰直角三角形如何拼成一个正方形?若一个等腰直角三角形的边长为 1,则正方形的面积是多少?边长呢?

【师生活动】　教师引导学生参与活动过程,让学生了解到"无理数"的存在.

【设计意图】　通过身边的实例引入数学知识,让学生感受到数学的魅力.提升学生学习数学的兴趣,激发学生探究知识的愿望.(本环节关注基础中等及以上学生的素养培养)

三、探

(一)提出问题

问题 1　在 $3,59,2,29,\frac{59}{60},\frac{29}{60},\pi,\sqrt{2}$ 这些数中哪些是有理数?

追问 1　有理数的概念是什么?整数和分数能化成小数吗?是什么小数?

追问 2　$\pi,\sqrt{2}$ 是整数吗?是分数吗?是有理数吗?为什么?它们能化成小数吗?是什么小数?

追问 3　$\pi,\sqrt{2}$ 与有理数有什么不同(小数)?除了 $\pi,\sqrt{2}$,还有这样的数存在吗?请举例.

【师生活动】　教师引导学生小组交流、思考,教师请小组代表发言,通过平方根的知识得出答案.(学生可借助于计算器进行研究)

【归纳总结】　无理数概念和实数概念.

追问 4　有理数可以分为正有理数、0、负有理数,类比有理数的这种分类,同学们能给无理数和实数进行类似的分类吗?

【师生活动】　教师在参与讨论时引导学生利用类比的方法进行归类,并明确分类的原则:按照某个标准,不重不漏.

【设计意图】　学生相互讨论和交流,可以加深对无理数和实数的理解,同时让学生明确实数的分类可以有不同的方法,初步形成对实数的整体性认识.通过追问激发学生的探究意识,联想类比有理数的相关知识,进而积极引导不同学生逻辑推理素养的差异性培养.(本环节关注基础中等的学生素养培养)

问题 2 每个有理数都可以用数轴上的点来表示,无理数是否也可以用数轴上的点表示出来呢?

追问 1 你能在数轴上表示出 π 吗?

追问 2 你能在数轴上表示出 $\sqrt{2}$ 和 $-\sqrt{2}$ 吗?

【设计意图】 在探究实数与数轴上的点是一一对应关系时,充分利用数与形的结合来差异性培养学生的直观想象素养.(本环节关注基础较好的学生的学生素养培养)

(二) 分组合作解决问题

例题 下列各数哪些是有理数?哪些是无理数?哪些是实数?为什么?

$$-3.6, \sqrt{27}, \sqrt{4}, 5, 0, \frac{\pi}{2}, \frac{22}{7}, 3.14, 0.1010010001\cdots$$（相邻两个 1 之间 0 的个数逐次加 1）.

【师生活动】 教师引导学生独立思考,并请学生板演解答,教师作示范讲解.

【设计意图】 通过示范讲解,让学生掌握无理数和实数的概念,培养学生"数学"严谨的科学态度.

练习追问 巩固新知

把下列各数分别填到相应的集合内:

$$\sqrt[3]{8}, 0.8482, -\frac{2}{13}, \sqrt[3]{-6}, \pi, \sqrt{10}, 0.015, 1.212212221\cdots$$（相邻两个 1 之间逐次多一个 2）.

(1) 有理数集合{   };

(2) 无理数集合{   };

(3) 正实数集合{   };

(4) 负实数集合{   }.

追问 1 带根号的数都是无理数吗?是实数吗?为什么?

追问 2 $\sqrt[3]{-7}, -\sqrt[3]{125}$ 是无理数吗?为什么?

追问 3 无限小数都是有理数吗?无限小数都是无理数吗?为什么?

追问 4 实数都是有理数吗?实数都是无理数吗?为什么?

【师生活动】 教师引导学生独立思考,小组合作解决问题.在引导中让学生注重观察"数"的特征,然后寻求解答方法.

【设计意图】　通过练习,让学生熟练辨识无理数和实数,同时积极培养学生数学素养.(本环节关注 A、B、C 层次学生素养培养,互助中各层次解决问题以及分组解答问题的情况)

四、结

1.本节课你学了哪些知识(知识角度)? 你是如何学习这些知识的(方法角度)?

2.通过本节课的学习你还有什么收获? 还有什么想法?

3.学生(自评、互评)课堂学习评价报告(见表 2-1-4 所列).

表 2-1-4　学生(自评、互评)课堂学习评价报告

第_____学习小组	被评价人:_____	时间:　年　月　日
评价形式	评价因素	评价情况(结果)
个人自评	学习思考	
	活动参与	
	讨论交流	
	其他因素	
小组互评	讨论交流	
	展示情况	
	其他因素	

【设计意图】　这样的总结归纳,让学生对本节课的内容(知识角度和方法角度)有系统的掌握.(关注学生自评与互评,促进学生素养差异性发展)

五、悟

(一)必做题

1.教科书中习题 6.3 第 1、2 题.

2.对课堂知识学习进行"反思提炼".

3.下节课汇报学习感悟.

(二)选做题

尝试在数轴上再找一个除 π 和 $\sqrt{2}$,$-\sqrt{2}$ 外的无理数.

【设计意图】　设计的必做题与选做题让学生有一个"分层"选择,有利于"不同学生得到不同的数学发展",积极培养学生的数学素养.(培养 A、B、C 不同层次学生在素养发展的"感悟",促进其素养不同层次的发展)

附件:板书设计

6.3 实数(第1课时)

教师板书区	学生板书区
知识点1:无理数和实数概念 —— 无限不循环小数叫作无理数.有理数和无理数统称为实数. 知识点2:无理数与实数如何分类?无理数包括正无理数和负无理数,实数分为正实数、0、负实数(或有理数和无理数). 知识点3:实数与数轴上的点的关系?实数与数轴上的点是一一对应的.	

案例3 "12.3 角平分线的性质"第1课时教学设计

内容和内容解析

一、教材分析

本节课选自义务教育教科书八年级《数学》(上册)第十二章第12.3节,是在七年级学习了"角平分线的概念"和上一节学完"证明直角三角形全等"的基础上进行教学的.角平分线的性质为证明线段或角相等提供新的方法,简化了证明过程,同时也是全等三角形知识的延续,为后面角平分线的判定定理的学习奠定了基础.因此,本节内容在数学知识体系中起到了承上启下的作用.同时,教材内容的安排由浅入深、由易到难,知识结构合理,符合学生的心理特点和认知规律.

二、教学内容

本节课的教学内容包括角的平分线的作法、角的平分线的性质及初步应用.

内容解析：教材通过充分利用现实生活中的实物原型，培养学生将实际问题抽象成数学问题的能力.作角的平分线是几何作图中的基本作图.角的平分线的性质是全等三角形知识的延续，也是今后证明两个角相等或证明两条线段相等的重要依据，它简化了证明过程，体现数学的简洁美.

目标和目标解析

一、知识与技能

1.掌握用尺规作已知角的平分线的方法并知道作法的合理性.（所有学生）

2.理解角的平分线的性质并能对其初步运用.

数学抽象和逻辑推理核心素养差异性培养目标：所有学生都需要掌握目标1；基础薄弱的学生会填写证明依据；基础中等的学生会解决"性质＋全等"类的问题；基础较好的学生会解决带辅助线的综合问题.

二、数学思考

通过经历观察演示、动手操作、合作交流、自主探究等过程，学生获得验证几何命题正确性的一般过程的活动经验，培养学生在实践中操作抽象数学知识并用数学知识解决实际问题的能力.

三、解决问题

1.初步了解角的平分线的性质在生产、生活中的应用.

2.培养学生的数学抽象能力.

四、情感与态度

充分利用信息技术教学优势，培养学生探究问题的兴趣，增强解决问题的信心，获得解决问题的成功体验，激发学生应用数学的热情.

五、差异性分析

八年级学生的观察、操作、猜想能力较强，但归纳、运用数学意识的思想比较薄弱,思维的广阔性、敏捷性、灵活性比较欠缺,但学生在年龄、性别、学习基础等方面都存在一定的差异,需要在课堂教学中进一步加强引导.

根据学生的认知特点和知识接受能力的不同,在数学抽象和逻辑推理核心素养差异性培养中,现采用以下突破方法.

(一)针对基础薄弱学生

(1)动手操作、折叠、尺规作图为学生提供直观想象的基础,为数学抽象提供现实模型.

(2)通过多媒体创设具有启发性的问题情境,学生可在积极的思维状态中进行学习.

(3)根据本节课的实际教学需要,教师选择用希沃白板环境课堂环境辅助教学,借助"几何画板"教学软件,将平分角的仪器的工作原理、角平分线的作法进行动态地演示,带来"出示图形更灵活,展现的图形更丰富"的效果,为数学抽象提供基础.

(二)针对中等学生

(1)利用多媒体动态显示角平分线性质的本质内容,让学生在脑海中加深其印象,从而对其性质定理能正确使用.

(2)通过对比教学,让学生学会选择简单的方法解决问题(逻辑推理).

用角平分线的性质将数形结合的方式展示出来,因为这是验证问题和揭示问题本质的技术平台(数学抽象).

(三)针对优等学生

(1)对角平分线的运用进行一题多解及一题多变研究,更好地拓展学生解题思路及提高知识运用能力(逻辑推理).

(2)给定题目的已知条件和图形,让一部分学生提出问题,其他学生解答,创造竞争的学习氛围.

(3)指导学生在课后改变原题条件或结论,互相出题,在黑板后面张贴"悬赏解题"通告,进行解题方法比赛.

教学重点与难点

重点:掌握角平分线的尺规作图,理解角的平分线的性质并能初步运用.

难点:角的平分线的性质探索和证明线段相等;教学过程设计.

教学过程设计

一、预

操作1:请在图2-1-20上作出许镇镇中心初中到G318高速公路的距离.

图2-1-20

操作2:请在图2-1-21上作出农贸市场分别到公路和铁路的距离线段.

操作3:为了促进当地旅游发展,某地要在三条公路围成的一块平地上修建一个度假村 P. 请在图2-1-22上作出这个度假村分别到三条公路的距离线段.

图2-1-21

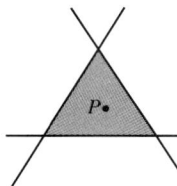

图2-1-22

操作4:用直尺和圆规在图2-1-23上作一个角的平分线.

操作5:如图2-1-24所示,AD平分$\angle BAC$,拖动B,C两点,使得$BD = DC$,试试看.

操作6:解决课前提出的问题.

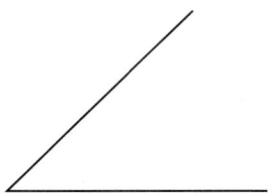

图2-1-23

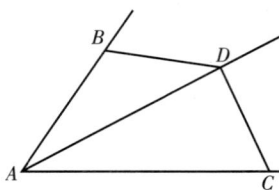

图2-1-24

为了促进当地旅游发展,某地要在被三条公路分成的七个区域的一块平地上修建一个度假村.

问题1 要使这个度假村到三条公路的距离相等,应在何处修建?

问题2 在图2-1-25中连接AP,你还能得到哪些结论?

问题3 若$\angle A = 60°$,则$PN = PM$吗?

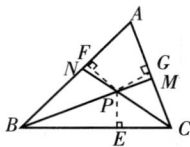

图2-1-25

【师生活动】 思考问题,引出问题,初步感知本节内容的实际意义.

【设计意图】 问题1为基础薄弱的学生准备.问题2为中等学生准备.问题3为优等学生准备.这样使所有学生都能明确距离的概念,并参与课堂教学.结合实际需要提出问题,容易引起学生学习的积极性,激发学生学习情感,为学生提供直观想象情境.

二、解

问题2

解决这些问题实际上就是研究角的平分线的性质,因此首先要学会画角的平分线.

1.什么是角平分线?

2.你知道哪些画角平分线的方法?

(1)用量角器量.

（2）在纸上折叠.

（3）借助角平分线仪.

工人师傅常用如图 2-1-26 所示的简易平分角的仪器来画角的平分线. 出示仪器模型,介绍仪器特点(有两对边相等),将 *A* 点放在角的顶点处,*AB* 和 *AD* 沿角的两边放下,过 *A*,*C* 点画一条射线 *AC*,*AC* 即 $\angle BAD$ 的平分线 (几何画板动态演示).

你能说出它的道理吗?

例题 1　从平分角的仪器画角的平分线,你受到哪些启发? 如何用直尺和圆规作一个角的平分线?

几何画板演示角平分线的作法,如图 2-1-27 所示.

教师改变相交弧的半径,观察交点 *C* 的变化.

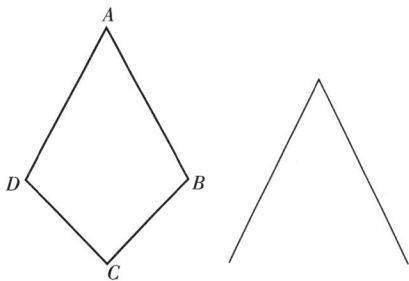

图 2-1-26

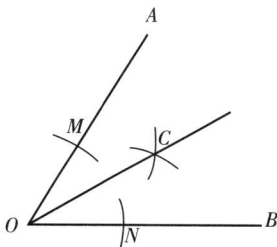

图 2-1-27

【师生活动】　学生动手操作,用量角器画角平分线,用折纸方法折叠出角平分线,学生代表口述,用三角形全等的方法证明 *AE* 是 $\angle BAD$ 的平分线,等等.

交流讨论:如何用尺规作出 *AB* = *AD*,*CB* = *CD*.

观察思考:为什么半径要大于 $\frac{1}{2}MN$?

学生操作:画一个任意角 $\angle AOB$,作出它的角平分线 *OC*.

【设计意图】　体验从生产生活中分离、抽象出数学模型,并主动运用所学知识来解决问题.

从实验操作中获得启示,感知几何作图的基本思路和方法.

差异性培养策略:基础薄弱学生度量、折叠找出角的平分线;中等学生口述证明 *OC* 是角的平分线,并说出其中依据;引导优等学生总结归纳用直尺圆规作出角的平分线,教师引导薄弱学生和中等学生作角平分线.

三、探

(一)创设情境,引入新课

例题 2　在 OC 上任取一点 P,过点 P 作 $PD \perp OA$ 于点 D,$PE \perp OB$ 于点 E,测量 PD,PE 的长度(如图 2-1-28 所示),你得到什么结论?

利用几何画板软件(改变角度、移动点 P)验证结论,并用文字语言阐述得到的性质.(角的平分线上的点到角两边的距离相等)

演示当点 P 不在 $\angle AOB$ 的平分线上,PD 不垂直 OA,PE 不垂直 OB 时,PD 与 PE 是否相等.(强调题设条件)

【师生活动】　作出点 P 到 OA,OC 的距离线段并测量其长度.让学生独立思考,汇报自己的发现.

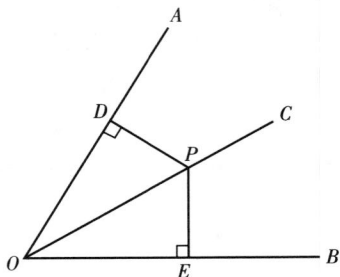

图 2-1-28

【设计意图】　(1)巩固角平分线的作图方法.

(2)经历操作 → 猜想 → 证明 → 归纳的过程,体会研究几何问题的基本思路.尤其是对于结论的验证,无论角度、点 P 怎么变,总能测量出 $PD = PE$.这无疑大大地激起学生进一步探究"为什么"的欲望.

(二)推理验证,理解性质

引导学生结合图形写出已知条件、求证内容,帮助学生分析证明过程.教师归纳,强调定理的条件和作用.

几何语言:

$\because PD \perp OA$,$PE \perp OB$(已知).

又 OC 平分 $\angle AOB$.

$\therefore PD = PE$(角的平分线上的点到角两边的距离相等).

文字语言:角的平分线上的点到角两边的距离相等.

【师生活动】　在教师帮助下完成证明过程.

【设计意图】　从直观体验上升到理性思维.

差异性培养策略:利用几何画板和数形结合,探索角平分线的性质,突破教学难点.利用希沃白板的标识、对象颜色变化等优势帮助学生掌握证明的方法.

（三）互动游戏，辨析性质

下列结论一定成立的有哪些？

（1）如图 2-1-29 所示，OC 平分 $\angle AOB$，点 P 在 OC 上，D，E 分别为 OA，OB 上的点，则 $PD = PE$.

（2）如图 2-1-29 所示，点 P 在 OC 上，$PD \perp OA$，$PE \perp OB$，垂足分别为 D，E，则 $PD = PE$.

（3）如图 2-1-29 所示，OC 平分 $\angle AOB$，点 P 在 OC 上，$PD \perp OA$，垂足为 D. 若 $PD = 3$，则点 P 到 OB 的距离为 3.

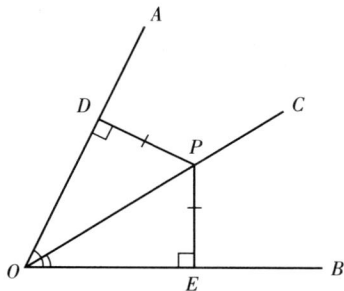

图 2-1-29

（四）提升拓展

如图 2-1-30 所示，AD 是 $\angle BAC$ 的平分线，$DE \perp AB$ 于 E，$DF \perp AC$ 于 F，且 $BD = CD$.

求证：$BE = CF$.

动手操作具体如下.

情况一：如图 2-1-31 所示，$\angle BAC = 56°$，$\angle BAD = 28°$，$\angle CAD = 28°$，$\angle DBA = 120°$，$\angle DCA = 12°$.

情况二：如图 2-1-32 所示，$\angle BAC = 56°$，$\angle BAD = 28°$，$\angle CAD = 28°$，$\angle DBA = 90°$，$\angle DCA = 90°$.

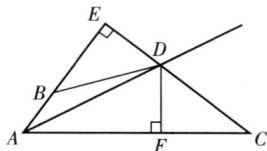

图 2-1-30

情况三：如图 2-1-33 所示，$\angle BAC = 56°$，$\angle BAD = 28°$，$\angle CAD = 28°$，$\angle DBA = 118°$，$\angle DCA = 62°$.

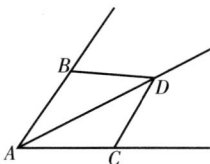

图 2-1-31

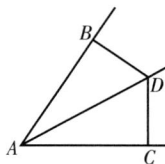

图 2-1-32

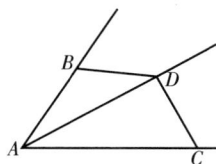

图 2-1-33

【师生活动】 拖动 B，C，D 三点，使得 $BD = CD$. 先让学生独立思考，然后小组交流，派代表回答，教师适时点拨. 口述情况一、情况二证明过程，并说出理由;书写情况三证明过程.

【设计意图】 通过点的位置的改变,探究在不同条件下 $BE=CF$ 仍然成立,可使学生认识运动中的不变性,加深对数学本质的理解,更使不同层次的学生核心素养得到不同的提高.

差异性培养策略: 学生动手操作、合作探究、解决问题、互动游戏等可以激发学生的探究热情,进而让学生得出不同的答案.

四、结

畅谈本节课的收获与体会.归纳、梳理交流本节课所获得的知识技能与情感体验.

【师生活动】 畅谈本节课的收获与体会.归纳、梳理交流本节课所获得的知识技能与情感体验.

【设计意图】 培养学生对知识的概括归纳能力,不同学生的能力要有不同的提高.

差异性培养策略: 通过引导学生自主归纳,调动学生的主动参与意识,锻炼学生归纳概括与表达能力.

五、悟

返回问题:解决课前提出的问题并引申.

为了促进当地旅游发展,某地要在被三条公路分成的七个区域的一块平地上修建一个度假村.

问题1 要使这个度假村到三条公路的距离相等,应在何处修建?

问题2 如图 2-1-34 所示,连接 AP,你还能得到哪些结论?

问题3 若添加 $\angle A=60°$,则 $PN=PM$ 吗?

【师生活动】 经教师提示后,学生可在课后独立完成或交流探讨完成题目,提升运用能力.

【设计意图】 通过反思促使学生对知识的掌握,养成善于反思的习惯,使不同程度的学生的学习能力均得到提高.

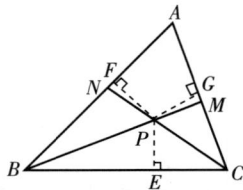

图 2-1-34

差异性培养策略: 教师引导基础中等的学生和较好的学生解答,让学生体会生活中蕴含的数学知识.数学知识可以解决生活中的问题,让人感受到数学的价值.

在问题2中教师引导学生证明 AP 平分∠BAC,可为角平分线的判定学习提供基础.

在问题3中增加条件一题多变,可提高学生综合运用能力和培养逻辑思维能力.

学生(自评、互评)课堂学习评价报告见表2-1-5所列.

表2-1-5 学生(自评、互评)课堂学习评价报告

评价目表	因 素	主要表现
个人评价	思考问题	
	参与活动	
	提问或回答问题	
	讨论与交流	
小组评价	参与课堂展示	
	课堂练习	

附录:板书设计

12.3 角的平分线

1.角的平分线的尺规作图,如图2-1-35所示.

2.角的平分线的性质:角的平分线上的点到角两边的距离相等.

3.角的平分线的性质的证明.

证明:如图2-1-36所示.

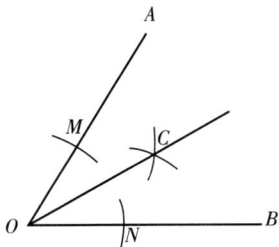

图2-1-35

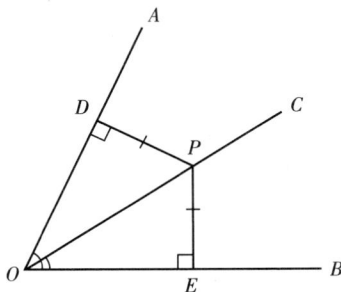

图2-1-36

$\because PD \perp OA, PE \perp OB$（已知）.

$\therefore \angle PDO = \angle PEO = 90°$（垂直的定义）.

在 $\triangle PDO$ 和 $\triangle PEO$ 中.

$\angle PDO = \angle PEO$（已证），

$\angle AOC = \angle BOC$（已证），

$OP = OP$（公共边）.

$\therefore \triangle PDO \cong \triangle PEO$（AAS）.

$\therefore PD = PE$（全等三角形的对应边相等）.

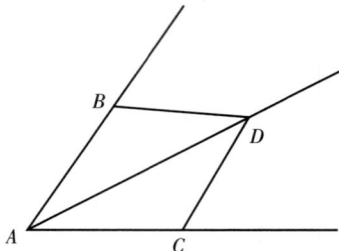

图 2 - 1 - 37

4. 角的平分线的性质的应用.

如图 2 - 1 - 37 所示，$\angle BAC = 56°$，$\angle BAD = 28°$，$\angle CAD = 28°$，$\angle DBA = 120°$，$\angle DCA = 120°$.

第二节　　逻辑推理素养差异性培养的教学模式与案例

逻辑推理是指从一些事实和命题出发，依据规则推出其他命题的素养. 主要包括两类：一类是从特殊到一般的推理，推理形式主要有归纳、类比；另一类是从一般到特殊的推理，推理形式主要有演绎.

逻辑推理是得到数学结论、构建数学体系的重要方式，是数学严谨性的基本保证，是人们在数学活动中进行交流的基本思维品质.

逻辑推理主要表现为：掌握推理基本形式和规则，发现问题和提出命题，探索和表述论证过程，理解命题体系，有逻辑地表达与交流.

案例1　基于学生个体差异下的逻辑推理素养培养的教学设计
—— 以函数复习课为例

内容与内容解析

本节课是九年级函数复习课. 函数作为一条主线贯穿于初中数学，它与方程、不等式有着密切的联系，也是今后进一步学习数学的重要基础. 函数是研究变化的重要数学模型,它来源于实际又服务于实际,从实际中抽象出函数的概念与性质,又运用函数解决问题.初中数学中函数的主要内容有:常量和变量;函数概念和三种表示法;正比例函数的概念、图象和性质;一次函数的概念、图象和性质;反比例函数的概念、图象和性质;二次函数的概念、图象和性质;应用函数解决实际问题.

目标与目标解析

基于内容解析,确定本课时的教学目标如下.

一、知识与技能

1.根据事例让学生自我回顾提炼函数有关的知识.(针对全体学生,不同层次的学生提炼知识的能力不同)

2.不设问题,让学生自主提出问题,解决问题,培养学生数学思维.(基础薄弱的学生可提出 1～3 个问题;基础中等的学生可提出 3～5 个问题;基础较好的学生可提出 5 个问题以上)

二、过程与方法

提出问题学生自主解决,提倡参与、体验、讨论、探究等多种学习方式.(针对全体学生)

三、情感态度与价值观

在解决问题的过程中,培养学生数学语言的表达能力和总结问题的能力,促进学生学习能力以及情感、态度、价值观的发展.

学生学情分析

学生已经学习完初中阶段所有知识点,对函数相关知识已经基本掌握.本节课复习的内容对中等生、基础较好的学生来说并不陌生,但由于基础薄弱学生知识点不够清晰,因此需要教师和学生共同探讨研究总结.还有一些知识理解不够深刻,通过本节课"不设问"模式复习加深理解."不设问"模式复习符合九年级阶段学生的心理特点,也符合他们的心理需求.

因函数内容较为抽象,学生在解决问题时会出现逻辑性不强的现象.本班学生数学核心素养的差异性很大,较大部分数学基础薄弱,需要通过复习加以巩固,夯实基础.基于以上因素,本节课运用的教学方法是"不设问复习模式",学生独立思考提出问题和解决问题,激发学习的兴趣,培养探索精神,让学生都有话说,如基础薄弱的学生可提出 $1\sim3$ 个问题,基础中等的学生可提出 $3\sim5$ 个问题,基础较好的学生可提出 5 个以上问题,达到让所有学生积极参与课堂教学的目的,真正做到对不同层次的学生有不同层次的发展.

教学重点与难点

重点:培养学生提出问题和解决问题的能力,在问题解决中归纳数学知识点及数学方法.

难点:学生如何提出问题、解决问题,提炼和总结数学知识点.

核心素养培养的差异性落实课前预设

常规的复习是以一个章节知识为板块,收集大量习题加以解决,其中许多都是重复的知识,耗费大量时间,学生没有激情,学习兴趣不强,教学效果不理想.改变复习策略,通过不设问模式进行复习,学生提出问题并解决,再将一系列知识点进行回顾.从提出问题到解决问题的过程中,以学生为主体,提升解决问题的能力,培养数学思维.提供有一定知识容量的开放性题目,学生根据条件自主提出问题,让学生数学思维真正得到锻炼.学生提出问题肯定是有层次性的,这样可让不同层次的学生都参与到教学中,让不同学生在学习能力上得到不同发展,尊重学生数学核心素养的差异性.

教学过程设计

一、预

活动 1 请同学们自主复习一次函数的定义、性质和图象.

活动 2 已知一次函数 $y=-\dfrac{3}{2}x+3$.其图象与 x 轴、y 轴分别交于点 A,B.你能提出什么数学结论并计算或证明?

活动 3 已知一次函数 $y=-\dfrac{3}{2}x+3$ 与 x 轴、y 轴分别交于点 A,B,一次

函数 $y=x+1$ 与 x 轴、y 轴分别交于点 C，D，两个函数图象交于 P 点．你能提出什么问题并说明结论的正确性？

【布置作业】

已知一次函数 $y=-\dfrac{3}{2}x+3$ 与 x 轴、y 轴分别交于点 A，B．反比例函数

$y=\dfrac{1}{x}(x>0)$ 与一次函数交于 E，$F(E$ 在 F 点的左侧)．在同一个直角坐标系中画出函数图象并观察，你有什么同大家分享的？

要求：(1)(必做) 同学们自主复习反比例函数的定义、性质和图象．

(2)(必做) 针对数学基础薄弱的学生可提出 $1\sim2$ 个问题；针对数学基础中等的学生可提出 $2\sim3$ 个问题；针对数学基础较好的学生可提出 $4\sim5$ 个问题．

(3)(选做) 学生对于自己提出的问题作出解答．

二、解

活动 1　请同学们自主复习一次函数的定义、性质和图象．

请三个不同层次的学生分别回答一次函数的定义是什么？其性质和图象又是什么？

【设计意图】　基础处于不同层次的学生对一次函数概念的记忆和理解是不同的，通过各个层次学生共同参与叙述，逐步将一次函数定义、性质和图象形成共识，不同学生都有不同的提高．

【形成结论】

1．$y=kx+b(k,b$ 是常数，$k\neq0)$ 的函数叫作一次函数．

2．性质：教师利用多媒体展示图片，学生观察并发表见解．$k>0$ 时，图象从左到右上升，y 随 x 的增大而增大；$k<0$ 时，图象从左到右下降，y 随 x 的增大而减小．

3．图象：当 $k>0$，$b>0$，图象经过一、二、三象限；当 $k>0$，$b<0$，图象经过一、三、四象限；当 $k<0$，$b>0$，图象经过一、二、四象限；当 $k<0$，$b<0$，图象经过二、三、四象限．

三、探

活动 2　已知一次函数 $y=-\dfrac{3}{2}x+3$ 与 x 轴、y 轴分别交于点 A，B．你能提出什么数学结论并计算或证明？

课堂预设：① 图象经过哪几个象限？② 求 A，B 两点坐标.（针对薄弱学生）③ 求线段 AB 的长度.④ 求三角形 AOB 的面积.（针对中等学生）⑤ 求 O 点到直线 AB 的距离.⑥ 求 $\angle OAB$ 的三角函数值.（针对优等学生）

【设计意图】 ①② 问题是针对数学基础一般的同学，知识综合运用能力不强，需要加强核心素养的培养.差异性培养策略：学生画出一次函数的图象，采用数形结合的思想，直观感受一次函数的图象.

③④ 两个问题是针对数学中等程度的同学，重点培养计算能力.差异性培养策略：学生需要说出每个结论的依据和解题思路.形成推理习惯.

⑤⑥ 两个问题是针对数学基础较好的学生的，是培养学生的发散思维.差异性培养策略：全面开展基础知识的复习，有效培养学生的核心素养.

【师生活动】 同学们请根据题目中的条件自主提出数学问题并思考如何解决问题.

学生1：图象经过哪几个象限？（学生1数学基础一般，有自信，知识综合运用能力不强，需要加强核心素养的培养，建议勤问多思）

老师：请你说说经过哪些象限？

学生1：图象经过第一、二、四象限.

老师：回答的很好，请你回忆一下一次函数的性质和图象？（培养学生1知识总结能力）

老师：谁还能提出问题？

学生2：求 A，B 两点坐标.（学生2不善于表达，但计算能力和抽象思维较强）

老师：请你阐述一下过程.（培养学生2的数学语言表达能力）

学生2：令 $y=0$，求出 x 的值，所以 $A(2,0)$；令 $x=0$，求出 y 的值，所以 $B(0,3)$.

老师：同学们，刚才他回答得对不对呀？

众生：对！

老师：哪位同学还有问题吗？

学生3：可以求出 AB 的长度.（学生3综合能力较强，成绩优秀，需要加强的是计算能力，有点马虎）

老师：你是怎么想的？和我们分享一下.

学生3：利用 A，B 两点坐标分别求出 OA，OB 的长度，再运用勾股定理求出 AB 的长度.

老师：不错，这里运用了勾股定理.（请学生3计算出 AB 的长度，培养学生计算能力）

老师：还有问题吗？

学生4：求三角形 AOB 的面积.（学生4学习主动性较差，难题不想思考，但数学思维不差，如何积极调动其学习兴趣是以后研究的课题）

老师：请你说说.

学生4：利用 OA，OB 的长度，能求出三角形 AOB 的面积.

老师：刚才学生4回答得很好，值得表扬，希望你学习积极性要向今天回答问题一样.其他同学还能提出问题吗？

学生5：求 O 点与直线 AB 的距离？（学生5是"学霸"，综合素质很好）

老师：这个怎么求？请你说说，其他同学认真听.

学生5：知道三角形的面积和 AB 的长度后，利用面积法可以求出 O 点与直线 AB 的距离.

老师：真的很棒！这里用到了面积法求线段的数学思想.

老师：同学们，还有吗？

学生6：可以求出相关角的三角函数值，比如 $\angle OAB$ 的三角函数值，已知直角三角形的各边长度，就能求出三角函数值.（学生6学习成绩较好，理性思维较强，但不愿书写推理过程，需加强培养逻辑推理的严谨性）

老师：很优秀！同学们共同回忆三角函数的定义.

老师：有没有了？

学生7：能求出 $\angle OAB$ 的度数吗？（学生7数学思维一般，但做题认真，严谨，有钻研精神）

学生们思考中……

学生8：这里应该不能求出 $\angle OAB$.

老师：为什么？说说你的想法.

学生8：因为不满足特殊三角函数的比值关系.

老师：是的，讲得很好！这个问题到高中会进一步学习！同学们真的都很棒，积极思考问题.

【设计意图】 此活动涉及一次函数性质、与坐标轴交点坐标的求法、勾股定理、直角三角形面积计算、不等式和三角函数等.通过开放性问题,促使学生全方面回顾数学知识,形成相关问题,培养学生独立思考的习惯.学生说出结论的过程就是思考的过程,得出结论中强化了数学逻辑推理的能力.在计算中巩固数学建模的能力,提高数学计算能力,可有效培养学生核心素养.

活动3 已知一次函数 $y=-\dfrac{3}{2}x+3$ 与 x 轴、y 轴分别交于点 A,B,一次函数 $y=x+1$ 与 x 轴、y 轴分别交于点 C,D,两个函数图象交于 P 点.你能提出什么问题并说明结论的正确性?

课堂预设:① 求出 P 点坐标;② 比较两函数值得大小;③ 线段 BD 的长度;④ 求出三角形 PAC 的面积;⑤ 求出三角形 ABD 的面积和四边形 $AODP$ 的面积.

【设计意图】 这些问题都有点难度,需要有一定的数学基础,为了不同层次的学生数学素养差异性得到培养,采用策略是合作探究的学习模式,在交流中发现问题,各自论证结论.

【学生活动】 学生自主提出问题和解决问题,并归纳梳理相关的数学知识.

【教师活动】 教师根据学生提出的结论加以引导和补充,并板书写出结论.

【设计意图】 (1)在活动2的基础上增加了一个一次函数,难度提高,激发学生探究数学问题的兴趣.此活动涉及一次函数与二元一次方程组的关系,确定两函数交点坐标.(2)可以通过观察函数的图象的位置判断函数值的大小,培养学生的数形结合的思想.(3)通过某些关键点形成多边形的面积问题.(4)添加一条直线能挖掘更多数学能力培养的机会,逐步培养学生的核心素养.

四、结

1.本节课你回顾了哪些知识点?

2.本节课你有什么感受?可以与大家分享吗?

【设计意图】 本节课的宗旨是设置开放性问题让学生有话说,让不同层次的学生经历数学知识的形成和应用,尤其让中等偏下的学生在数学课堂上有存在感.通过小结将学生原有的知识记忆激活,有效开展复习活动.

3.学生(自评、互评)评价报告见表 2 - 2 - 1 所列.

表 2 - 2 - 1　学生(自评、互评)评价报告

第_____学习小组	被评价人:_____	评价时间:　　年　月　日
评价形式	评价因素	评价情况(结果)
个人自评	学习思考	
	活动参与	
	讨论交流	
	其他因素	
小组评价	讨论交流	
	展示情况	
	其他因素	

五、悟

【布置作业】

已知一次函数 $y=-\dfrac{3}{2}x+3$ 与 x 轴、y 轴分别交于点 $A,B.$ 反比例函数 $y=\dfrac{1}{x}(x>0)$ 与一次函数交于 $E,F(E$ 在 F 点的左侧$)$.在同一个直角坐标系中画出函数图象并观察,你有什么同大家分享的?

要求:(1)(必做)针对数学基础薄弱的学生可提出 $1\sim2$ 个问题;针对数学基础中等的学生可提出 $2\sim3$ 个问题;针对数学基础基础较好的学生可提出 $4\sim5$ 个问题;

(2)(选做)学生对于自己提出的问题作出解答.

【课堂预设】　(1)求出 E,F 点坐标;(2)比较两函数值的大小;(3)求出线段 EF 的长度.

【设计意图】　作业设计意图是一次函数和反比例函数交点坐标的确定、解分式方程、解一元二次方程、计算不等式和三角形面积等.通过本节课的学习,学生自然想到联立方程组处理,确定交点坐标,对于解分式方程一定要检验根的存在性.观察函数图象比较函数值的大小关系,再次强化数形结合的思想,多层次、多方面、多角度看问题.培养学生发散思维,提高复习

的有效性;鼓励学生积极思考,有思考一定有收获.课堂中问题的积累和铺垫,使学生从开放性结论的问题中逐渐形成创造思维,自然会从题目条件中回顾所涉及的知识点,培养学生自我提问的习惯,加强了数学思维的培养,从而促进核心素养的全面提升.对不同层次的学生提出不同的作业要求,尊重学生的差异性,让每名学生都能积极地完成作业,激发学生的学习兴趣,树立不断超越自我的精神.

案例2　乡村初中数学逻辑推理素养差异性培养的教学设计

—— 以不等式的性质第1课时为例

教材与教材解析

本节内容选自义务教育教科书七年级《数学》(下册)"9.1.2　不等式的性质"第1课时,内容是不等式的性质.本节课是在认识了不等式的基础后上的第一节课,故本节课着重探究不等式的性质.不等式的性质是今后深入学习一元一次不等式组以及解决与不等式有关问题的基础和依据.它是数(式)及其运算的系统中,在掌握等式的基本性质的基础上,类比等式的基本性质,通过考察"运算中的不变性"而获得不等式的基本性质的过程,以系统地建立求解或证明不等式的理论依据,因此本课时是本章的基础性内容之一.由于学生的认知的差异性,对知识理解和掌握的程度不同,因此教学设计时采取实践探究式教学方法,以期取得更好的教学效果.

目标与目标解析

基于教材解析,确定本课时的教学目标如下.

一、知识技能

经历探索不等式的基本性质的过程,理解不等式的基本性质.

二、数学思考

通过类比等式的性质,探索不等式的性质,体会不等式与等式的异同,初步掌握类比的思想方法.

三、解决问题

1.通过探索不等式性质的学习过程,经历从特殊到一般、由具体到抽象的认知过程,感受数学思考过程的条理性,发展思维能力和语言表达能力.

2.通过分组活动,培养学生合作交流的意识和大胆猜想、乐于探究的良好思维品质.体会在解决问题过程中与他人合作的重要性.

四、情感态度

1.让学生认识到通过观察、实验、类比可以获得数学结论,体验数学活动充满着探索性和创造性.

2.让学生在独立思考的基础上,积极参与对数学问题的讨论,敢于发表自己的观点,学会分享别人的想法和结果,并重新审视自己的想法,能从交流中获益.

学生学情分析

不等式的性质,由于学生首次接触,没有明确的思路.同时,运用不等式的性质 3 时,要改变不等式的符号,这给教学带来不利影响,增加教学难度,因此在教学中要引导学生在"会学"方面下功夫.通过小学对等式的认识与实验,学生已具备了一定的观察事物的能力,积累了一些研究问题的经验,在一定程度上具备了抽象、概括的能力和语言转换能力.从掌握的知识上看,学生已经学过等式的定义、性质,并掌握了等式的运算规律等.接下来的任务是通过类比、猜测、验证等方法来探索不等式的性质,掌握不等式的性质,并初步体会不等式与等式的异同.

教学重点与难点

重点:理解和掌握不等式的基本性质.

难点:不等式的基本性质 3 的理解和运用.

核心素养培养的差异性落实课前预设

本节课主要培养学生的数学抽象、逻辑推理、数学运算核心素养.本案例学校是乡村初中,学生的核心素养参差不齐,5 ～ 8 人相对较好,8 ～ 10 人基础非常薄弱.因此,本节课设计旨在让学生经历通过实验、猜测、验证,发现不等式性质的探索过程.用类比和实验探究法作为主要方法贯穿整个课堂教学,并以多媒体作为辅助教学手段,让学生充分进行讨论交流,在自主探索和合作学习中掌握不等式的性质.这可以让学生真正成为学习的主人,在师生交流合作中营造互动的氛围,让学生积极主动地参与教学的整个过程,使他们的学习态度、情感意志、个性品质以及数学核心素养等都得到不同程度的提高.

教学过程设计

一、预

（一）展示学案中的任务内容

问题 1 举出生活中不等式的实际例子.

问题 2 用不等式表示下列语句并写出解集.

(1)x 与 3 的和不小于 6；(2)y 与 1 的差不大于 0；(3)x 的 5 倍与 8 的差不小于 12.

问题 3 回答下列问题.

(1)从 $a+b=b+c$,能否得到 $a=c$,为什么？

(2)从 $ab=bc$,能否得到 $a=c$,为什么？

(3)从 $a-b=c-b$,能否得到 $a=c$,为什么？

(4)从 $xy=1$,能否得到 $x=\dfrac{1}{y}$,为什么？

（二）分析学生完成情况

学生对不等式的概念理解较好,并能够熟练地完成问题 2,只有少数数学基础薄弱的学生不能掌握,同时大部分同学能够理解等式的性质并会运用等式的性质去解决实际问题,但在运用性质 2 时尤其是在用字母表示的时候往往考虑不够细致,在完成问题 3 中的(2)(4)两个题目时不少同学都出现了错误,只有几个数学素养较高的同学完成得较好,在今后的课堂教学中要加强这方面的训练.

二、解

问题 1 上节课我们学习了不等式,大家能否举出不等式的实际例子？

请三个层次的学生分别回答该问题,可以得到如下.

基础薄弱的学生:正方形的边长为 a,面积为 a^2,正方体的边长为 a,体积为 a^3.

基础中等的学生:据报道,南陵今天的最低气温是 $17℃$,最高气温是 $25℃$,则今天气温 $t℃$ 的范围是(　　　).

基础优秀的学生:小明就读的学校上午第一节课上课时间是 8 点.小希家距学校有 2 千米,而他的步行速度为每小时 5 千米.那么,小希上午几点从家里出发才能保证不迟到?

【设计意图】　程度不同的学生对不等式概念的感性认识不同,从而所举出的事例有所区别,基础薄弱的学生能给出的是教材上的例子,说明他们认真听课了;程度中等及优秀的学生通过作业获取不同的事例,恰好反映出学习的长期性和互补性.这样设计能观察不同程度的学生是否上课都听了课,了解学生课堂的参与情况.

差异性培养策略:回顾多样性的问题情境,调动学生的课堂参与度和学习激情,让不同的学生得到不同的发展.

三、探

(一) 复习回顾,引入新课

问题 1　① 什么是不等式?

② 什么是等式? 等式的基本性质是什么?

③ 不等式是否也具有与等式类似的性质呢?

【设计意图】　问题引入是为学习本节内容提供必要的知识准备.复习等式的基本性质后学生自然会联想到不等式是否有与等式相类似的性质,从而引起学生的探究欲望.

(二) 分组探究

问题 2　(1)学生自主完成下面的题目.

① $5 > 3$,则 $5+2$ ＿＿＿＿＿ $3+2$,$5-2$ ＿＿＿＿＿ $3-2$.

② $-1 < 3$,则 $-1+2$ ＿＿＿＿＿ $3+2$,$-1-3$ ＿＿＿＿＿ $3-3$.

【设计意图】　设置简单的题目,让学生通过亲自动手计算,得出规律.培养学生的运算能力以及学习数学的兴趣.

差异性培养策略:让基础薄弱的学生完成填空.

(2)学生独立完成后,教师提问.

通过以上计算,类比等式的基本性质 1,你有什么结论?

【设计意图】 通过分组讨论、交流,师生共同得出结论.

差异性培养策略:让中等学生猜想结论.培养学生数学抽象能力和逻辑推理能力.

(3)归纳结论.

不等式的两边加(或减)同一个数(或式子),不等号的方向不变,得出如果 $a > b$,那么 $a \pm c > b \pm c$.

【设计意图】 培养学生的语言表述能力以及文字语言和符号语言相互转化的能力.

差异性培养策略:让基础较好的学生来归纳总结并表述.

问题3 学生自主完成下面的题目.

① $6 > 2$,则

$$6 \times 5 (\quad) 2 \times 5, 6 \div 5 (\quad) 2 \div 5,$$
$$6 \times 4 (\quad) 2 \times 4, 6 \div 4 (\quad) 2 \div 4.$$

② $-2 < 3$,则

$$(-2) \times 6 (\quad) 3 \times 6, (-2) \div 6 (\quad) 3 \div 6,$$
$$(-2) \times 2 (\quad) 3 \times 2, (-2) \div 2 (\quad) 3 \div 2.$$

③ $6 > 2$,则

$$6 \times (-5) (\quad) 2 \times (-5), 6 \times (-2) (\quad) 2 \times (-2),$$
$$6 \div (-5) (\quad) 2 \div (-5), 6 \div (-2) (\quad) 2 \div (-2).$$

④ $-2 < 3$,则

$$(-2) \times (-4) (\quad) 3 \times (-4), (-2) \div (-4) (\quad) 3 \div (-4),$$
$$(-2) \times (-3) (\quad) 3 \times (-3), (-2) \div (-2) (\quad) 3 \div (-2).$$

【设计意图】 学生通过探究性质1,已经对类比的思想有所掌握.教师引导,让学生自己得出结论,把课堂真正地还给学生.

【归纳总结】 不等式的两边乘(或除以)同一个正数,不等号的方向不变.

如果 $a > b, c > 0$,那么 $ac > bc \left(\text{或} \dfrac{a}{c} > \dfrac{b}{c}\right)$.

不等式的两边乘(或除以)同一个负数,不等号的方向改变.

如果 $a > b, c < 0$,那么 $ac < bc\left(或 \dfrac{a}{c} < \dfrac{b}{c}\right)$.

【设计意图】   学生通过观察有限个不等式的变化,可发现并归纳总结不等式的整体性质,进一步培养学生的抽象概括能力及逻辑推理能力.学生用数学表达式表示不等式的性质,体会用字母表示数的优越性,发展学生文字语言与符号语言相互转化的能力.

(三)拓展提升

判断正误.

(1) 如果 $a > b$,那么 $ac > bc$.   （   ）

(2) 如果 $a > b$,那么 $ac^2 > bc^2$.   （   ）

(3) 如果 $ac^2 > bc^2$,那么 $a > b$.   （   ）

【设计意图】   由具体数字到一般字母,培养学生由特殊到一般、由具体到抽象的数学抽象能力和逻辑推理能力.

差异性培养策略:让基础较好的学生完成,在试误中提升数学核心素养.

(四)课堂练习

设 $a > b$,用"$<$"或"$>$"填空.

(1) $3a$ _____ $3b$;

(2) $a - 8$ _____ $b - 8$;

(3) $-2a$ _____ $-2b$;

(4) $2a - 5$ _____ $2b - 5$;

(5) $-3.5a + 1$ _____ $-3.5b + 1$.

【设计意图】   设置这几个练习,既可以培养学生独立思考的能力,又可强化学生对概念的理解,使学生真正认识不等式的性质.为下面利用不等式性质解不等式做准备.

差异性培养策略:(1)(2)题由基础薄弱的学生完成,激发他们学习数学的兴趣,培养学习数学的信心;(3)(4)题由中等学生回答;(5)题由基础较好的学生完成.培养他们运用数学知识解决问题的能力,为不同层次的学生提供展示自己的舞台.

四、结

1.本节课你学会了哪些知识?还有哪些知识没有学会?你最大的收获是什么?本节课你有什么进步?能分享你的进步体会吗?

2.不等式的性质,你掌握了吗? 你会运用不等式的性质解决问题吗?

3.学生(自评、互评)评价报告见表 2-2-2 所列.

表 2-2-2 学生(自评、互评)评价报告

第_____学习小组	被评价人:_____		评价时间: 年 月 日
评价形式	评价因素		评价情况(结果)
个人自评	学习思考		
	活动参与		
	讨论交流		
	其他因素		
小组评价	讨论交流		
	展示情况		
	其他因素		

【设计意图】 通过设置开放性问题,改变过去简单归纳的小结方式.采用谈心的方式进行课堂小结,能触及学生的内心.让每个学生都能发表自己的看法,不同的学生对问题理解的程度不同,从而小结的内容也会不同,让不同的学生在数学上得到不同的发展.

差异性培养策略:创设形式多样的数学活动,为学生的数学核心素养培养提供平台.

五、悟

同学们,请你们把今天的学习内容在大脑中"过"一遍,对自己在课堂上的参与过程和同学们的讨论、交流的思路进行反思,在回顾和总结、提高后完成下面的作业:(1)必做题:教科书第 120 页第 4 题、第 6 题.(2)选做题:《基训训练》第 102 页第 8 题.

【设计意图】 学生的学习兴趣有差异,数学素养也存在着差异,根据学生数学素养的差异性选择符合学生最近发展区的问题分层布置作业.必做题来源于教材的习题,旨在巩固所学知识,检测全体学生是否掌握了所学知识,学习效果是否达标.选做题供学有余力的学生选做,解决"吃不了和吃不饱"的问题.

差异性培养策略:设置不同的课业,让不同的学生经历不同的学习体验,最后都能达标.

教学反思

本节课作为一节性质定理课,让学生经历实验、猜想、验证,发现不等式的性质的探索过程.用类比和实验探究法作为主要方法贯穿整个课堂教学,并以多媒体作为辅助教学的手段,让学生充分进行讨论交流,在自主探索和合作学习中掌握不等式的性质,有效突地破本节课的难点,为学生今后的学习打下坚实的基础.

为突破教学难点,让学生能熟练准确地运用不等式的性质 3,本节课设计了多样化的练习以巩固所学知识.在学生回答、讨论的过程中,课堂气氛被活跃,教学难点被突破,使学生在轻松愉快的氛围中扎实地掌握性质并灵活运用性质,同时学习伙伴之间进行了思维的碰撞和沟通.

第三节 数学建模素养差异性培养的教学模式与案例

数学建模是对现实问题进行数学抽象,用数学语言表达问题、用数学方法构建模型解决问题的素养.数学建模过程主要包括:在实际情境中从数学的视角发现问题、提出问题,分析问题、建立模型,确定参数、计算求解,检验结果、改进模型,最终解决实际问题.

数学模型搭建了数学与外部世界联系的桥梁,是数学应用的重要形式.数学建模是应用数学解决实际问题的基本手段,也是推动数学发展的动力.

数学建模主要表现为:发现和提出问题,建立和求解模型,检验和完善模型,分析和解决问题.

基于学生个体差异下的数学抽象素养差异性培养的教学设计

—— 以"8.3 实际问题与二元一次方程组"第 1 课时为例

内容和内容解析

一、内容

本节课选自义务教育教科书七年级《数学》(下册)第八章"8.3 实际问

题与二元一次方程组"第 1 课时用二元一次方程组解决"探究 1"中的实际问题.

二、内容解析

实际生活中常会遇到解决两个未知量的问题,这两个未知量之间存在数量关系,运用二元一次方程组可以解决这类问题. 分析问题中的数量关系 → 发现等量关系 → 列出二元一次方程组 → 解二元一次方程组 → 得到实际问题的答案,这一典型的数学建模过程,是数学应用的具体表现. 它对于运用其他数学模型(如不等式、函数等)解决实际问题具有很强的示范作用.

本节课要研究两个问题:"探究 1"中的数量关系比较简单,但需要学生理解如何确定未知数;"探究 2"中数量关系比较复杂,作物总量比、单位面积产量比、面积比、长度比之间的转化是列方程组的关键. 通过"探究 1"的学习,学生初步认识运用方程组解决实际问题的建模过程,在这个探究过程中同时关注如何用数学问题的答案解释具体的实际问题. 这对培养学生解决生活中的实际问题具有重要的意义.

基于以上分析,可以确定本节课的教学重点是:探究用二元一次方程组解决实际问题的过程.

学生学情分析

学生在学习本章前,已经学习了二元一次方程组的解法,但是因为阅读能力和分析能力可能不足,所以怎样从实际问题的条件下提取出等量关系,列出方程组对学生来说是个难点. 本节课中所涉及的未知数有两个,等量关系也有两个,这样使难度增加,所以本节课需要在课堂上引导学生找到题中等量关系.

目标和目标解析

一、目标

1. 通过分析实际问题,学会巧妙设未知数、找等量关系,利用二元一次方程组解决实际问题.(针对基础薄弱的学生)

2. 学会把实际问题建二元一次方程组的数学模型.(针对基础中等的学生)

3.学会开放性地寻求设计方案,培养分析问题、解决问题的能力,进一步体会二元一次方程组的应用价值.(针对基础较好的学生)

二、目标解析

1.学生能够准确地分析数量关系,发现等量关系,依据实际问题列出方程组,解方程组.(针对所有学生)

2.在分析数量关系的基础上列方程组并解决实际问题,这一典型的数学建模过程,需要学生在学习中逐渐体会.(针对基础较好的学生)

3.在"探究1"中学生首先要分析数量关系,找到等量关系,正确设出未知数,列出方程组,理解"通过计算检验估计的含义".(针对所有学生)

4.要求学生能找到等量关系,正确设出未知数.(针对基础薄弱的学生)

5.重点经历用方程组解决实际问题的过程,体会方程组是刻画现实世界的有效数学模型.(针对基础较好的学生)

教学问题诊断分析

受阅读能力、分析能力的制约,怎样从实际问题中提取数学信息,并转化为数学语言,对初一的学生来说是个难点.本节课涉及的实际问题都含有两个未知数,包含有两个等量关系,需要列出两个二元一次方程,数量关系比一元问题复杂,需要学生更好地分析问题,抓住关键词,发现等量关系,列方程组.

"探究1"中的问题没有直接提出求"大牛和小牛一天的饲料",而是"通过计算检验他的估计",也就是说本题没有明确提出未知数,学生要理解需要通过计算验证"估计的值",进而明确需要求哪些未知量.

难点:发现题中隐藏的未知数,寻找等量关系并列方程组,由方程组的解解决实际问题.

学生核心素养差异性分析及授课策略

由于本班学生在数学核心素养方面的差异性很大,有三分之一学生入学时数学基础就很薄弱,这其中又有一半的学生成绩处于不及格水平.三分之一的学生成绩一般,有些基础比较欠缺,需要通过反复练习来巩固.还有三分之一的学生成绩优良,基础扎实.学生在学习本章前,已经学习了二元一次方程组的解法,但是由于阅读能力和分析能力可能不足,因此怎样从实际问题的条件下提取出等量关系,列出方程组对他们来说是个难点.本节课中所涉及的未知数有两个,等量关系也有两个,这样使难度增加,所以本节课需要在课堂上引导学生找到题中等量关系,根据已知判断推出新的结论压力较大.

基于以上因素,本节课运用的教学方法是"启发探索",采用教师引导启发、学生独立思考、自主探究,师生讨论交流相结合的方式.对内向、数学抽象与逻辑推理能力较弱的学生,通过介绍数学家、数学史,介绍相应的数学趣题,激发他们的兴趣,多鼓励他们积极探索,积极讨论发言,多提问一些基础知识,促使他们不断进步;对成绩一般的学生,培养学生良好的学习习惯,让其有计划的学习,发展学生的非智力因素,弥补智力上的不足;对基础较好的学生在课堂提问时,要多提问一些有针对性、启发性的问题,培养他们对探究过程中用到的数学思想、方法有一定的领悟和认识,达到提高能力的目的.总之,力争做到对不同层次的学生以不同层次的问题、方法要求,提高他们积极参与观察、思考、探索、发现的能力,从而形成自觉实践的氛围,达到收获的目的.

教学过程设计

一、预

（一）展示学案中的任务内容

1.学前准备

一个三位数,个位、百位上的数的和等于十位上的数,百位上的数的 7 倍比个位、十位上的数的和大 2,且个位、十位、百位上的数的和是 14.求这个三位数.

2.探究活动

在等式 $y=ax^2+bx+c$ 中,当 $x=-1$ 时,$y=0$;当 $x=2$ 时,$y=3$;当 $x=5$ 时,$y=60$.求 a,b,c 的值.

3.课堂练习

（1）解方程组 $\begin{cases} x+y=10, \\ y+z=3, \\ z+x=9. \end{cases}$

你还有其他解法吗？试一试，并与这种解法进行比较。

（2）在等式 $y=ax^2+bx+c$ 中，当 $x=1$ 时，$y=-2$；当 $x=-1$ 时，$y=20$；当 $x=\dfrac{3}{2}$ 与 $x=\dfrac{1}{3}$ 时，y 的值相等．求 a,b,c 的值．

4.归纳总结（小组讨论、交流）.

5.自我测验.

（1）解方程组 $\begin{cases} 2x-y+3z=3, \\ -4x+y+2z=11, \\ 5x+y+7z=1 \end{cases}$ 时，要使运算简便，消元时应（　　）.

A.先消小 　　　　　　　　　B.先消一

C.先消在 　　　　　　　　　D.先消常数项

（2）由方程组 $\begin{cases} x+y=7, \\ y+z=8, \\ z+x=9 \end{cases}$ 可以得到 $x+y+z$ 的值等于（　　）.

A.8 　　　　　B.9 　　　　　C.10 　　　　　D.12

（3）有铅笔、笔记本、水笔三种学习用品，若购买铅笔 3 支，笔记本 7 本，水笔 1 支共需 31.5 元；若购买铅笔 4 支，笔记本 8 本，水笔 2 支共需 42 元.那么购买铅笔、笔记本、水笔各一件共需（　　）.

A.12 元 　　　　B.10.5 元 　　　　C.9.5 元 　　　　D.9 元

（4）为确保信息安全，信息加密传输，发送方由明文 → 密文（加密），接收方由密文 → 明文（解密），已知加密规则为：明文 a,b,c,d 对应密文 $a+2b$，$2b+c,2c+3d,4d$，例如 $1,2,3,4$ 对应密文 $5,7,18,16$，当接收方收到密文 $14,9,23,28$ 时，则解密得到的明文为（　　）.

A.7,6,1,4 　　　　　　　　　B.6,4,1,7

C.4,6,1,7 　　　　　　　　　D.1,6,4,7

（5）如图 2-3-1 所示，在某张桌子上放相同的木块，$R=63$，$S=77$，则桌子的高度是（　　）．

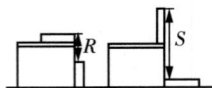

图 2-3-1

A. 70　　　　　　　　　　B. 50

C. 65　　　　　　　　　　D. 14

（6）写出一个三元一次方程组，使它的解为 $\begin{cases} x=1, \\ y=1, \\ z=1, \end{cases}$ 这个三元次方程组

为_____．

（7）解方程组．

① $\begin{cases} x:y=3:2, \\ y:z=5:4, \\ x+y+z=6; \end{cases}$　② $\begin{cases} 3x-y+z=3, \\ 2x+y-3z=11, \\ x+y+z=12; \end{cases}$

（8）已知 $(a-2b-4)^2+\sqrt{2b+c}+|a-4b+c|=0$，求 $3a+b-c$ 的值．

（9）若 k 的值使方程组 $\begin{cases} x+y=k-2, \\ 2x+3y=k \end{cases}$ 的解 x，y 之和为 2，求 k，x，y 的值．

（10）用刚好 100 元钱买 15 张邮票，其中有 4 元、8 元、10 元三种面值，问可以怎么买？

（二）分析学生完成情况

学生在学习本章前，已经学习了二元一次方程组的解法，但是由于阅读能力和分析能力可能不足，因此怎样从实际问题的条件下提取出等量关系，列出方程组对他们来说是个难点．本节课中所涉及的未知数有两个，等量关系也有两个，这样使难度增加，绝大部分学生很难找出题中等量关系，因此本节课需要在课堂上引导学生找到题中等量关系．

二、解

问题 1 复习有关二元一次方程组的概念．

（1）二元一次方程的概念．（针对基础薄弱的学生）

（2）二元一次方程组的概念并举例．（针对基础中等的学生）

（3）解二元一次方程组 $\begin{cases} y=3-x, \\ 2x+y=5. \end{cases}$（针对基础较好的学生）

【设计意图】　这里的三个问题，难易程度不同，（1）、（2）两个问题是考查概念．三个问题对应三类不同层次的学生，思考和回答使每个学生都有所感悟,每个学生都有参与感.

差异性培养策略:在概念的正误的辨析过程中,理解算理,领悟算法.

问题 2　上节课我们学习了二元一次方程组,大家能否给方程组赋予实际意义?

请三个不同层次的学生分别回答该问题,可以得到:

基础薄弱的学生:解方程 $\begin{cases} y = 3 - x, \\ 2x + y = 5. \end{cases}$

基础中等的学生:解方程 $\begin{cases} x + y = 30, \\ 2x + 4y = 84. \end{cases}$

基础优秀的学生:解方程 $\begin{cases} x + y = 10, \\ 37x + 49y = 466. \end{cases}$

【设计意图】　基础不同的学生对解方程掌握情况不同,从而举出的事例有所区别,基础薄弱的学生能给出教材上的例子,说明他们上课认真听课了;基础中等及优秀的学生通过作业给出了不同的事例,恰好反映出学习的长期性和互补性.这样设计能观察不同基础的学生是否上课都认真听课,了解学生课堂的参与情况.

差异性培养策略:学生已经学习了一元一次方程及其解法,初步感受了方程的模型作用.在此基础上,本节进一步研究二元一次方程组的解法,可引导学生将二元问题转化为一元问题,体会"消元"思想,感受代数方法的优越性,同时也将有助于巩固有理数、整式的运算、一元一次方程等知识.但由于二元一次方程组与之前所学的一元一次方程在未知数个数及求解方法等方面都存在一定差异,且学生独立分析问题的能力有待提高,需要教师的点拨和引导.因此,在教学中教师将遵循学生的认知规律,以问题引导的方式,在调动学生积极性的同时,激发他们独立思考,体会"消元"思想的重要性,使不同程度的学生都得到锻炼.

三、探

(一)创设情境,引入新课

探究 1　养牛场原有 30 头大牛和 15 头小牛,1 天约用饲料 675 kg;一周后又购进 12 头大牛和 5 头小牛,这时 1 天约用饲料 940 kg.饲养员李大叔估计每头大牛 1 天需饲料 18～20 kg,每头小牛 1 天需饲料 7～8 kg.李大叔的估计符合实际吗?

（二）分组探究

助学提示：（1）要想知道李大叔估算是否正确，就要知道_____.

（2）本题中的等量关系.
$$\begin{cases} 30\ 头大牛用饲料\ \text{kg} + 15\ 头小牛用饲料\ \text{kg} = 675\ \text{kg}, \\ 42\ 头大牛用饲料\ \text{kg} + 20\ 头小牛用饲料\ \text{kg} = 940\ \text{kg}. \end{cases}$$

（3）设每只大牛一天约用饲料 x kg，每只小牛一天约用饲料 y kg.

根据以上等量关系，列方程组 $\begin{cases} \underline{\qquad}, \\ \underline{\qquad}, \end{cases}$ 解得 $\begin{cases} x = \underline{\qquad}, \\ y = \underline{\qquad}. \end{cases}$

（4）这就是说，每头大牛 1 天约需_____ kg，每头小牛 1 天约需饲料_____kg. 因此，饲养员李大叔对大牛的食量估计_____，对小牛食量估计_____.（学生可独立完成的独立完成，不能独立完成的参照思路提示完成，然后请同学说答案，老师讲解分析.）

注意：（1）读准题目中的关键字词，如后来购进 12 头大牛和 5 头小牛后加上原来的一天共用饲料 940 kg.

（2）联系实际，理解其真正的作用.

【设计意图】 ① 通过对这个问题的探究，进一步理解题中未知数的关系和等量关系，加深对建模过程的认识，通过对实际问题的解决，使学生理解如何巧妙设未知数解决实际问题.

② 通过助学提示，使不同层次的学生都能得到发展，通过独立分析思考，养成严谨的学习习惯，通过组内合作、交流、共享，培养团结协作的精神.

差异性培养策略： 采取"引导探究式"的教学方法，课堂中始终以学生为主体，以问题为引领，通过分析题中所给条件，找到未知量的关系，启迪学生思维，注重数学建模思想的渗透.

（三）过程方法

视频播放 2016 年里约奥运会结束后，清洁工人们清除大量垃圾，引出一道关于大卡车和小卡车运输垃圾的二元一次方程组的实际问题.

探究 2 里约奥运会结束后，游客们留下了大量垃圾，清洁工人日夜清理，清理完垃圾后分别用大卡车和小卡车运输，如果 1 辆大卡车和 2 辆小卡车可运输垃圾 15 吨，3 辆大卡车和 1 辆小卡车可运输垃圾 25 吨，请问 1 辆大卡车和 1 辆小卡车各能运多少吨垃圾？

【师生活动】 学生共同读题，然后完成学案上的两个分析.

教师:问题1,通过学案上的两个分析,哪些是未知量? 再请找到几个等量关系.

学生:未知量是"1辆大卡车和1辆小卡车各运多少吨垃圾",找到了2个等量关系式.

教师:问题2,应该设几个未知数,怎么解决这一问题?

【师生活动】　学生思考,小组讨论,教师引导有几个未知量就应该有几个未知数,学生根据发现的等量关系,建立方程组.设1辆大卡车可运输垃圾 x 吨,1辆小卡车可运输垃圾 y 吨,根据题意得:

$$\begin{cases} 3x + y = 25, \\ x + 2y = 15. \end{cases}$$

教师追问:列一元一次方程能解决这个问题吗?

【师生活动】　学生体会方程组比一元一次方程简单.

【设计意图】　让学生们分析实际问题中的数量关系,会设未知数,列方程组并求解得出实际问题的答案,教师引导学生体会有两个未知量时,列方程组解决更为简单.

教师:问题3,通过这道题的解题思路,结合一元一次方程解决实际问题的方法,思考用二元一次方程组解决实际问题的一般步骤是什么?

在老师的引导下学生们获得了二元一次方程组解决实际问题的一般步骤如图 2-3-2 所示.

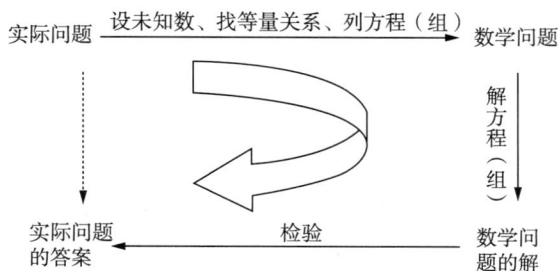

图 2-3-2

【设计意图】　引导学生总结利用方程组建立数学模型,解决实际问题的过程,从而为解决后面的实际问题打开了思路.

(四)巧用对话演示引入"探究1",激起兴趣解决新问题

将"探究1"编成一段对话,激起学生学习兴趣.

教师:问题1,怎样检验李大叔估计的是否正确?

学生:通过计算.

教师:问题2,怎样理解"通过计算来检验他的估计"?

【师生活动】 学生开始小组讨论,让学生体会估计值不是已知量,而是未知量,要用准确的数字来检验.教师引导学生理解要检验估计是否正确,需要求每头大牛和每头小牛1天分别约食用多少饲料.

【设计意图】 使学生理解估计值不是已知量,而是未知量,懂得估计值要用准确值来检验,从而明确未知数.

教师:问题3,题中哪些是已知量,哪些是未知量,有哪些等量关系,怎样列方程组?

【师生活动】 学生充分读题,再讨论,找出两个未知量和两个等量关系.

【设计意图】 引导学生发现未知数和等量关系,运用二元一次方程组解决问题.

教师:问题4,怎样解决这一问题?

【师生活动】 学生依据发现的等量关系,建立方程组.设:每头大牛和每头小牛1天分别约食用 x kg 和 y kg 饲料.并列出方程组:

$$\begin{cases} 30x + 15y = 675, \\ 42x + 20y = 940. \end{cases}$$

【设计意图】 使学生再一次学会怎样分析题意,正确地列出方程组.

教师:问题5,如何解这个方程组?

【师生活动】 学生独立解方程组,并发言交流.由于方程组比较复杂,教师需引导学生进行对比,发现先化简再求解更简单.

【设计意图】 让学生认识到,由实际问题列出的方程组,有时系数较为复杂,先化简再求解,可以简化运算.

教师:问题6,饲养员李大叔的估计正确吗?

【师生活动】 对比方程组得解和估计,最终得出结论.

【设计意图】 引导学生根据方程组的解去分析,解释实际问题.

(五)应用新知,提升能力

幻灯片展示4张2016年我国南方发生洪灾的图片,引出一道关于能否如期完成任务的实际问题.

问题 1 结合前两个例题思考怎样完成第一问？

【师生活动】 学生独立思考，教师引导根据二元一次方程组解决实际问题的一般步骤完成第一问．

问题 2 如何完成第二问？

【师生活动】 学生思考发现，跟"探究 1"一样要通过比较就可以知道"制衣厂的老板不能如期完成任务"．

追问：如果本题没有第一问，只有第二问，怎么办？

【师生活动】 小组讨论后，学生们发现跟"探究 1"一样先分析问题，再找出隐含的未知数，然后列方程组，最后解答进行比较．

【设计意图】 让学生学会应用"探究 1"的解题思路，学会找出问题中的一些隐形的未知数，进而达到最后的解题目的．

（六）知识突破，反编实际应用题

【师生活动】 给学生们一个方程组，让他们利用这个方程组编一道与前面三道同一类型的实际应用题．

【设计意图】 让学生们深入的掌握"探究 1"，并且能达到举一反三的目的，培养学生的逆向思维，更加掌握类似"探究 1"的实际应用题．

（七）课堂练习

巩固练习："预"中 10 道题目供不同层次的学生有选择性地完成．

【师生活动】

教师应重点关注：

（1）学生的主动性和积极性．（针对所有学生）

（2）学生是否会灵活找出相等关系建立方程．（针对基础中等及以上的学生）

【设计意图】 再次利用二元一次方程解决实际问题，旨在让学生进一步感受方程建模解决实际问题的思想，形成解决实际问题的一般策略，体会数学中的整体思想，优化解题方法．

差异性培养策略： 让不同层次的学生都积极地参与做题，对程度差的多鼓励，调动他们的学习兴趣，对程度较好的学生培养能力，从而达到对全班学生差异性的培养．

四、结

1.本节课学到了什么数学知识？

2.你了解了吗？你还有什么困惑？

【师生活动】

学生先谈体会,然后教师进行补充、总结,为下节课做好铺垫.在此次活动中教师应重点关注:

(1)不同层次的学生对知识的理解程度.

(2)学生能否从不同方面谈感受.

(3)引导学生倾听他人的意见,体会合作学习的必要性.

【设计意图】 在轻松愉快的气氛中体会收获的喜悦.给学生保持继续学习的兴趣.

差异性培养策略:通过小结为学生创造交流的空间,调动学生的积极性,既引导学生从面积的角度理解勾股定理,又从能力、情感、态度等方面关注学生对课堂整体感受.

五、悟

同学们,请你把今天的学习内容在大脑中"过"一遍,对自己在课堂上的参与过程、探究的过程和推导的方法进行回顾和总结后完成下面的作业.

(1)必做题:课本 98 页第 4,6,9 题.

(2)选做题:收集有关勾股定理的证明方法,下节课展示、交流.

【设计意图】 必做题是面向全体学生巩固所学知识的,选做题是对知识的拓展应用和推广.分为必做、选做题有利于不同层次的学生得到相应的发展,对培养数学核心素养的差异性有较大的好处.

差异性培养策略:设置不同的课业,让不同的学生经历不同的学习体验,最后都能达标.

评价分析详见表 2-3-1 所列.

表 2-3-1 学生(自评、互评)评价报告

评价目表	因素	主要表现
个人评价	思考问题	
	参与活动	
	提问或回答问题	
	讨论与交流	
小组评价	参与课堂展示	
	课堂练习	

每个项目可得 1～3 颗 ★，计算一下自己得了_____颗 ★.你打算在以后的学习过程中怎么办？

差异性培养策略：评价分析的目的在于让学生清楚地知道自己在参与学习过程中取得的成绩以及认知的程度、行为的对错，从而激发学生学习的兴趣，培养他们勇于探索、勇于创新的精神.

附录：板书设计

设计说明：

1.探究体验贯穿始终；　　　　2.展示交流贯穿始终；

3.习惯养成贯穿始终；　　　　4.情感教育贯穿始终；

5.文化育人贯穿始终.

第四节　数学运算素养差异性培养的教学模式与案例

　　数学运算是指在明晰运算对象的基础上，依据运算法则解决数学问题的素养.主要包括：理解运算对象、掌握运算法则、探究运算思路、选择运算方法、设计运算程序、求得运算结果等.数学运算是解决数学问题的基本手段，是一种演绎推理，是计算机解决问题的基础.

案例1　基于学生个体差异下的运算素养差异性培养的教学设计
—— 以有理数的乘方第 2 课时为例

内容与内容解析

　　本节内容选自义务教育教科书七年级《数学》（上册）"1.5　有理数的乘方"第 2 课时，内容是有理数的混合运算.本课时涵盖了"有理数"一章的主要内容，在此之前学生已经学习了有理数、数轴、相反数、绝对值、倒数、乘方的概念，有理数的加减法运算法则，有理数的乘除法法则，对有理数的加、减、乘、除、乘方运算有了一定的体验，这是学习本节课的基础.但由于学生的认知差异性,对知识理解和掌握的程度不同,使得学生在实际解题时会出现各种各样的错误.不能把所有这些问题一律归结于学生的粗心,要做出相应的分析,找出致误的原因,在本节课的教学以及后面的教学中有针对性的解决.

有理数的运算是数学中许多其他运算的基础,培养学生正确、迅速的运算能力,是数学教学的重要目标之一.从有理数的混合运算来说,它同时也是对本章主要内容的一个概括,抓好这部分内容的教学,也能起到复习全章的作用.

目标与目标解析

基于上面的分析,确定本课时的教学目标如下.

一、知识与技能

1.能确定有理数加减乘除乘方混合运算的顺序.

(1)能进行简单的加减乘除运算,即只含三个运算顺序.(针对基础薄弱的学生)

(2)能进行简单的加减乘除和乘方运算,即只含一个乘方运算顺序.(针对基础中等的学生)

(3)灵活处理加减乘除和乘方运算顺序.(针对基础较好的学生)

2.会进行有理数的混合运算,会选择适当的方法进行有理数的混合运算.培养并提高运算能力.

(1)能进行简单的加减乘除运算,即只含三个运算.(针对基础薄弱的学生)

(2)能进行简单的加减乘除和乘方运算,即只含一个乘方运算.(针对基础中等的学生)

(3)灵活处理加减乘除和乘方运算.(针对基础中等的学生)

3.培养学生的数学抽象能力,数学归纳意识、简单的代数推理能力.(针对基础较好的学生)

二、过程与方法

1.经历有理数混合运算顺序的探究过程,体会有理数混合运算顺序在解题过程中的重要性,选择合理的运算顺序解题.(针对所有学生)

2.通过对数学规律的探究过程,体会特殊与一般的关系,借助对例题的适当变式,让学生初步形成数学抽象的意识,理解数学运算与演绎推理的关系.(针对基础较好的学生)

三、数学思考

让学生在解题过程中,通过自己的思考,选择适合自己的方法去进行运算,让学生学会思考.

四、情感态度与价值观

让学生在学习过程中,通过比赛、相互出题、分步运算、不同的学生解决不同的问题让所有的学生都能获得成功的体验,同时培养学生相互合作、主动探究的学习习惯,学会积极的学习方式.

【设计意图】　立足学生的学习设计,设计相应的思维目标.

学生学情分析

七年级学生由于进入初中时间不久,对于初中的学习习惯和数学思维方式有一定的差异性,基础较差的学生运算素养的培养无从谈起,只能进行最简单的渗透;中等程度的学生学习习惯相应要好一些,但逻辑推理能力不强,能进行简单的加减乘除运算;基础较好的学生的综合能力相对要好一些,但综合程度不宜太高,对概念的理解不够深入,数学抽象的能力欠缺,逻辑推理能力相对较弱,都有待提高.

基于教学目标的分析和学生的学习实际,确定教学重、难点如下.

教学重点与难点

重点:理解有理数加减乘除和乘方的混合运算顺序,并能进行一般的有理数混合运算.

难点:在观察、归纳的过程中形成合情推理的意识,并进行演绎推理,确定一组数的规律.

【设计意图】　重点的把握应分层次、分步骤有效推进,难点的突破应实施不断的启发,让学生经历从特殊到一般的过程,在试错的过程中获得难点的突破.

核心素养培养的差异性落实课前预设

1. 创设多样性的问题情境,为学生自主构建概念铺平道路,为有效进行运算打下基础.

(1) 创设着眼于学生生活实际的问题情境,为概念建构获得感性认知.

(2) 让学生自主创设问题情境,在情境中建构概念.

2. 实施分步运算,为不同层次的学生演算过程提供展示的舞台.

(1) 根据不同学生的掌握程度,采取不同的运算步骤,使基础薄弱的学生也能感受部分成功的体验.

(2) 对不同的学生区别不同的解题步骤,能有效掌握错误的原因,为正确运算的形成进行思维干预.

(3) 实施分步运算,让学生明白算理,养成良好的推理习惯,对基础较好的学生可以有适当的步骤简写,有助于发展基础较好的学生的综合能力.

3. 设置不同的课业,让不同的学生经历不同的学习体验,最后都能达标.

(1) 设置 A,B,C 三类作业,让不同的学生都有自己能够解决的问题,从而可以达到自己的学习预期.

(2) 设置必做题和选做题,其中必做题是检查所有学生的运算素养,选做题能发展基础较好的学生的运算技能.

4. 在正误的辨析过程中,理解算理,领悟算法.

(1) 在概念的辨析过程中理解概念.

(2) 在法则的辨析过程中理解法则.

(3) 在运算顺序的辨析过程中理解运算顺序.

(4) 在运算的推理过程中理解算理.

5. 创设形式多样的数学活动,为运算素养的培养提供平台.

(1) 在游戏活动中理解算法,使每个学生都能学会运算. 不同的人,运算的难易程度不同.

(2) 在解题接龙活动中,激发运算兴趣,使每个学生都能获得成功的体验,且留有继续接龙的空间.

(3) 在小组运算比赛活动中,让所有学生都能达标,同时提升运算的准确率和运算效率.

(4) 同学之间、小组之间相互出题,相互考查对方,这样可以发挥每个学生的运算积极性.

教学过程设计

一、预

（一）展示学案中的任务内容

1.学生思考

（1）举出有理数乘方的实际例子.

（2）指出下列式子中的底数、指数，并计算出结果.

①$2^3$；②$\left(-\dfrac{3}{2}\right)^3$；③$-\dfrac{3^3}{2}$.

（3）① 求下列各数的倒数：$\dfrac{2}{3}$，$-2\dfrac{2}{3}$，1.

② 已知 a,b 互为相反数，c,d 互为倒数，则 $2019(a+b)+cd$ 的值为_____.

例 1　① 计算：$\left(-\dfrac{1}{30}\right)\div\left(\dfrac{2}{3}-\dfrac{1}{10}+\dfrac{1}{6}-\dfrac{2}{5}\right)$；

② 用 $3,4,-6,10$ 这四个数字进行四则运算，每个数只用一次，使其结果等于 24.

例 2　计算：①$2\times(-3)^3-4\times(-3)+15$；

②$(-2)^3+[(-4)^2+2]-(-3)^2\div(-2)$.

例 3　观察下面三行数：

$$-2,\quad 4,\quad -8,\quad 16,\quad -32,\quad 64,\quad\cdots;$$
$$0,\quad 6,\quad -6,\quad 18,\quad -30,\quad 66,\quad\cdots;$$
$$-1,\quad 2,\quad -4,\quad 8,\quad -16,\quad 32,\quad\cdots.$$

① 第一行数按什么规律排列？

② 第二、三行数与第一行数分别有什么关系？

③ 取每行数的第 10 个数，计算这三个数的和.

2.课堂练习

计算：(1)$\dfrac{11}{5}\times\left(\dfrac{1}{3}-\dfrac{1}{2}\right)\times\dfrac{3}{11}\div\dfrac{5}{4}$；

(2)$(-5)^3-3\times\left(-\dfrac{1}{2}\right)^4$；

(3)$(-1)^{10}\times2+(-2)^5\div4$；

(4)$(-10)^4+[(-4)^2-(3+3^2)\times2]$.

3.布置作业

必做题:(1)教材第 47 页习题 1.5 复习巩固.

(2)计算:① $(-1)^{100} \times 5 + (-2)^4 \div 4$;

② $(-3)^3 - 3 \times \left(-\dfrac{1}{3}\right)^4$;

③ $\dfrac{7}{6} \times \left(\dfrac{1}{6} - \dfrac{1}{3}\right) \times \dfrac{3}{14} \div \dfrac{3}{5}$;

④ $(-10)^2 + \left[(-4)^2 - (1 - 3^2) \times 2\right]$;

⑤ $-2^3 \div \dfrac{4}{9} \times \left(-\dfrac{2}{3}\right)^2$; (6) $4 + (-2)^2 \times 5 - (-0.28) \div 4$.

选做题:观察下面三行数.

第一行:2, −4, 8, −16, 32, −64, …;

第二行:4, −2, 10, −14, 34, −62, …;

第三行:1, −2, 4, −8, 16, −32, ….

① 第一行数的第 8 个数为_____,第二行数的第 8 个数为_____,第三行数的第 8 个数为_____.

② 已知第一行第 n 个数为 $-(-2)^n$,则第二行第 n 个数为_____.

③ 是否存在一列数,使得这一列的三个数的和为 1282?若存在,求出这三个数;若不存在,说明理由.

（二）分析学生完成情况

学生对乘方的概念理解不全面,存在一定的错误,特别是对于底数的理解,很多同学认识不正确;对倒数和相反数的理解比较好,一般能够掌握;对例题 $\left(-\dfrac{1}{30}\right) \div \left(\dfrac{2}{3} - \dfrac{1}{10} + \dfrac{1}{6} - \dfrac{2}{5}\right)$ 一般都能按照先算括号的方法去运算,只有一些基础很好的学生能够根据倒数关系去运算;乘方的运算掌握得一般,而难点在于寻找数的规律.

二、解

问题 1 上节课我们学习了有理数的乘方,大家能否举出有理数乘方的实际例子?

请三个不同层次的学生分别回答该问题,可以得到:

基础薄弱的学生:正方形的边长为 a,面积为 a^2,正方体的边长为 a,体积为 a^3.

基础中等的学生:拉面,拉一次得到 2 根面条,拉两次得到 4 根面条,

拉 n 次得到 2^n 根面条.

基础较好的学生:把厚度为 0.1 mm 的纸张折叠 6 次,其厚度为 0.1×2^6 mm.

【设计意图】　程度不同的学生对乘方概念的感性认识不同,从而举出的事例有所区别,基础薄弱的学生能给出教材上的例子,说明他们上课认真听课了;基础中等及较好的学生通过作业获取不同的事例,恰好反映出学习的长期性和互补性.这样设计能观察不同程度的学生是否上课都认真听了课,了解学生课堂的参与情况.

差异性培养策略:回顾多样性的问题情境,为学生自主构建乘方概念、理解乘方概念铺平道路,为有效进行运算打下基础.

问题 2　指出下列式子中的底数、指数,并计算出结果.

学生 1: 2^3 .(针对基础薄弱的学生)

学生 2: $\left(-\dfrac{3}{2}\right)^3$.(针对基础中等的学生)

学生 3: $-\dfrac{3^3}{2}$.(针对基础较好的学生)

【设计意图】　这里的三个问题,难易程度不同,对学生 1、学生 2 的问题的底数、指数很容易得到,但运算结果不同,这涉及乘方概念的正确理解;对学生 3 的问题须知其底数是 3,指数是 3,只有这样才能够求出值.三个问题对应三类不同层次的学生,使每个学生都有所感悟,每个学生都有参与感.

差异性培养策略:在概念的正误的辨析过程中,理解算理,领悟算法.

问题 3　我们前面已经学习了倒数,同学们还记得倒数的概念吗? 大家自己来出道题吧!

【设计意图】　通过复习倒数的概念,巩固学生所学知识,实现数学语言与文字语言的转换,为下面的运算作铺垫.

学生 1:求下列各数的倒数: $\dfrac{2}{3}$, $-2\dfrac{2}{3}$, 1.(针对基础薄弱的学生)

学生 2:已知 a,b 互为相反数, c,d 互为倒数,则 $2019(a+b)+cd$ 的值为_____.(针对基础中等的学生)

学生 3:一个数的倒数等于它本身,这个数是_____.(针对基础较好的学生)

【设计意图】　求一个数的倒数是将有理数除法运算转换为乘法运算必需的环节,也是本节能否完成下去的重要知识,设计的三个问题,对应三个不同的层次的学生,步步递进,环环相扣,为后面的新课创设必要的知识准备.

问题 4 请同桌的两个同学,每个同学分别说出一个数,另一个同学说出倒数.

【设计意图】 强化学生求一个数倒数的方法,由于学生个体的差异性,所说出的数会有差异性,这样能有效调动课堂的积极性,促进学生之间的合作,激发学生的学习热情.

差异性培养策略:设置不同的课业,让不同的学生经历不同的学习体验,最后都能达标.

为了深化对乘方概念的理解,给出变式:

变式 1:下列说法正确的是(　　　).

A. -3^2 的底数是 -3,结果是 9

B. $-\left(\dfrac{3}{2}\right)^4$ 的底数是 $\dfrac{3}{2}$,结果是 $\dfrac{81}{16}$

C. $-\left(-\dfrac{1}{2}\right)^3$ 的底数是 $-\dfrac{1}{2}$,结果是 $\dfrac{1}{8}$

D. $\dfrac{4^3}{3}$ 的底数是 $\dfrac{4}{3}$,结果是 $\dfrac{64}{27}$

变式 2:有一张厚度为 0.1 毫米的纸,将它对折一次后,厚度为 2×0.1 毫米,求:

(1) 对折 2 次后,厚度为多少毫米;

(2) 对折 10 次后,厚度为多少毫米.

【设计意图】 变式 1 在于强化对乘方概念的理解,变式 2 在于拓展学案的素材,同时引出本节课的教学.

三、探

(一)创设情境,引入新课

教师:在小学我们已经学过四则运算,四则运算的顺序是什么?怎样计算 0.1×2^{10}?

学生:先乘除,后加减;同级运算,从左到右进行;如果有括号,先做括号内的运算,按小括号、中括号、大括号依次进行.

(二)分组探究

例 1 计算:$\left(-\dfrac{1}{30}\right) \div \left(\dfrac{2}{3} - \dfrac{1}{10} + \dfrac{1}{6} - \dfrac{2}{5}\right)$.

【设计意图】 这是教材第 38 页第 8 题的第(3)小题:计算

$\left(1\dfrac{3}{4}-\dfrac{7}{8}-\dfrac{7}{12}\right)\div\left(-\dfrac{7}{8}\right)+\left(-\dfrac{7}{8}\right)\div\left(1\dfrac{3}{4}-\dfrac{7}{8}-\dfrac{7}{12}\right)$ 的变式，但原题结构更长，难度更大，为了降低难度，提升学生学习的积极性，给出此例.本例涉及有理数的加法、减法和除法运算，还含有括号，有一定的综合性，能体现四则混合运算的顺序，具有典型性.虽然教材在第 33 页安排了一道运用分配律的例题（例 4），用两种方法计算 $\left(\dfrac{1}{4}+\dfrac{1}{6}-\dfrac{1}{2}\right)\times12$，但此题显然难度更大，更能体现学生运算素养的差异性.

让学生分组讨论，获得过程.

解法 1：原式 $=\left(-\dfrac{1}{30}\right)\div\left(\dfrac{20}{30}-\dfrac{3}{30}+\dfrac{5}{30}-\dfrac{12}{30}\right)$

$\qquad\qquad =\left(-\dfrac{1}{30}\right)\div\dfrac{10}{30}$

$\qquad\qquad =\left(-\dfrac{1}{30}\right)\times\dfrac{3}{1}=-\dfrac{1}{10}.$

教师：这样解答的原因是什么？

学生：四则运算法则：有括号，先算括号里面的，同级运算，从左到右依次进行.

教师：我们现在运算的数是在什么范围内？

学生：有理数.

教师：同学们能不能归纳出有理数四则运算法则？

学生：能.先乘除，后加减；同级运算，从左到右进行；如果有括号，先做括号内的运算，按小括号、中括号、大括号依次进行.

教师：是的，小学的四则运算法则，对有理数四则运算也适用.

教师：同学们，本题还有没有其他算法？

学生 1：有.

教师：怎么算？

学生 1：因为 $\left(-\dfrac{1}{30}\right)\div\left(\dfrac{2}{3}-\dfrac{1}{10}+\dfrac{1}{6}-\dfrac{2}{5}\right)$ 和 $\left(\dfrac{2}{3}-\dfrac{1}{10}+\dfrac{1}{6}-\dfrac{2}{5}\right)\div\left(-\dfrac{1}{30}\right)$ 的结果互为倒数，但 $\left(\dfrac{2}{3}-\dfrac{1}{10}+\dfrac{1}{6}-\dfrac{2}{5}\right)\div\left(-\dfrac{1}{30}\right)$ 我可以运用分配律计算：

$\left(\dfrac{2}{3}-\dfrac{1}{10}+\dfrac{1}{6}-\dfrac{2}{5}\right)\div\left(-\dfrac{1}{30}\right)=\left(\dfrac{2}{3}-\dfrac{1}{10}+\dfrac{1}{6}-\dfrac{2}{5}\right)\times(-30)$

$$= \frac{2}{3} \times (-30) - \frac{1}{10} \times (-30) + \frac{1}{6} \times (-30) - \frac{2}{5} \times (-30)$$

$$= -20 + 3 - 5 + 12 = -10.$$

所以,原式 $= -\frac{1}{10}$.

学生2:我和他的想法是一样的,但我是直接计算的.

$$\left(\frac{2}{3} - \frac{1}{10} + \frac{1}{6} - \frac{2}{5} \right) \div \left(-\frac{1}{30} \right) = \left(\frac{20}{30} - \frac{3}{30} + \frac{5}{30} - \frac{12}{30} \right) \div \left(-\frac{1}{30} \right)$$

$$= \frac{1}{3} \div \left(-\frac{1}{30} \right) = -10.$$

所以,原式 $= -\frac{1}{10}$.

【设计意图】 例1的三种方法对应三个不同层次学生的思维过程,学生1直接运算,而且做得非常好,值得肯定;学生2具有一定的灵活性,属于高层次思维;学生3在学生2的方法的前提下得到的,同时借鉴了学生1的方法,但其根本还是运算顺序的正确使用.

差异性培养策略:实施分步运算,为不同层次的学生演算过程提供展示的舞台.

由于学生对倒数理解的局限,从而导致很多同学不能有效地采用学生2的思路解题,故我们把教材上的习题作为变式让学生在课堂上巩固和提高.

变式:计算 $\left(1\frac{3}{4} - \frac{7}{8} - \frac{7}{12} \right) \div \left(-\frac{7}{8} \right) + \left(-\frac{7}{8} \right) \div \left(1\frac{3}{4} - \frac{7}{8} - \frac{7}{12} \right)$.

教师:大家都玩过"抢24点"的游戏吧,下面我们来做一个"抢24点"的游戏.用3,4,-6,10这四个数字进行四则运算,每个数只用一次,使其结果等于24.

【设计意图】 "抢24点"的游戏只涉及有理数的加减乘除运算,能很好得反映学生处理运算顺序的能力,由于基础不同的学生,选择数字组合的方式不同,从而能够体现学生思维的深刻性和差异性.

差异性培养策略:在游戏活动中理解算法,使每个学生都能学会运算,同样的题目对于不同的人,运算的难易程度不同.

通过巡视,发现有以下方法:

$3 \times [4 + (-6) + 10] = 24$; $\qquad 3 \times (10 - 4) - (-6) = 24$;

$4 - (-6) \div 3 \times 10 = 24$; $\qquad 10 - 4 - (-6) \times 3 = 24$;

$4-(-6)\times10\div3=24$；　　　　$10-[4+3\times(-6)]=24.$

差异性培养策略：创设形式多样的数学活动，为运算素养的培养提供平台.

教师：上面的例 1 和"抢 24 点"的游戏告诉我们，在进行有理数运算时，一定要注意什么？

学生：运算顺序.

教师：看下面的例 2.

例 2　计算：(1)$2\times(-3)^3-4\times(-3)+15$；

(2)$(-2)^3+[(-4)^2+2]-(-3)^2\div(-2).$

【设计意图】　例 2 是教材的例题，都含有乘方运算，其中(1)包含三步运算，(2)包含四步运算，应该怎样运算是教学的重点，在教学中一要注意乘方运算、二要注意运算顺序、三要注意括号，要实现两个问题的正确解决，一步步进行，这样方便回头检验.

教师：和例 1 不同，这里的运算含有乘方运算，我们该怎样运算呢？

学生：先算乘方，再乘除，最后加减；同级运算，从左到右进行；如果有括号，先做括号内的运算，按小括号、中括号、大括号依次进行.

教师：大家分组分别运算一下.

(3 分钟后选取几个小组的运算过程，投影到实物展台上.)

解：(1) 小组 1：原式$=2\times(-27)-4\times(-3)+15$

$$=2\times(-27)-4\times(-3)+15$$
$$=-54-(-12)+15$$
$$=-54+12+15$$
$$=-27.$$

小组 2：原式$=2\times(-27)-4\times(-3)+15$
$$=-54+12+15$$
$$=-27.$$

小组 3：原式$=2\times(-27)-(-12)+15$
$$=-54+12+15$$
$$=-27.$$

(2) 完全类似地，有不同的解题过程.

【设计意图】　因为学生对知识理解的程度不同，所以不能按照统一的要求，遵循统一的格式去解题，要求不同的学生根据自己的层次选择适合自己的解题步骤去运算，基础差的学生一步步完成，这样便于找到致误的步骤，能针对性地提高运算能力.对于运算比较熟练的学生可以把几步合为一步. 这样处理要立足学生的实际,在不同的时间和比较熟练的程度下适当省略一些步骤,到最后都能准确适用有理数运算顺序.

差异性培养策略:实施分步运算,为不同层次的学生演算过程提供展示的舞台.

教师:引导学生归纳出有理数混合运算一般有两种类型:

(1) 不含多重括号,采用"加减分段法";

(2) 含有多重括号,先算括号里面的(按小,中,大顺序).

例 3 观察下面三行数:

$$-2, \quad 4, \quad -8, \quad 16, \quad -32, \quad 64, \quad \cdots;$$
$$0, \quad 6, \quad -6, \quad 18, \quad -30, \quad 66, \quad \cdots;$$
$$-1, \quad 2, \quad -4, \quad 8, \quad -16, \quad 32, \quad \cdots.$$

(1) 第一行数按什么规律排列?

(2) 第二、三行数与第一行数分别有什么关系?

(3) 取每行数的第 10 个数,计算这三个数的和.

【设计意图】 例 3 是一道规律探究题,让学生发现题目的规律有一定的难度,在师生的共同活动下发现规律,并能用数学符号语言表达.

分析:观察第一行,发现各数均为 2 的倍数,联系数的乘方,从符号和绝对值两方面考虑,可以发现排列的规律.

(PPT 呈现本题的解题过程.)

解:(1) 第一行数是 $-2,(-2)^2,(-2)^3,(-2)^4,\cdots$.

(2) 对比第一、二两行中位置对应的数,可以发现第二行数是第一行相应的数加 2,即 $-2+2,(-2)^2+2,(-2)^3+2,(-2)^4+2,\cdots$.

第三行数是第一行相应的数的 0.5 倍,即 $-2\times0.5,(-2)^2\times0.5,(-2)^3\times0.5,(-2)^4\times0.5$.

(3) 每行中的第 10 个数的和是 $(-2)^{10}+[(-2)^{10}+2]+[(-2)^{10}\times0.5]=1024+(1024+2)+1024\times0.5=1024+1026+512=2562$.

【设计意图】 例 3 的解题过程体现了从特殊到一般的合情推理,用数学符号语言表示其中的规律,渗透了数学抽象的核心素养,本例既有合情推理,又有演绎推理,在此只能做简单的渗透,为后面的学习做一些铺垫,是有必要的,也是可能的. 这里的规律只是具体的,还没有达到完全抽象的程度,还有第(3)问的运算是正向的,也可以逆向思考,以期提高学生思维的深刻性和全面性.

(三) 提升拓展

教师:有没有同学能够用含 n 的式子表示第一行第 n 个数?

学生:由(1)可以发现第一行第 n 个数是 $(-2)^n$.

教师:第二行第 n 个数怎么表示? 第三第 n 个数怎么表示?

学生:第二行第 n 个数 $(-2)^n+2$,第三第 n 个数 $(-2)^n \times 0.5$.

【设计意图】 上述的两个问题,例 3 由特殊规律揭示出一般规律,为相应的其他运算提供了可能,同时使基础较好的学生的思维上升一个台阶.

差异性培养策略:设置不同的课业,让不同的学生经历不同的学习体验,最后都能达标.

(四)课堂练习.

计算:

(1) $\dfrac{11}{5} \times \left(\dfrac{1}{3}-\dfrac{1}{2}\right) \times \dfrac{3}{11} \div \dfrac{5}{4}$; (2) $(-5)^3-3 \times \left(-\dfrac{1}{2}\right)^4$;

(3) $(-1)^{10} \times 2+(-2)^5 \div 4$;

(4) $(-10)^4+[(-4)^2-(3+3^2) \times 2]$.

【设计意图】 这 4 道练习题都是教材第 44 页的练习题,这里做了顺序调整,把(1) 和(3) 互换顺序,这样每个学生都能下手,否则一开始就是乘方运算,对于程度不太好的学生会产生心理上的恐惧,影响正常的发挥.

四、结

1.本节课你学了那些知识(知识角度)? 你是如何学习这些知识(方法角度)?

2.通过本节课的学习你还有什么收获? 还有什么想法?

3.学生(自评、互评)评价报告见表 2-4-1 所列.

表 2-4-1　学生(自评、互评)评价报告

第＿＿＿学习小组	被评价人:＿＿＿		时间:　年　月　日
评价形式	评价因素		评价情况(结果)
个人自评	学习思考		
	活动参与		
	讨论交流		
	其他因素		
小组互评	讨论交流示		
	展示情况		
	其他因素		

【设计意图】 通过设置开放性问题,改变过去简单归纳的小结方式,采用谈心的方式进行课堂小结,能触及学生的内心,让每个学生都能发表自己的看法,不同的学生对问题理解的程度不同,从而小结的内容也会不同,长期这样做能培养学生的语言表达能力、数学归纳能力、数学抽象能力.

差异性培养策略: 创设形式多样的数学活动,为运算素养的培养提供平台.

五、悟

同学们,请你们把今天的学习内容在大脑中"过"一遍,对自己在课堂上的参与过程和同学们的讨论、交流的思路进行回顾、总结之后完成下面的作业.

(一)※做题

1. 教材第47页习题1.5复习巩固.

2. 计算:

(1) $(-1)^{100} \times 5 + (-2)^4 \div 4$;

(2) $(-3)^3 - 3 \times \left(-\dfrac{1}{3}\right)^4$;

(3) $\dfrac{7}{6} \times \left(\dfrac{1}{6} - \dfrac{1}{3}\right) \times \dfrac{3}{14} \div \dfrac{3}{5}$;

(4) $(-10)^2 + [(-4)^2 - (1 - 3^2) \times 2]$.

(二)选做题

观察下面三行数.

第一行:2, -4, 8, -16, 32, -64, …;

第二行:4, -2, 10, -14, 34, -62, …;

第三行:1, -2, 4, -8, 16, -32, ….

(1) 第一行数的第8个数为_____,第二行数的第8个数为_____,第三行数的第8个数为_____.

(2) 已知第一行第 n 个数为 $-(-2)^n$,则第二行第 n 个数为_____.

(3) 是否存在一列数,使得这一列的三个数的和为1282?若存在求出这三个数,若不存在说明理由.

【设计意图】 作业布置设置两道题,分为必做题和选做题,必做题来源于教材的习题,旨在巩固所学知识,检测全体学生是否掌握了所学知识,学习效果是否达标.选做题是对例3的拓展,供学有余力的学生选做,题目设置三道题:(1)是具体的规律,属于特例;(2)属于共性,为了降低难度,给出了已知第一行第 n 个数为 $-(-2)^n$,为求第二行第 n 个数铺平了道路;(3)是例3的逆向思考,由(1)和(2)拾级而上不难达到.

差异性培养策略:设置不同的课业,让不同的学生经历不同的学习体验,最后都能达标.

案例 2　代数新定义型问题专题复习课教学设计

内容与内容解析

教材中出现了一些概念,如乘方等,通过研究这些概念,引导学生去探究相应的运算与性质,并没有专题研究新定义问题,但随着新课程改革的推进和新课标教材的实施,在中考题中出现了一些新颖的"即时定义"的代数试题.这些试题贴近实际、背景公平,有利于考查学生观察、分析、猜想、验证、推理等数学活动的能力,有利于调动学生自主探索、动手实践等操作能力,有利于培养学生的想象力和创造力,更能考查学生阅读理解和语言转换能力.

由于"新定义"题的题型多样,数量很多,一般分为新定义代数题和新定义几何题,无法一一列举,只能分类解析,本节课仅讨论新定义代数题型.解新定义代数型中考题,首先要准确理解"即时定义"的概念,深刻揭示"即时定义"的概念的本质,用类比的方法将知识进行迁移,转化为熟悉的知识、情境或方法,同化为所学的内容,用已有的知识加以解决.这类问题一般都不难,但往往有一定的综合性和抽象性,解题时要调动各种知识储备,沉着冷静应答.

目标与目标解析

基于上面的分析确定本节课的教学目标以下几方面.

1.知识与技能:掌握新定义代数题型的解题思路,熟悉一般方法.

2.过程与方法:通过对新定义代数题的分析过程,形成一定的处理此类问题的基本方法,形成一定的技能.

3.数学思考:在分析与解决问题的过程中,学会思考,把知识转化为自己的能力,并达到应用同化和化归的思想解决相应的问题的目的.

4.情感与态度:在小组之间、师生之间的对话、交流的过程中,培养团结合作的精神,形成创新的意识.

学情分析

学生经过初中将近三年的学习,已经具备了必要的数学运算能力和逻辑推理能力,具有了一定的解决问题的技能,但创新应用的能力还有待提高,所以确定本节课的重点和难点如下.

教学重点与难点

重点:培养学生掌握处理新定义代数问题的一般方法,形成必要的能力,能解决一般性问题.

难点:对于涉及含参数的二次函数的最值和含参数的不等式的讨论.

教学过程设计

一、预

(一)展示学案中的任务内容

例1 在实数范围内定义运算"☆":$a ☆ b = a + b - 1$,例如:$2 ☆ 3 = 2 + 3 - 1 = 4$. 如果 $2 ☆ x = 1$,则 x 的值是( ).

A. -1 B. 1 C. 0 D. 2

例2 (安徽蚌埠二中)记 $S_n = a_1 + a_2 + \cdots + a_n$,令 $T_n = \dfrac{S_1 + S_2 + \cdots + S_n}{n}$,称 T_n 为 $a_1, a_2, \cdots, a_n$ 这列数的"理想数".已知 $a_1, a_2, \cdots, a_{500}$ 的"理想数"为 2004,那么 $8, a_1, a_2, \cdots, a_{500}$ 的"理想数"为( ).

A. 2004 B. 2006 C. 2008 D. 2010

例3 我们用符号 $[x]$ 表示不大于 x 的最大整数. 例如:$[1.5] = 1$,$[-1.5] = -2$,那么:

(1)当 $-1 < [x] \leqslant 2$ 时,x 的取值范围是_____;

(2)当 $-1 \leqslant x < 2$ 时,函数 $y = x^2 - 2a[x] + 3$ 的图象始终在函数 $y = [x] + 3$ 的图象下方,则实数 a 的范围是_____.

布置作业:

1.定义 $a ※ b = a(b+1)$,例如 $2 ※ 3 = 2 × (3+1) = 2 × 4 = 8$,则 $(x-1) ※ x$ 的结果为_____.

2.对于任意两个不相等的数 a,b，定义一种新运算"$\oplus$"，具体为：$a \oplus b = \dfrac{\sqrt{a+b}}{\sqrt{a-b}}$，如 $3 \oplus 2 = \dfrac{\sqrt{3+2}}{\sqrt{3-2}} = \sqrt{5}$，那么 $12 \oplus 4 = $ _____.

3.阅读下面材料.

对于实数 a,b，我们定义符号 $\min\{a,b\}$ 的意义为：当 $a < b$ 时，$\min\{a,b\} = a$；当 $a \geqslant b$ 时，$\min\{a,b\} = b$，如 $\min\{4,-2\} = -2$，$\min\{5,5\} = 5$.

根据上面的材料回答下列问题.

(1) $\min\{-1,3\} = $ _____;

(2) 当 $\min\left\{\dfrac{2x-3}{2}, \dfrac{x+2}{3}\right\} = \dfrac{x+2}{3}$ 时，求 x 的取值范围.

4.若两个二次函数图象的顶点、开口方向都相同，则称这两个二次函数为"同簇二次函数".

(1) 请写出两个为"同簇二次函数"的函数；

(2) 已知关于 x 的二次函数 $y_1 = 2x^2 - 4mx + 2m^2 + 1$ 和 $y_2 = ax^2 + bx + 5$，其中 y_1 的图象经过点 $A(1,1)$，若 $y_1 + y_2$ 与 y_1 为"同簇二次函数"，求函数 y_2 的表达式，并求出当 $0 \leqslant x \leqslant 3$ 时，y_2 的最大值.

（二）分析学生完成情况

例1大多数学生能够完成，但有部分学生不能完成；例2有一定难度，很多学生不能完成；例3的第一问部分学生能完成，第二问比较难，基本上都无法完成，是本节课教学的重点和难点.

二、解

例 1　在实数范围内定义运算"$\star$"：$a \star b = a + b - 1$. 例如：$2 \star 3 = 2 + 3 - 1 = 4$. 如果 $2 \star x = 1$，则 x 的值是（　　）.

A. -1　　　　　B. 1　　　　　C. 0　　　　　D. 2

根据题目中给出的新定义运算规则进行运算：$2 \star x = 2 + x - 1 = 1 + x$，又 $2 \star x = 1$，

所以 $1 + x = 1$，$x = 0$. 故选 C.

【设计意图】　例1仅涉及简单的整式加减和解一元一次方程，大多数学生能够完成，起着热身的作用，但类似的定义比较多，且联系到的知识点也多，故其变式十分重要，可抛砖引玉.

变式 1　定义运算：$m \star n = mn^2 - mn - 1$. 例如：$4 \star 2 = 4 \times 2^2 - 4 \times 2 - 1 = 7$. 则 $1 \star x = 0$ 方程的根的情况为（　　）.

A.有两个不相等的实数根　　　　　B.有两个相等的实数根

C.无实数根　　　　　　　　　　　D.只有一个实数根

由定义新运算可得 $x^2-x-1=0$，所以 $\Delta=(-1)^2-4\times1\times(-1)=1+4=5>0$，方程有两个不相等的实数根，因此本题选 A.

变式2　用 ※ 定义一种新运算：对于任意实数 m 和 n，规定 $m※n=m^2n-mn-3n$.如：$1※2=1^2\times2-1\times2-3\times2=-6$.

（1）求 $(-2)※\sqrt{3}$；

（2）若 $3※m\geqslant-6$，求 m 的取值范围，并在所给的数轴上（如图2-4-1所示）表示出解集.

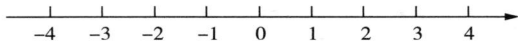

图 2-4-1

解：（1）根据定义进行列式计算 $(-2)※\sqrt{3}=(-2)^2\times\sqrt{3}-(-2)\times\sqrt{3}-3\times\sqrt{3}=4\sqrt{3}+2\sqrt{3}-3\sqrt{3}=3\sqrt{3}$.

（2）根据定义列出不等式，再进行求解，然后把解集在数轴上表示出来.因为 $3※m=3^2m-3m-3m=3m$，又因为 $3※m\geqslant-6$，所以 $3m\geqslant-6$，得 $m\geqslant-2$.在数轴上（如图2-4-2所示）表示如下.

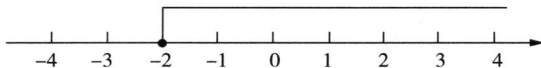

图 2-4-2

变式3　对于实数 a,b，定义一种新运算"$\otimes$"为 $a\otimes b=\dfrac{1}{a-b^2}$，这里等式右边是实数运算.例如：$1\otimes3=\dfrac{1}{1-3^2}=-\dfrac{1}{8}$ 则方程 $x\otimes(-2)=\dfrac{2}{x-4}-1$ 的解是（　　）.

A. $x=4$　　　　B. $x=5$　　　　C. $x=6$　　　　D. $x=7$

解析：根据新定义运算，把方程转化为分式方程.因为 $x\otimes(-2)=\dfrac{1}{x-(-2)^2}=\dfrac{1}{x-4}$，所以原方程可转化为 $\dfrac{1}{x-4}=\dfrac{2}{x-4}-1$，解得 $x=5$.经检验，$x=5$ 是原方程的解.

【设计意图】　这里的三个变式，按照整体的难易程度，由易到难，渐进设计,变式 1 由定义建立一元二次方程,利用根的判别式,几乎所有学生都能完成,兼顾好、中、弱三类学生;变式 2 涉及二次根式的运算和解不等式的知识,要求有所提高;变式 3 将分式方程联系起来,一部分学生忘记了解分式方程要"验根",起到"唤醒"的作用,使不同程度的学生感受不同,但所有学生都有收获.

三、探

（一）创设情境,引入新课

例 2　（安徽蚌埠二中）记 $S_n = a_1 + a_2 + \cdots + a_n$,令 $T_n = \dfrac{S_1 + S_2 + \cdots + S_n}{n}$,称 T_n 为 $a_1, a_2, \cdots, a_n$ 这列数的"理想数". 已知 $a_1, a_2, \cdots, a_{500}$ 的"理想数"为 2004,那么 $8, a_1, a_2, \cdots, a_{500}$ 的"理想数"为（　　）.

　　A. 2004　　　　　B. 2006　　　　　C. 2008　　　　　D. 2010

【设计意图】　本题打破了传统对于统计学内容"三数"考查的固定模式,即平均数、中位数、众数,而将其纳入有理数的知识范畴,呈现出别具一格的特点. 题目以"理想数"的概念为背景,考查学生的知识迁移能力、问题转化意识以及必要的"数感".

下面需学生分组讨论,小组汇报结果的方式呈现.

小组 1:通过分析定义不难发现所谓的"理想数"实际上就是前 n 个数的和的平均数,这样就能够把问题同化到求 8,$(s_1 + 8)$,$(s_2 + 8)$,$\cdots$,$(s_{500} + 8)$ 的平均数,由已知 $2004 = \dfrac{s_1 + s_2 + \cdots + s_{500}}{500}$,所以 $s_1 + s_2 + \cdots + s_{500} = 2004 \times 500$,设 $8, a_1, a_2, \cdots, a_{500}$ 的"理想数"为 T_{501},则

$$T_{501} = \frac{8 + (s_1 + 8) + (s_2 + 8) + \cdots + (s_{500} + 8)}{501}$$

$$= \frac{8 \times 501 + (s_1 + s_2 + \cdots + s_{500})}{501} = 8 + 2000 = 2008.$$

故选 C.

小组 2:我们小组发现由"理想数"定义,可以得到例 2 的一般性结论.

教师:一般性结论是什么? 能和同学们分享吗?

小组 2:我们的一般性结论是:若 $a_1, a_2, \cdots, a_n$ 的"理想数"为 m,则 a_0,$a_1, a_2, \cdots, a_n$ 的"理想数"为 $a_0 + \dfrac{mn}{n+1}$.

教师:能说明一下你们的过程吗?

小组2：因为 $a_1, a_2, \cdots, a_n$ 的"理想数"为 m，所以 $m = \dfrac{a_1 + a_2 + \cdots + a_n}{n}$，则 $a_1 + a_2 + \cdots + a = mn$，设 $a_0, a_1, a_2, \cdots, a_n$ 的"理想数"为 T_{n+1}，则

$$T_{n+1} = \frac{a_0 + (a_0 + s_1) + (s_2 + a_0) + \cdots + (s_n + a_0)}{n+1}$$

$$= \frac{(n+1)a_0 + (s_1 + s_2 + \cdots + s_n)}{n+1} = a_0 + \frac{mn}{n+1}.$$

教师：很好，同学们听懂了吗？如果没有听懂，请课后认真揣摩.

教师：一般与特殊的辩证关系是发现和解决数学问题的常用方法，在代数的学习中有一定的体现，本题可以从寻找一般性结论入手，再得到特殊的结论；也可以直接得到问题的答案，但对学生的数学推理能力，特别是代数推理能力有比较高的要求，而这部分知识往往会忽视，这里起到警醒的作用，在重视几何推理的同时，要加强代数推理能力的训练.

例3 我们用符号 $[x]$ 表示不大于 x 的最大整数. 例如 $[1.5] = 1$，$[-1.5] = -2$，那么：

（1）当 $-1 < [x] \leqslant 2$ 时，x 的取值范围是_____；

（2）当 $-1 \leqslant x < 2$ 时，函数 $y = x^2 - 2a[x] + 3$ 的图象始终在函数 $y = [x] + 3$ 的图象下方，则实数 a 的范围是_____.

【设计意图】 例3以新定义的整数函数为背景，渗透了一元一次方程的解，含参数的二次函数的最值，处处体现了分类讨论的思想，对学生的运算能力，逻辑推理能力，分类讨论思想要求较高.

（二）师生互动，共同探究

解析：（1）根据定义，符号 $[x]$ 表示不大于 x 的最大整数，得到 $-1 < [x] \leqslant 2$ 时，$[x] = 0, 1, 2$；当 $[x] = 0$ 时，$0 \leqslant x < 1$；当 $[x] = 1$ 时，$1 \leqslant x < 2$；当 $[x] = 2$ 时，$2 \leqslant x < 3$；从而 x 的取值范围是 $0 \leqslant x < 3$.

（2）可根据题意构造新函数，采取自变量分类讨论的方式判别新函数的正负，继而根据函数性质反求参数. 令 $y_1 = x^2 - 2a[x] + 3$，$y_2 = [x] + 3$，$y_3 = y_2 - y_1$，由题意可知：$y_3 = -x^2 + (2a+1)[x] > 0$ 时，函数 $y = x^2 - 2a[x] + 3$ 的图象始终在函数 $y = [x] + 3$ 的图象下方.

① 当 $-1 \leqslant x < 0$ 时，$[x] = -1$，$y_3 = -x^2 - (2a+1)$，此时 y_3 随 x 的增大而增大，故当 $x = -1$ 时，y_3 有最小值 $-2a - 2 > 0$，得 $a < -1$.

② 当 $0 \leqslant x < 1$ 时，$[x] = 0$，$y_3 = -x^2$，此时 $y_3 \leqslant 0$.

③ $1 \leqslant x < 2$ 时，$[x] = 1$，$y_3 = -x^2 + (2a+1)$，此时 y_3 随 x 的增大而减

小,故当 $x=2$ 时,y_3 有最小值 $2a-3\geqslant 0$,得 $a\geqslant\dfrac{3}{2}$.

综上所述,$a<-1$ 或 $a\geqslant\dfrac{3}{2}$.

点评　例3是一道优秀的试题,给人留下了深刻的印象.题目以学生非常熟悉的整数的性质着手,背景公平、材料新颖,给考生似曾相识的感觉,一开始就拉近了他们与考试之间的距离.但随着解题的深入,发现问题又不是想象的那样简单,甚至深入下去会感觉很难,这就是命题者的高超之处,分层设置、步步深入,一步一个台阶,让不同层次的考生获得不同的分数,具有较强的区分度.题目既能考查考生的"数感"和"符号感",又能考查考生解方程、解不等式的运算技能,还能考查函数、方程的数学思想与分类讨论的思想,对学生的推理能力和运算能力有很高的要求.

本题是"题海战"的克星,给背题型、搞模拟考试等以致命一击.启示教师平时的教学应重过程、轻结果,讲清知识的来龙去脉,以不变应万变.只有切实掌握了知识,应对任何考试才能游刃有余.

四、结

同学们,本节课的内容你们掌握了吗?例2你们能自己推导吗?例3你们听懂了吗?还有哪些收获与体会呢?欢迎你在有礼貌互相交流.学生(自评、互评)课堂学习评价报告见表2-4-2所列.

表2-4-2　学生(自评、互评)课堂学习评价报告

第_____学习小组	被评价人:_____	评价时间:　年　月　日
评价形式	评价因素	评价情况(结果)
个人自评	学习思考	
	活动参与	
	讨论交流	
	其他因素	
小组评价	讨论交流	
	展示情况	
	其他因素	
备　注		

五、悟

同学们,请你们把今天的学习内容在大脑中"过"一遍,对自己在课堂上的参与过程和同学们的讨论、交流的思路进行回顾和总结,并完成下面的作业.

（一）※做题

1. 定义 $a※b=a(b+1)$,例如 $2※3=2×(3+1)=2×4=8$,则 $(x-1)※x$ 的结果为_____.

2. 对于任意两个不相等的数 a,b,定义一种新运算"$\oplus$",具体为 $a\oplus b=\dfrac{\sqrt{a+b}}{\sqrt{a-b}}$,如 $3\oplus 2=\dfrac{\sqrt{3+2}}{\sqrt{3-2}}=\sqrt{5}$,那么 $12\oplus 4=$_____.

（二）选做题

3. 阅读下面的材料.

对于实数 a,b,我们定义符号 $\min\{a,b\}$ 的意义为:当 $a<b$ 时,$\min\{a,b\}=a$;当 $a\geqslant b$ 时,$\min\{a,b\}=b$. 如 $\min\{4,-2\}=-2$,$\min\{5,5\}=5$.

根据上面的材料回答下列问题.

（1）$\min\{-1,3\}=$_____;

（2）当 $\min\left\{\dfrac{2x-3}{2},\dfrac{x+2}{3}\right\}=\dfrac{x+2}{3}$ 时,求 x 的取值范围.

4. 若两个二次函数图象的顶点、开口方向都相同,则称这两个二次函数为"同簇二次函数".

（1）请写出两个为"同簇二次函数"的函数;

（2）已知关于 x 的二次函数 $y_1=2x^2-4mx+2m^2+1$ 和 $y_2=ax^2+bx+5$,其中 y_1 的图象经过点 $A(1,1)$,若 y_1+y_2 与 y_1 为"同簇二次函数",求函数 y_2 的表达式,并求出当 $0\leqslant x\leqslant 3$ 时,y_2 的最大值.

【设计意图】 作业分为必做题和选做题两部分,必做题比较基础,要求所有学生都能完成,属于达标性质;选做题适合基础中等及中等以上的同学完成,以解决"吃不饱"和"吃不了"的问题,可提高基础较好的学生的能力.

（三）作业答案与提示

1. 根据题中的新定义得:$(x-1)※x=(x-1)\cdot(x-1+1)=x^2-1$.

2. 依题意可知:$12\oplus 4=\dfrac{\sqrt{12+4}}{\sqrt{12-4}}=\dfrac{4}{\sqrt{8}}=\sqrt{2}$.

3.解:(1) 由题意得:$\min\{-1,3\}=-1$;

(2) 由题意得:$\dfrac{2x-3}{2}\geqslant\dfrac{x+2}{3}$,$3(2x-3)\geqslant2(x+2)$,$6x-9\geqslant2x+4$,

$4x\geqslant13$,$x\geqslant\dfrac{13}{4}$,所以 x 的取值范围为 $x\geqslant\dfrac{13}{4}$.

4.解:(1) 可以为:$y=2(x-3)^2+4$ 与 $y=3(x-3)^2+4$.

(2) 因为 y_1 的图象经过点 $A(1,1)$,所以 $2\times1^2-4\times m\times1+2m^2+1=1$.
整理得:$m^2-2m+1=0$.

解得:$m_1=m_2=1$.所以 $y_1=2x^2-4x+3=2(x-1)^2+1$,所以 $y_1+y_2=$ $2x^2-4x+3+ax^2+bx+5=(a+2)x^2+(b-4)x+8$.因为 y_1+y_2 与 y_1 为"同簇二次函数",所以 $y_1+y_2=(a+2)(x-1)^2+1=(a+2)x^2-2(a+2)x+$ $(a+2)+1$.

其中,$a+2>0$,即 $a>-2$,所以 $\begin{cases}b-4=-2(a+2),\\8=(a+2)+1,\end{cases}$ 解得 $\begin{cases}a=5,\\b=-10.\end{cases}$

函数 y_2 表达式为:$y_2=5x^2-10x+5$.所以 $y_2=5x^2-10x+5=5$ $(x-1)^2$.函数 y_2 的图象的对称轴为 $x=1$.因为 $5>0$,所以函数 y_2 的图象开口向上.

① 当 $0\leqslant x\leqslant1$ 时,因为函数 y_2 的图象开口向上,所以 y_2 随 x 的增大而减小.

所以当 $x=0$ 时,y_2 取最大值,最大值为 $5\times(0-1)^2=5$.

② 当 $1<x\leqslant3$ 时,因为函数 y_2 的图象开口向上,所以 y_2 随 x 的增大而增大.所以当 $x=3$ 时,y_2 取最大值,最大值为 $5\times(3-1)^2=20$.

综上所述:当 $0\leqslant x\leqslant3$ 时,y_2 的最大值为 20.

第五节　直观想象素养差异性培养的 教学模式与案例

直观想象是指借助几何直观和空间想象感知事物的形态与变化,利用空间形式特别是图形,理解和解决数学问题的素养.主要包括:借助空间形式认识事物的位置关系、形态变化与运动规律;利用图形描述、分析数学问题;建立形与数的联系,构建数学问题的直观模型,探索解决问题的思路.

直观想象是发现和提出问题、分析和解决问题的重要手段,是探索和形成论证思路、进行数学推理、构建抽象结构的思维基础.

直观想象主要表现为:建立形与数的联系,利用几何图形描述问题,借助几何直观理解问题,运用空间想象认识事物.

案例 "29.2 三视图"第1课时教学设计

教材与教材解析

本节课的内容是义务教育教科书九年级《数学》(下册)第 29 章"29.2 三视图"的第1课时.本课时是在前一节"投影"的基础上的延续,同时又是对平行投影知识的运用与深化.对一个物体的准确描述必须从不同的方向对物体进行观察,这样就需要学习三视图的基本概念和画法.

三视图的画法是本节课的重点内容,在画三视图时要注意三个视图的位置特点以及数量关系,即长对正、高平齐、宽相等.在这些知识的前提下,会画简单实物的三视图.

目标与目标解析

通过上面的分析确定本节课的教学目标如下.

1.知识与技能:会从投影角度理解视图的概念,会画简单几何体的三视图.

2.过程与方法:通过具体活动,积累学生的观察、相像物体投影的经验,探索出三视图与正投影的相互关系及三视图中位置关系、大小关系.

3.数学思考:通过对三视图的学习,领悟为什么要从不同的方向看物体,体会观察物体的方法,提高应用意识.

4.情感与态度:培养学生自主学习与合作学习相结合的学习方式,让学生从生活中发现数学.在应用数学解决生活中问题的过程中,品尝成功的喜悦,激发学生应用数学的热情.

学情分析

学生在七年级上学期学习了从不同方向看物体,已经接触了三视图,只是当时没有提出三视图的概念,指的是从不同的方向看物体,即从正面看、从侧面看和从上面看,其本质就是三视图,所以学生学起来不会感觉很难,但这里要对三视图的画法作规范化的要求,是有一定难度的,所以我们依然坚持以学生为根本,教师发挥主导的作用,充分调动学生学习的主动性和积极性.

教学重点与难点

重点:从投影的角度加深对三视图概念的理解;会画简单几何体的三视图.

难点:对三视图概念理解的升华.

教学过程设计

一、预

(一)展示学案中的任务内容

1.图2-5-1是同一本书的三个不同的视图.你能说出这三个视角分别是从哪个方向观察这本书时得到的吗?

2.在某次军演中展出了一驾战斗机(如图2-5-2所示),聪明的同学,它们是从哪几个角度来展示的?

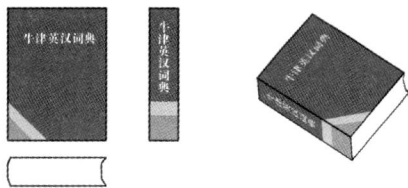

图2-5-1

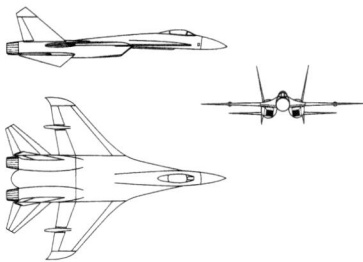

图2-5-2

例 1　（教材第 96 页例 1）画出图 2-5-3 图中基本几何体的三视图.

例 2　（教材 97 页例 2）画出下列图 2-5-4 所示支架（一种小零件）的三视图，其中支架的两个台阶的高度和宽度相等.

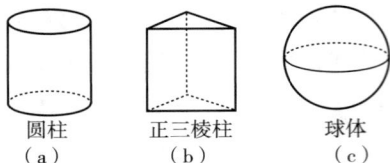

圆柱　　正三棱柱　　球体
（a）　　（b）　　（c）

图 2-5-3

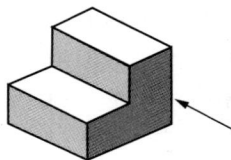

图 2-5-4

例 3　画出图 2-5-5 几何体的三视图.

例 4　画出图 5-5-6 中这个棱台的三视图.

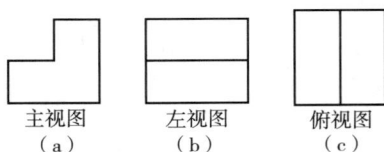

主视图　　左视图　　俯视图
（a）　　（b）　　（c）

图 2-5-5

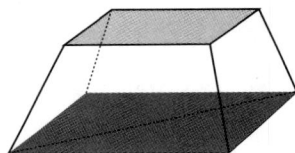

图 2-5-6

课堂练习：

（1）图 2-5-7 所示的几何体的主视图是（　　）.

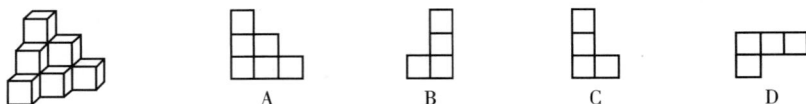

A　　　　B　　　　C　　　　D

图 2-5-7

（2）图 2-5-8 所示的几何体的主视图是（　　）.

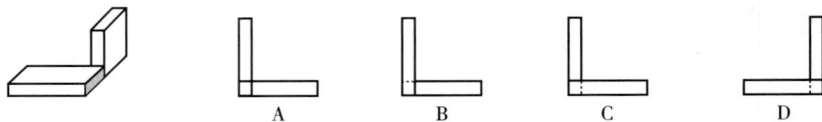

A　　　　B　　　　C　　　　D

图 2-5-8

（3）图 2-5-9 是由两个相同的正方体和一个圆锥体组成，则其俯视图是（　　）.

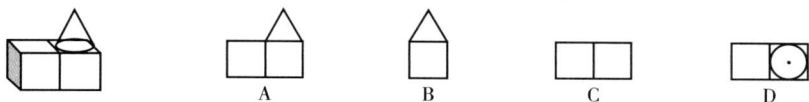

图 2-5-9

（4）图 2-5-10 是一个空心圆台（空心部分也是一个圆台状），则这个几何体的俯视图为（　　）.

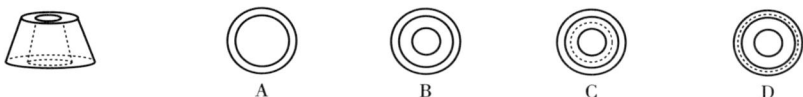

图 2-5-10

（5）图 2-5-11 表示的是组合在一起的模块，那么这个模块的俯视图的是（　　）.

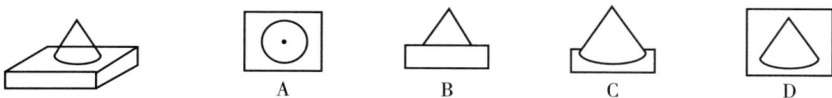

图 2-5-11

（6）画出图 2-5-12 中几何体的三视图.

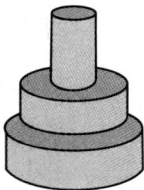

图 2-5-12

（二）分析学生完成情况

学生对于课堂练习中的前 5 个问题，一般能够完成，第 6 题完成起来有一定的难度. 至于例题画起来不太规范，这是因为在七年级上学期已经学过从正面看，从左面看和从上面看，已经积累了一定的初步的经验，但至于细节方面的要求还有待进一步地深入，所以要深入学习三视图的画法.

二、解

（一）创设情境,引入新课

1."横看成岭侧成峰,远近高低各不同.不识庐山真面目,只缘身在此山中."这是宋代诗人苏轼《题西林壁》的著名诗句.你能说出"横看成岭侧成峰"中蕴含的数学道理吗?(如图2-5-13所示)

图2-5-13

2.猜猜图2-5-14中他们是什么关系?

（a） （b）

图2-5-14

如果从不同角度观察,很有可能会得到意料之外的结果.那就是从不同的方向看同一个物体,得到的图形一般是不同的.数学里规定:当我们从某一角度观察一个物体时,所看到的图像叫做物体的一个视图.我们主要从三个方向来研究物体的视图,这就是这节课我们所要学习的内容"29.2　三视图".

我们知道,单一的视图通常只能反映物体的一个方面的形状,为了全面地反映物体的形状,生产实践中往往采用多个视图来反映物体不同的形状.

【设计意图】　通过创设物体情境,让学生初步了解研究三视图是生活的需要,激发其求知欲,同时为本节课学习做好铺垫.

图 2-5-15 是同一本书的三个不同的视图.你能说出这三个视图分别是从哪个方向观察这本书时得到的吗?

教师展示图片 2-5-15 后提出问题,学生观察图案,思考并回答问题.

【归纳】　当我们从某一方向观察一个物体时,所看到的平面图形叫做物体的一个视图(view).视图可以看作物体在某一方向光线下的正

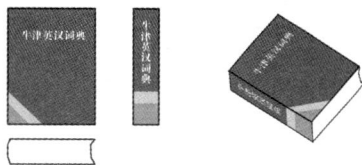

图 2-5-15

投影.对于同一个物体可以从不同方向观察,得到的视图可能不相同.下面的图是同一本书的三个不同的视图.

三、探

1.在某次军演中展出了一驾战斗机(如图 2-5-16 所示),聪明的同学,你发现了吗? 它们是从哪几个角度来展示的呢?

总结:物体的三视图实际上是物体在三个不同方向的正投影.如图 2-5-17 所示,正投影面上的正投影就是主视图,水平投影面上的正投影就是俯视图,侧投影面上的正投影就是左视图.

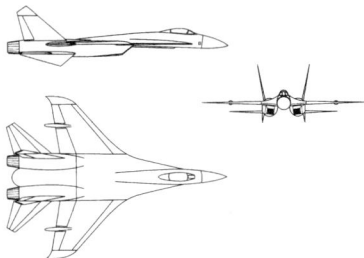

图 2-5-16

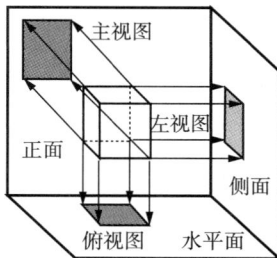

图 2-5-17

我们用三个互相垂直的平面(例如墙角处的三面墙壁)作为投影面.其中正对着我们的叫做正面.正面下方的叫做水平面.在正面内得到的由前向后观察物体的视图,叫做主视图.在水平面内得到的由上向下观察物体的视图,叫做俯视图.在侧面内得到由左向右观察物体的视图,叫做左视图.我们可以把物体向三个互相垂直的投影面分别投影(观察)得到的三个视图摊平在一个平面上.(如图2-5-18所示)

同桌讨论得到三种视图大小上的规律.

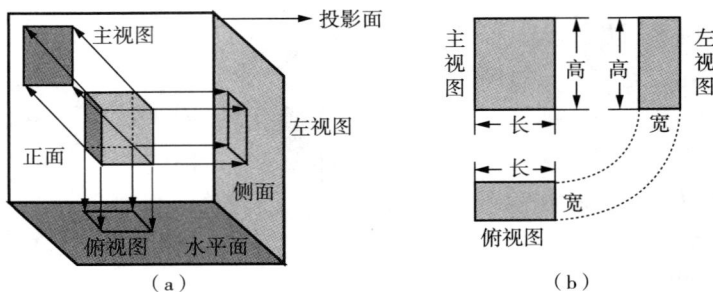

图2-5-18

【归纳总结】 三个视图的大小是互相联系的.画三视图时.三个视图要放在正确的位置,并且使主视图与俯视图的长对正,主视图与左视图的高平齐,左视图与俯视图的宽相等.

长对正详解:正对物体看,左右之间的水平距离称为长,长对正指的是主视图和俯视图共同反映了物体左右之间的长度.

高平齐详解:上下之间的竖直距离称为高,高平齐是指主视图和左视图共同反映了物体上下之间的长度.

宽相等详解:前后之间的水平距离称为宽,宽相等是指俯视图和左视图共同反映了物体前后之间的长度.

画法示例1:画法要点一.

将投影面展开在一个平面内,画出轮廓线,并注意摆放位置,如图2-5-19所示.

画法示例1:画法要点二.

九字要诀:长对正、高平齐、宽相等,如图2-5-20所示.

【设计意图】 通过亲自观察欣赏图片,分析、探究出结论,激发学生学习三视图的好奇心、求知欲,加深对三视图的理解与认识.

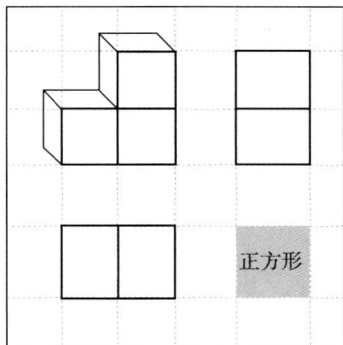
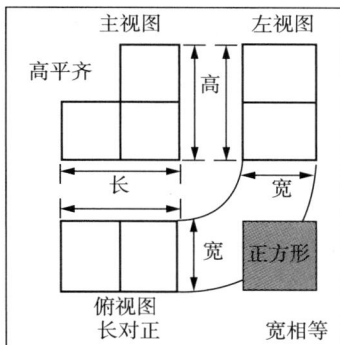

图 2-5-19   图 2-5-20

2.典例赏析

例 1 （教材）画出图 2-5-21 中基本几何体的三视图.

圆柱
（a）

正三棱柱
（b）

球体
（c）

图 2-5-21

分析:画几何体的三视图时,要注意从三个方面观察它们,注意"长对正,宽平齐,高相等".注意看得见的轮廓线用实线,看不见的轮廓线用虚线.

解:画出各图的三视图,如图 2-5-22 所示.

主视图   左视图   主视图   左视图   主视图   左视图

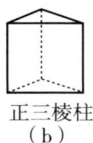

俯视图   俯视图   俯视图
圆柱   正三棱柱   球体
（a）   （b）   （c）

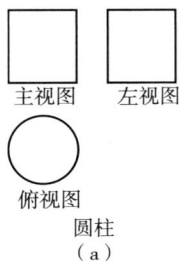
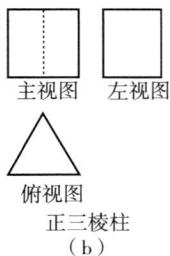
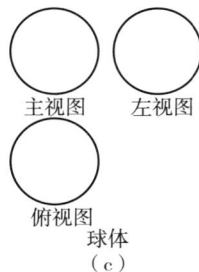

图 2-5-22

师生互动:画圆锥体(如图 2-5-23 所示)的三视图(教材),归纳基本几何体的三视图.

（1）正方体的三视图都是正方形；

（2）圆柱的三视图中有两个是长方形，另一个是圆；

（3）圆锥的三视图中有两个是三角形，另一个是圆和一个点；

（4）四棱锥的三视图中有两个是三角形，另一个是矩形和它的对角线；

（5）球体的三视图都是圆形.

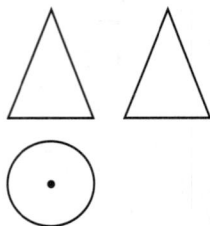

图 2 - 5 - 23

例 2 （教材）画出如图 2 - 5 - 24 所示支架（一种小零件）的三视图，其中支架的两个台阶的高度和宽度相等.

分析：支架的形状是由两个大小不等的长方体构成的组合体，画三视图时要注意这两个长方体的上下、前后关系；图中箭头方向是正方向.

解：画出的支架三视图，如图 2 - 5 - 25 所示.

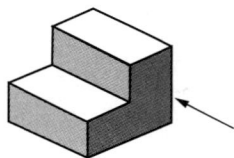

图 2 - 5 - 24

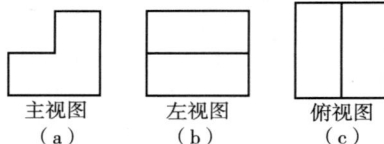

主视图
（a）　　　左视图
（b）　　　俯视图
（c）

图 2 - 5 - 25

（三）延伸拓展

例 3 画出图 2 - 5 - 26 中几何体的三视图.

解：画出的几何体三视图如图 2 - 5 - 27 所示.

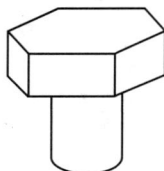

图 2 - 5 - 26

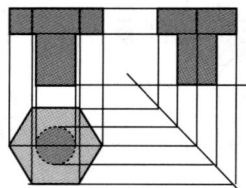

图 2 - 5 - 27

例 4 画出图 2 - 5 - 28 中棱台的三视图.

解：画出的棱台三视图如图2-5-29所示.

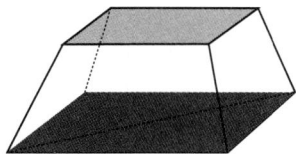

图2-5-28　　　　　　　　　图2-5-29

【设计意图】　　通过设置例题,达到巩固画三视图的目的,同时也加深了学生对三视图的认识和理解.

(四)课堂练习

(1)图2-5-30所示的几何体的主视图是(　　　　).

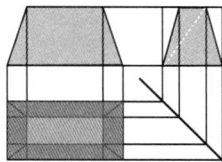

图2-5-30

答案:A

(2)图2-5-31所示的几何体的主视图是(　　　　).

图2-5-31

答案:D

(3)图2-5-32是由两个相同的正方体和一个圆锥体组成,则其俯视图是(　　　　).

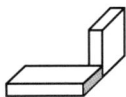

图2-5-32

答案:D

（4）图 2-5-33 是一个空心圆台（空心部分也是一个圆台状），则这个几何体的俯视图为（   ）.

图 2-5-33

答案：D

（5）图 2-5-34 表示的是组合在一起的模块，那么这个模块的俯视图的是（   ）.

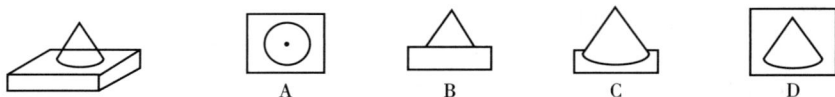

图 2-5-34

答案：A

（6）画出图 2-5-35 中几何体的三视图.

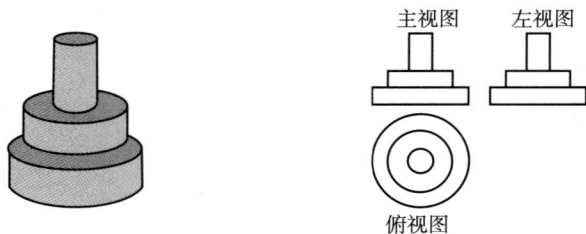

图 2-5-35

【设计意图】 通过引导学生自主、合作、探究，培养学生分析问题、解决问题的意识和能力.通过练习，及时反馈学生学习的情况，便于教师把握教学效果，并能及时查漏补缺，进一步优化教学.

四、结

对本节课的创新性的课堂评价、小结（见表 2-5-1 所列）

表 2-5-1　学生（自评、互评）评价报告

第_____学习小组	被评价人：_____	评价时间：　　年　月　日
评价形式	评价因素	评价情况（结果）
个人自评	学习思考	
	活动参与	
	讨论交流	
	其他因素	
小组评价	讨论交流	
	展示情况	
	其他因素	
备注		

五、悟

同学们，请你把今天的学习内容在大脑中"过"一遍，对自己在课堂上的参与过程和同学们的讨论、交流的思路进行回顾和总结，之后完成下面的作业.

必做题：1. 教科书 97 页练习.

2. 教科书 101 页复习巩固 1、2 题.

选做题：教科书 102 页复习巩固 6 题.

注意：考虑到学生客观存在的差异性，在布置作业时应关注不同层次的学生对本节知识的掌握情况，所以分层次布置必做题、选做题.

第六节　数据分析素养差异性培养的教学模式与案例

数据分析是指针对研究对象获取数据，运用数学方法对数据进行整理、分析和推断，形成关于研究对象知识的素养. 数据分析过程主要包括：收集数据、整理数据、提取信息、构建模型、进行推断、获得结论.

数据分析是研究随机现象的重要数学技术，是大数据时代数学应用的主要方法，也是"互联网＋"相关领域的主要数学方法，数据分析已经深入科

学、技术、工程和现代社会生活的各个方面.

数据分析主要表现为:收集和整理数据、理解和处理数据、获得和解释结论、概括和形成知识.

案例1 平均数、中位数和众数习题课教学设计

内容与内容解析

一、内容

平均数、中位数和众数的综合应用.

二、内容解析

本节课是在学生已掌握了平均数、中位数和众数的求法基础上,在具体情境中从不同角度分析问题的一节习题课,通过三个情境帮助学生体会平均数、中位数和众数三者的特点与差异,能根据具体问题作出自己的评判.

目标和目标解析

1.知识与技能:能结合具体的情境进一步理解平均数、中位数和众数的区别与联系,并能根据具体问题,选择合适的统计量表示数据的集中程度.

2.数学思考:结合具体的事例,进一步明确平均数、中位数和众数的应用.尝试从不同角度分析问题,提高思考问题的能力.

3.问题解决:结合具体情境体会平均数、中位数和众数三者的特点与差异,能根据具体问题选择适当的量来作为数据代表,并作出自己的评判.

4.情感与态度:在问题情景中,通过经历对实际问题的分析、处理的过程,让学生体会统计方法在现实世界中的作用,感受到统计应用就在身边,从而激发学生的学习热情,培养学生学习数学兴趣,在合作学习中,学会交流,相互评价,提高学生的合作意识与能力.

学生学情分析

学生已经学习了平均数、中位数、众数的概念,并且对它们的统计意义

有了一定的了解,知道每一个统计量的使用范围,本节课将三者进行对比,让学生更明确它们的区别和联系.平均数、中位数和众数都是描述数据的"集中趋势"的特征数,但描述的角度和适用的范围有所不同,它们各自特点为:① 用平均数作为一组数据的代表,比较可靠和稳定,它与这组数据中的每一个数都有关系,其中任何数据的变动都会相应引起平均数的变动.② 众数着眼于对各数据出现的频数的考察,其大小只与这组数据中的部分数据有关.③ 用中位数作为一组数据的代表,可靠性也比较差,但中位数也不受极端数据的影响.

教学重点与难点

重点:能恰当地选择平均数、中位数和众数对数据作出自己的评判.

难点:进一步理解平均数、中位数和众数各自的适用范围,并能够在解决问题时合理选用.

教学过程设计

一、预

(一)展示学案中的任务内容

(1)一组数据:4,10,12,14,则这组数据的平均数是( ).

A.9   B.10   C.11   D.12

(2)一组数据:3,4,5,4,6,这组数据的众数是( ).

A.4   B.5   C.6   D.3

(3)随州7月份连续5天的最高气温分别为29,30,32,30,34(单位:℃),则这组数据的众数和中位数分别为( ).

A.30,32   B.31,30   C.30,31   D.30,30

(4)某中学开展"读书伴我成长"活动,为了了解八年级学生四月份的读书册数,对从中随机抽取的20名学生的读书册数进行调查,结果见表2-6-1所列.

表 2-6-1 20 名八年级学生四月份读书册数调查表

册数 / 册	1	2	3	4	5
人数 / 人	2	5	7	4	2

根据统计表中的数据,这 20 名同学读书册数的众数,中位数分别是( ).

A.3,3   B.3,7   C.2,7   D.7,3

(5)为了了解学生线上学习情况,老师抽查某组 10 名学生的单元测试成绩为:78,86,60,108,112,116,90,120,54,116.这组数据的平均数和中位数分别为( ).

A.95,99   B.94,99   C.94,90   D.95,108

1.创设情境,引出问题

数学说理室:八(4)班教室里,小明和小亮是同桌,同时也是学习上的竞争对手,他们七次数学成绩分别如下.

小明:88 70 88 92 94 93 95.

小亮:65 85 86 93 93 93 94.

小明和小亮都认为自己的成绩比对方好,如果你是小明或者小亮,你能说清楚自己成绩好的理由吗?

例 1   从甲、乙、丙三个厂家生产的同一种产品中,各抽出 8 件产品,对其使用寿命进行跟踪调查,结果如下.(单位:年)

甲:3,4,5,6,8,8,8,10

乙:4,6,6,6,8,9,12,13

丙:3,3,4,7,9,10,11,12

三个厂家在广告中都称该种产品的使用寿命是 8 年,请根据调查结果判断厂家在广告中分别运用了平均数、众数、中位数中哪一种集中趋势的特征数?

甲:_____;乙:_____;丙:_____.

例 2   一果品商店对 A,B,C,D,E,F 这六种果品的售价进行了调整,并计算了这六种果品调价前后售价的平均数、中位数和众数,见表 2-6-2 所列.

表 2-6-2   六种果品调价前后的平均数、中位数和众数

果品种类	A	B	C	D	E	F	平均数	中位数	众数
调整前售价(元／千克)	3	3	5	7	9	12	6.5	6	n
调整后售价(元／千克)	2	2	4	7	10	14	6.5	m	2

根据以上信息回答下面的问题：

（1）$m=$_____，$n=$_____；

（2）果品店经过调查，发现这六种果品的日平均销售量在售价调整前后没有变化，见表2-6-3所列，售价调整后这六种果品的日平均销售单价是多少元？

表2-6-3　六种果品日平均销售量

果品种类	A	B	C	D	E	F
日平均销售量（千克）	10	10	20	25	40	50

（3）根据（2）中的调查，店长说："调价后果品店每天的销售额相对于调价前实际上是增加了."某员工说："调价前后这六种果品的售价的平均数没变，均为每千克6.5元，所以调价不会增加每天的销售额."你同意谁的说法，并说明理由.

2．布置作业

（1）某鞋店试销一种新款男鞋，试销期间销售情况见表2-6-4所列.

表2-6-4　新款男鞋试销销售量

鞋的尺码（cm）	24	24.5	25	25.5	26	26.5
销售数量（双）	2	7	18	10	8	3

则该组数据的下列统计量中，对鞋店下次进货最具有参考意义的是（　　）.

A．中位数　　　　B．平均数　　　　C．众数　　　　D．方差

（2）某个体餐馆去年5月份工资表见表2-6-5所列.

表2-6-5　某个体餐馆去年5月份工资表

人员	经理	厨师甲	厨师乙	会计	服务员甲	服务员乙	服务员丙
金额（元）	40000	8000	5000	5000	4500	4000	3500

① 该月以上人员工资的平均数是_____元，中位数是_____元，众数是_____元.

② 该月能用平均数来表示他们工资的集中趋势吗？你有什么建议？

（3）商场欺骗顾客了吗？

某大型商场策划了一次"还利给顾客"活动，凡一次性购物达100元以上

（含 100 元）均可当场抽奖,奖金分配见表 2－6－6 所列.

表 2－6－6　活动奖金分配表

奖金等级	一等奖	二等奖	三等奖	四等奖	幸运奖
奖金数额(元)	15000	8000	1000	80	20
中奖人数(名)	4	10	70	360	20

商场宣传:平均每份奖金 249 元,莫失良机!

顾客:商场在欺骗我们顾客,我们中只有两人获得 80 元,其他人都是 20 元,可气!

你认为商场的说法能够很好地代表中奖的一般金额吗? 商场欺骗顾客了吗? 说说你的看法.以后我们在遇到开奖问题应该关心什么?

（二）分析学生完成情况

学生对平均数、中位数和众数的运算一般能够完成,但对三者的综合应用,有些不规范和分析不到位的地方,所以一节课要处理好平均数、中位数、众数的关系,让学生学会全面的分析和评价实际问题.

二、解

描述一组数据出现次数的多少时,一般采用众数,如商家关注某品牌的销售的众数,还有关注销售鞋子的尺码,也是指鞋子尺码的众数.

三、探

（一）创设情境,引出问题

八(4)班教室里,小明和小亮是同桌,同时也是学习上的竞争对手,他们七次数学成绩分别是:

小明:88,70,88,92,94,93,95.

小亮:65,85,86,93,93,93,94.

小明和小亮都认为自己的成绩比对方好,如果你是小明或者小亮,你能说清楚自己成绩好的理由吗?

【设计意图】　通过交流讨论,归纳概括,进一步体会平均数、中位数和众数的求法,以及利用平均数、中位数、众数的不同点,进行比较分析,调动学生的主体作用,激发学生的学习积极性.

（1）首先求出小明和小亮成绩的中位数、众数、平均数，通过表格的方式呈现，然后利用表格进行分析（见表 2－6－7 所列）．

表 2－6－7　小明和小亮成绩的中位数、众数、平均数

	中位数	众数	平均数
小明	92	88	88.57
小亮	93	93	87

所以小明说他的成绩好是指他 7 次成绩的平均数比小亮高，而小亮认为他成绩好，是指他 7 次成绩的中位数和众数比小明高．

【归纳总结】　平均数、中位数和众数都是描述一组数据集中趋势的统计量，刻画了一组数据的"实际水平"，但是它们描述的角度和适用的范围却不尽相同，相比之下，平均数是最常用的指标．平均数、中位数和众数它们都有各自的优缺点．

变式：某校八年级（3）班甲、乙、丙三名同学最近 5 次数学测试成绩统计如下．（单位：分）

甲：78，94，95，98，98．

乙：63，96，96，99，100．

丙：88，90，90，98，100．

填写表 2－6－8．

表 2－6－8　甲、乙、丙三名同学的中位数、众数、平均数

	中位数	众数	平均数
甲			
乙			
丙			

（2）甲、乙、丙 3 名同学都说自己最近的数学测试成绩是最好的，如果你是这 3 名同学之一，你能说清楚自己成绩好的理由吗？

【设计意图】　通过活动让学生对这三个统计量有了更深一层的认识，并能合理的选用统计量对日常生活中的有关问题与现象作出一定的评判．

（二）分组探究

例 1　从甲、乙、丙三个厂家生产的同一种产品中，各抽出 8 件产品，对其使用寿命进行跟踪调查，结果如下．（单位：年）

甲:3,4,5,6,8,8,8,10.

乙:4,6,6,6,8,9,12,13.

丙:3,3,4,7,9,10,11,12.

三个厂家在广告中都称该种产品的使用寿命是 8 年,请根据调查结果判断厂家在广告中分别运用了平均数、众数、中位数中哪一种集中趋势的特征数.

甲:_____;乙:_____;丙:_____.

分析:甲中数据 8 出现的次数最多,故填众数;乙的平均数为

$$\frac{4+6+6+6+8+9+12+13}{8}=8,$$故填平均数;丙的中位数为 $\frac{7+9}{2}=8$,

故填中位数.

【归纳总结】 众数和中位数都是描述一组数据集中趋势的特征数,众数是一组数据中重复出现次数最多的数据,但不是重复出现的次数,而中位数仅与数据排列的位置有关.一组数据按从小到大的顺序排列后,若有奇数个数据,则最中间的一个数据是中位数;若有偶数个数据,则最中间两个数据的平均数是中位数.

【设计意图】 通过练习让学生体会平均数、中位数、众数的含义,并学会从不同的角度分析问题,深刻体会各种统计量的统计意义.

变式:某公司为了评价甲、乙两位营销员去年的营销业绩,统计了这两人去年 12 个月的营销情况(所推销商品的件数),分别如图 2-6-1 所示.

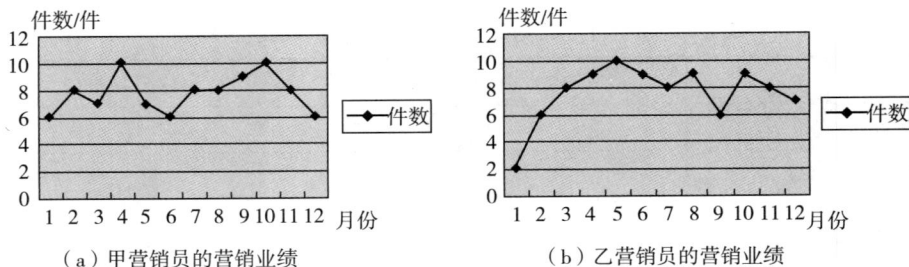

（a）甲营销员的营销业绩　　　（b）乙营销员的营销业绩

图 2-6-1

利用图中信息,完成表 2-6-9.

表 2-6-9　甲营销员情况

	平均数	中位数	众数
甲销售件数(件)			

如果你是公司经理,你认为哪一位营业员营销业绩较好？为什么？

（三）拓展延伸

例 2　一家果品商店对 A,B,C,D,E,F 这六种果品的售价进行了调整,并计算了这六种果品调价前后售价的平均数、中位数和众数,见表 2 - 6 - 10 所列.

表 2 - 6 - 10　六种果品调价前后的平均数、中位数和众数

果品种类	A	B	C	D	E	F	平均数	中位数	众数
调整前售价（元／千克）	3	3	5	7	9	12	6.5	6	n
调整后售价（元／千克）	2	2	4	7	10	14	6.5	m	2

根据以上信息回答下面的问题：

（1）$m =$ _____,$n =$ _____；

（2）果品店经过调查,发现这六种果品的日平均销售量在售价调整前后没有变化,见表 2 - 6 - 11 所列,求售价调整后这六种果品的日平均销售单价是多少元.

表 2 - 6 - 11　六种果品日平均销售量

果品种类	A	B	C	D	E	F
日平均销售量（千克）	10	10	20	25	40	50

（3）根据（2）中的调查,店长说："调价后果品店每天的销售额相对于调价前实际上是增加了."某员工说："调价前后这六种果品的售价的平均数没变,均为每千克 6.5 元,所以调价不会增加每天的销售额."你同意谁的说法,并说明理由.

学生分组讨论、交流,教师解析.

解：（1）数据 2,2,4,7,10,14 的中位数 m 为：$\dfrac{4+7}{2} = 5.5$；

数据 3,3,5,7,9,12 的众数 n 为 3.

（2）售价调整后这六种果品的日平均销售单价是：

$(2 \times 10 + 2 \times 10 + 4 \times 20 + 7 \times 25 + 10 \times 40 + 14 \times 50) \div (10 + 10 + 20 + 25 + 40 + 50) = 1395 \div 155 = 9$（元／千克）.

（3）同意店长的说法.理由如下：

调价前的日平均收入为：$3 \times 10 + 3 \times 10 + 5 \times 20 + 7 \times 25 + 9 \times 40 + 12 \times$

50＝1295(元).

调价前的日平均收入为:$2×10＋2×10＋4×20＋7×25＋10×40＋14×50＝1395$(元).

因为$1395＞1295$,所以店长的说法正确.

(四)课堂练习

1.某鞋店试销一种新款男鞋,试销期间销售情况见表2-6-12所列.

表2-6-12　新款男鞋试销销售量

鞋的尺码(cm)	24	24.5	25	25.5	26	26.5
销售数量（双）	2	7	18	10	8	3

则该组数据的下列统计量中,对鞋店下次进货最具有参考意义的是(　　).

A.中位数　　　　B.平均数　　　　C.众数　　　　D.方差

答案:C

2.某个体餐馆去年5月份工资表见表2-6-13所列.

表2-6-13　某个体餐馆去年5月份工资表

人员	经理	厨师甲	厨师乙	会计	服务员甲	服务员乙	服务员丙
金额(元)	40000	8000	5000	5000	4500	4000	3500

(1)该月以上人员工资的平均数是_____元,中位数是_____元,众数是_____元.

(2)该月能用平均数来表示他们工资的集中趋势吗?你有什么建议?

答案:(1)10000,5000,5000　(2)不能.

3.商场欺骗顾客了吗?

某大型商场策划了一次"还利给顾客"活动,凡一次性购物还100元以上(含100元)均可当场抽奖,奖金分配见表2-6-14所列.

表2-6-14　活动奖金分配表

奖金等级	一等奖	二等奖	三等奖	四等奖	幸运奖
奖金数额(元)	15000	8000	1000	80	20
中奖人数(名)	4	10	70	360	20

商场宣传：平均每份奖金 249 元，莫失良机！

顾客：商场在欺骗我们顾客，我们中只有两人获得 80 元，其他人都是 20 元！

你认为商场的说法能够很好地代表中奖的一般金额吗？商场欺骗顾客了吗？说说你的看法，以后我们在遇到开奖问题应该关心什么？

【设计意图】　从学生的生活实际出发，对具体问题进行分析，更能激发他们学习的热情，进一步体会从不同角度分析问题所产生的不同效果.

四、结

对本节课的创新性的课堂评价、小结见表 2－6－15 所列.

表 2－6－15　学生（自评、互评）评价报告

第_____学习小组	被评价人：_____	评价时间：　　年　月　日
评价形式	评价因素	评价情况（结果）
个人自评	学习思考	
	活动参与	
	讨论交流	
	其他因素	
小组评价	讨论交流	
	展示情况	
	其他因素	

五、悟

同学们，请你把今天的学习内容在大脑中"过"一遍，对自己在课堂上的参与过程和同学们的讨论、交流的思路进行回顾和总结，之后完成下面的作业.

1. 为了提高节能意识，深圳某中学对全校的耗电情况进行了统计，他们抽查了 10 天中全校每天的耗电量，数据见表 2－6－16 所列.（单位：度）

表 2－6－16　10 天中全校每天的耗电量

度数（度）	900	920	950	1010	1050	1100
天数（天）	1	1	2	3	1	2

（1）写出学校这 10 天耗电量的众数和平均数；

（2）若每度电的定价是 0.8 元，由上题获得的数据，估计该校每月应付电费是多少？（每月按 30 天计）

（3）如果做到人走电关，学校每天就可节省电量 1%，按照每度电 0.8 元计算，写出该校节省电费 y（元）与天数 x（取正整数）之间的函数关系式.

2. 从北京市环保局证实，为满足 2022 年冬奥会对环境质量的要求，北京延庆正在对其周边的环境污染进行综合治理，率先在部分村镇进行"煤改电"改造. 在治理的过程中，环保部门随机选取了永宁镇和千家店镇进行空气质量监测. 过程如下，请补充完整.

收集数据：

从 2016 年 12 月初开始，连续一年对两镇的空气质量进行监测，将 30 天的空气污染指数（简称：API）的平均值作为每个月的空气污染指数，12 个月的空气污染指数如下：

千家店镇：120,115,100,100,95,85,80,70,50,50,50,45.

永宁镇：110,90,105,80,90,85,90,60,90,45,70,60.

整理、描述数据：

空气质量按如表整理、描述这两镇空气污染指数的数据见表 2-6-17 所列.

表 2-6-17　千家店镇和永宁镇空气质量

	空气质量为优	空气质量为良	空气质量为轻微污染
千家店镇	4	6	2
永宁镇	_____	_____	_____

说明：空气污染指数≤50 时，空气质量为优；50＜空气污染指数≤100 时，空气质量为良；100＜空气污染指数≤150 时，空气质量为轻微污染.

分析数据：

两镇的空气污染指数的平均数、中位数、众数见表 2-6-18 所列.

表 2-6-18　两镇的空气污染指数的平均数、中位数、众数

城镇	平均数	中位数	众数
千家店	80	_____	50
永宁	81.3	87.5	_____

请将以上两个表格补充完整;

得出结论:可以推断出_____镇这一年中环境状况比较好,理由为_____.(至少从两个不同的角度说明推断的合理性)

【设计意图】 通过设计不同层次的练习题,让"学生将逐步掌握基本的数学知识和方法,形成良好的数学思维习惯和应用意识,提高自己解决问题的能力".同时能够让所有的学生都能参与,在全体学生获得必要发展的前提下,不同的学生可以获得不同的体验.

案例2 随机事件与概率第1课时教学设计

内容与内容解析

本节内容属于"统计与概率"领域,主要学习随机事件的概念和计算简单事件的概率.学生进一步感受随机现象、深化对概率意义的认识并应用概率的定义解决问题,为后续进一步求随机事件的概率做铺垫.

《义务教育数学课程标准(2011 版)》中相关课程目标如下.

第二学段:体验随机事件和事件发生的等可能性.

第三学段:进一步认识随机现象,能计算一些简单事件的概率.感受随机现象的特点.

大数据时代,发掘初中生数据分析素养的差异性具有一定数学教育价值.

目标与目标解析

1.知识与技能:体验随机事件和事件发生的等可能性(面向全体学生);进一步认识随机现象(面向全体学生);能计算一些简单事件的概率(面向全体学生).

2.数学思考:感受随机现象的特点(面向全体学生);领悟事件概率的算法(面向数学素养中等程度及以上学生).

3.问题解决:体验随机事件和事件发生的等可能性(面向全体学生);应用概率的古典定义计算简单事件的概率(面向数学素养中等程度及以上学生);了解频率与概率的关系(面向学有余力学生).

4.情感与态度:在试验操作中与他人合作学习(面向全体学生);提高思维的缜密性(面向数学素养中等程度及以上学生);利用信息技术进一步理解概率的意义(面向有较熟练信息技术基础学生).

【设计意图】 从学生研究随机事件和概率的角度看,虽然教师认为学生在低学段已经对随机事件和事件发生的等可能性有所认识,但不代表学生都已顺利达标,制定阶梯上升式的目标更符合实情.

学生学情分析

小学阶段了解随机现象的可能性基础上进一步学习概率.主要内容包括随机事件、概率概念和求简单事件的概率,定性判断随机事件发生的可能性大小.

学生对事件发生可能性的认识是感性的.在用数值刻画可能性大小、定量分析随机事件中,对事件发生等可能性的理解程度上存在差异.分析过程中思维的缜密程度会有较大差异,概率的计算过程中也存在运算能力的差异,在动手操作、交流表达和数据分析素养上存在较大差异.

教学重点与难点

重点:认识随机现象,计算简单事件的概率.

难点:感受随机现象的特点,不重不漏地列出简单随机事件所有可能的结果,以及指定事件发生的所有可能结果.

课前关于学生数据分析素养差异性培养的预设

教学内容:在课前预习学案的整理分析基础上,以进一步认识随机现象为引子,由定性分析事件发生的可能性大小产生定量分析的需求,生成概率的古典定义和计算方法.在进一步领悟概率的意义中探索用频率估计事件的概率和体会概率的统计定义.

教学方法:采用问题驱动的方式开展活动,围绕定性到定量的主线进行典例精析,引导学生以分组讨论的方式参与教学实践活动.

学生学法:在课前独立完成预习学案的前提下,课中参与组内和组间的合作交流,在问题的分析和解决中感受随机现象的特点,学会简单事件的概率计算,并在课后反思和从概率试验中领悟概率的意义.

教学过程设计

一、预

（一）课前预习学案

温故：请你选择除正面图案数字不一样以外都一样的纸牌 6 张，分别是黑桃 A，2，3，4 和红桃 5，6．洗匀后背面朝上，从中抽取 1 张．

（1）抽取的数字事先确定吗？抽取之前你能确定什么？

（2）抽取的数字可能为 7 吗？抽取的数字可能为 6 吗？抽到数字 6 的现象称为什么现象？

（3）抽到 A 和抽到 6 的可能性大小一样吗？

（4）抽到黑桃和抽到红桃的现象可能性大小一样吗？

（5）如何改变试验的条件，使得抽到黑桃和抽到红桃的现象可能性一样大？

（6）你能再举出一个随机现象的例子吗？

【设计意图】　通过布置课前动手操作"抽纸牌"试验并设置相关的问题，了解全体学生对小学阶段所学的随机现象及发生的等可能性大小的掌握程度，学生在操作和思考中定性感知随机现象．

抽纸牌实验的相关问题内容有差异：从"是否可以预知结果"到"发生的可能性有大小"再到"影响事件发生的可能性大小的因素"三个方面复习小学所学的知识，再通过学生的举例为随机现象的概念引入而铺垫．

抽纸牌实验的相关问题层次有差异：（1）（2）面向基础较薄弱学生；（3）（4）面向数学素养中等程度学生；（5）面向数学素养较高程度学生；（6）具有开放性，学生生活和学习经历的差异也为所举实例带来类型差异性，也可能为教学提供潜在的反例素材．

知新：抛掷一枚质地均匀的硬币，直到一面朝上．

（1）抛掷试验是否可以重复进行？

（2）抛掷的结果有多少种情况？

（3）每种结果的可能性大小一样吗？为什么？

（4）如果抛掷结果为正面（有数字的一面）朝上，你能用数量来表示这种结果的可能性大小吗？为什么？

【设计意图】　同样是研究随机现象，小学阶段体验随机现象，初中阶段需要进一步在试验和思考中感受随机现象的特点．小学阶段对随机现象是定性感知,初中阶段需要进行定量刻画并理解概率的意义.

(二)"预"的结果分析

对于抽纸牌试验的摸底了解到:虽然同学们在小学已经体验到随机现象和感受到随机现象结果发生的可能性大小,但学生对相关知识的掌握情况存在差异,试验的操作能力和处理能力存在差异,随机现象的相关数据分析观念存在差异.通过预习学案布置有效完成本节课学情差异性的摸底,随机现象的举例中的错例为随机事件的概念教学提供了有效反面素材.

(1)(2)较简单,(3)稍有难度,前三个问题为随机事件的概念形成做铺设;学生在解答(4)的同时实际上已经为初步形成概率的概念的轮廓,问题本身渗透了定量刻画可能性大小预设目标,后两个问题的各自最后一问具有一定的开放性,但都为本节课的探究活动作了充分的预设铺垫和学前准备.

二、解

预学案的抽纸牌问题中,有同学是这样回答"抽取之前你能确定什么"抽出的数字是大于0小于7的某个整数,不会抽出其他数字.

(1)你同意这位同学的观点吗?

(2)这个试验必然发生什么结果? 不可能出现什么结果?

(3)事先不能确定、可能发生也有可能不发生什么结果?

教师在学生回答的基础上总结并板书:不可能事件、必然事件(确定性事件).

要求学生举出生活中的随机事件.教师关注所举例子中试验是否可以重复进行、试验有无结果、事先能否确定结果等因素.

数据分析素养差异性培养策略

1.学生对"实例中存在的可能性"的数据分析能力有差异.

2.学生从"判断实例中可能性"到"根据不同的可能性举出实例"所具备的思维、表达能力有差异.

3.学生生活和学习经历的差异会以所举实例类型的差异性和数据难易程度的差异性呈现.

4.学生对其他学生所举例子的分析能力差异性会体现在对他人的评价过程中.

【设计意图】 选取预学案中的学生答案,围绕"定性描述事件发生的可能性",在复习低学段中随机现象的基础上,进一步归纳出新概念:不可能事件、必然事件和随机事件.

三、探

问题1 一组数据的集中趋势可以用什么量表示?(平均数、众数、中位数)一组数据的离散程度可以用什么量刻画?(极差、方差)

【设计意图】 学生体会到数据可以定性描述,更需要定量刻画.

问题2 抛掷一枚质地均匀的硬币,正面朝上的可能性大小可以用数量来刻画吗? 怎样确定这个数量?

学生分组讨论,各组选派代表在班级内部组间交流.

教师在学生讨论的基础上归纳小结并板书:

每次试验中:可能出现的结果只有有限个;各种结果出现的可能性相等.若一次试验中共有 n 种出现可能性相等的结果,事件 A 包含其中的 m 种结果,则 $P(A) = \dfrac{m}{n}$.

【设计意图】 从定性感知到定量刻画引入概率的古典定义.

问题3 不可能事件的概率是多少? 随机事件呢? 必然事件呢?

$$P(A)$$

学生回答后教师小结并板书:0;$1 \sim 1$;1.

问题4 抛掷两枚质地均匀的硬币,两枚硬币全部正面朝上的概率是多少?

学生分组讨论,教师重点关注学生讨论"试验中有哪些可能性相等的结果".

数据分析素养差异性培养策略

1.学生体会到知识内容本身具有差异性,描述或比较"事件发生的可能性"和用数值刻画"事件发生的可能性"是分别从定性和定量的角度进行数据分析.

2.抛掷硬币试验的过程中,学生分组时要考虑学生素养的差异性,比如本例试验中选取试验设计的思维能力、动手操作的实践能力、数据处理的分析能力、交流沟通的表达能力等进行学生素养差异性组合.

3.根据学生信息技术素养的差异,可以考虑提供投掷的计算机模拟投掷并对模拟数据进行分析.

四、结

1.请评价自己在本节课中的学习并记录在导学案中;

2.请分享你对组员或者其他小组的评价并记录;

3.对于随机事件及其概率,请分享你的收获和期待.

【设计意图】 以自评、互评等方式获取学习中的差异性数据,改进教与学,为进一步提高学生的数据分析素养而服务.

五、悟

1.课后回顾自己本节课的学习,重新评估预习学案的解答;梳理本节课内容,通过回忆、反思等思维方式巩固所学;对于存在的疑问、困惑和期待拟订计划解决.

2.课后作业:

(1)玩10分钟计算机中"扫雷游戏".(汇报能过关的难度等级)

(2)《基础训练》同步内容.(在"自测""夯实""提高"中选择自己适合或者期望挑战的模块)

3.抛掷一枚1元面值的硬币50次,记录下每种结果出现的次数.你对你的试验结果有什么看法?

【设计意图】 学生经历课前预习、课中活动后进行课后总结符合认知规律,有助于数学基础处于不同层次的学生获取所需的数学活动经验;从尊重学生数学基础的差异性出发,分层布置作业;通过课后抛掷硬币试验进一步理解概率的意义并为后面概率的统计定义教学做铺垫.

第三章 初中生数学核心素养差异性培养的方法与策略

本章是在《义务教育数学课程标准(2011 年版)》和《普通高中数学课程标准(2017 年版 2020 年修订)》的指导下,在尊重学生个体差异的前提下,立足教学对象的年龄特点、认知规律及主客观因素等方面的差异,经过全面调查,在深入研判的基础上,以课堂为载体,课内、课外有机结合,并结合教师的教学积累,建立了初中生数学核心素养差异性培养的方法与策略.

差异性培养方法与策略包含共性方法与策略和个性方法与策略,共性方法与策略是在所有素养的共同教学模式下,如统一的教学模式("五步教学法"),个性方法与策略是指教学环节中的不同素养的具体方法与策略,以期达到"私人订制".

一、数学抽象素养差异性培养的方法与策略

根据数学抽象的四个主要表现形式:形成数学概念和规则、数学命题与模型、数学方法与思想、认识数学结构与体系,建立了数学抽象差异性培养的策略,包括:① 抓住教材中的数学内容本质(比如数学概念的分层建立),培养数学抽象素养的基础;② 设置教材中的数学探究活动(比如数学建模的分层要求),培养数学抽象素养的载体;③ 领悟教材中的数学方法与思想(比如化归思想的分层总结),培养数学抽象素养的核心;④ 展现教材中的数学抽象之美(比如数学公式简洁之美的分层体验),培养数学抽象素养的灵魂.

二、逻辑推理素养差异性培养的方法与策略

逻辑推理素养差异性培养的策略包括:① 在初始教学阶段(特别是学段起始年级),要求学生在解决数学问题时说明推理依据,做到步步有据.② 分析寻求解题思路.执果索因、由因导果是训练学生逻辑推理能力的重要方

法,通过培养学生寻求解题思路的能力,能有效地培养不同程度学生的逻辑推理素养.③ 规范问题的证明过程.对初中阶段的起始年级,在几何学习中要让学生体验"三段论"的逻辑性,并形成书写习惯.今后在定理多样化的证明过程中逐步培养学生的逻辑推理能力,通过绘画图,厘清题设和结论;使用多种方法证明定理,让学生在证明过程中,形成有条不紊的逻辑推理能力.④ 发挥典型例题和习题的导向作用,培养学生良好的推理习惯.要求学生体验例题、习题解答的严谨,做到规范例题、习题的推理过程,使所有学生都能达标;对例题、习题进行逆向思考和变式,发展逻辑推理能力;抽象出例题、习题的基本属性,由特殊到一般,形成一定的数学活动经验,提高学生的逻辑推理能力.⑤ 以基本图形为依托,变式、推广.对基础好的学生,以基本图形为切入点,通过变式推广,实施问题驱动,让学生的深度思维得到进一步培养,即"深度学习";也可让学生自己提出问题,呈现学生思维的差异性(不同学生提出不同问题).⑥ 对几何的辅助线作法,要以辅助线作法为切入点,归纳辅助线作法的一般规律,以提高学生的逻辑推理能力.

三、数学建模素养差异性培养的方法与策略

数学建模素养差异性培养的策略包括:① 发现问题,提出问题.要求学生从身边简单的事情出发,发现问题,并用数学知识分析解决,激发学生的兴趣,培养观察力和想象力.初中生对数学建模应该多体验,包括:主动探究,经历建模的过程;交流合作,掌握建模的方法;拓展运用,形成建模的能力.提倡参与,不求结果.② 设置简单数学建模的问题,让大部分学生都能解决.解决建模过程中的数学知识不能超过学生的水平.③ 改变教学方式,可以让所有学生网上查阅资料、合作交流、主动探索等方式引导学生亲身经历和体验.④ 课堂模拟设置情境,训练学生数学建模的思维方式和建模方式,增强学生的自信心.

四、数学运算素养差异性培养的方法与策略

数学运算素养差异性培养的策略包括:① 让所有学生在问题情境中获得概念,理解运算对象.② 实施有效的分步运算,在步骤的对比过程中,探究运算方向(三个层次的学生分步要求).③ 在算法的多样化和最优化的选择的过程中,内化算理(分层要求).④ 对中等及以上的学生,要求在建模的过程中,设计运算程序、求得运算结果.⑤ 特别是基础好的学生,要在问题的变式过程中,深化对运算素养的理解,提升运算能力.⑥ 从起始年级开始,培养

学生的估算能力,要求先思考,再书写.

五、直观想象素养差异性培养的方法与策略

直观想象素养差异性培养的方法与策略包括:① 通过动手操作,让所有学生在直观操作中感知事物的形态与变化的可能.② 设置问题情境,在体验中实现帮助学生借助空间想象构建描述问题的直观数学模型(分层要求).③ 借助信息技术教学,增强学生直观感知(所有学生).④ 实施数形结合,利用图形探索解决数学问题的思路(分层要求).

六、数据分析素养差异性培养的方法与策略

数据分析素养差异性培养的策略包括:① 立足三个基本点,让学生体验数据收集的过程,参与数据分析,尝试对数据进行评价.② 以实际问题为切入点,激发学生揭示数据本质的求知欲.③ 让学生在数据分析的过程中感知数据处理与分析的重要性.④ 在数据的辨析过程中,明白数据分析的必要性.⑤ 鼓励学生动手操作、渗透数学文化,感悟信息技术处理数据的优越性.

总之,"初中生数学核心素养培养的差异性培养"必须紧紧围绕立德树人及育人目标,通过课堂教学,尊重学生个体差异,积极培养学生创新精神和实践能力,着力使"不同的人得到不同的数学发展".

第一节　　数学抽象素养差异性培养的方法与策略

一、课程标准关于数学抽象的表述

《普通高中数学课程标准(2017 年版)》界定了数学抽象的概念,指出数学抽象是指通过对数量关系与空间形式的抽象,得到数学研究对象的素养.主要包括:从数量与数量关系、图形与图形关系中抽象出数学概念及概念之间的关系,从事物的具体背景中抽象出一般规律和结构,并用数学语言予以表征.

数学抽象是数学的基本思想,是形成理性思维的重要基础,反映了数学的本质特征,贯穿在数学产生、发展、应用的过程中.数学抽象使得数学成为高度概括、表达准确、结论一般、有序多级的系统.

史宁中教授在《数学的抽象》一文中,把数学抽象定性为数学的基本思

想,可见数学抽象的重要性.《义务教育数学课程标准(2011年版)》提出了十个发展数学核心素养的"核心概念":数感、符号意识、空间观念、几何直观、数据分析、运算能力、推理能力、模型思想、应用意识和创新意识,其中涉及数学抽象思想的就有数感和符号意识.《义务教育数学课程标准(2011年版)》对此指出:

数感主要是指关于数与数量、数量关系、运算结果估计等方面的感悟.建立数感有助于学生理解现实生活中数的意义,理解或表述具体情境中的数量关系.

符号意识主要是指能够理解并且运用符号表示数、数量关系和变化规律;知道使用符号可以进行运算和推理,得到的结论具有一般性.建立符号意识有助于学生理解符号的使用是数学表达和进行数学思考的重要形式.

数学抽象素养主要包括以下几个方面:① 会观察、实现、比较、猜想,分析、综合、抽象和概括;② 会用归纳、演绎和类比进行推理;③ 会条理清晰地、准确地阐述自己的思想和观点;④ 会运用数学概念、思想和方法,辨明数学关系,形成良好的思维品质.

二、立足数学抽象的四个主要表现,建立数学抽象的意识

数学抽象的主要表现是:获得数学概念和规则,提出数学命题和模型,形成数学方法与思想,认识数学结构与体系.

案例1 绝对值概念的抽象

第一步:获得数学概念和规则.

六尺巷故事:清康熙年间,大学士张英的老家人与邻居吴家在宅地的问题上发生了争执,谁也不肯相让.后来张家人千里传书到京城求救.张英收书后批诗一首云:一纸书来只为墙,让他三尺又何妨.长城万里今犹在,不见当年秦始皇.张家人豁然开朗,退让了三尺.吴家见状深受感动,也让出三尺,形成了一个六尺宽的巷子.(如图3-1-1所示)

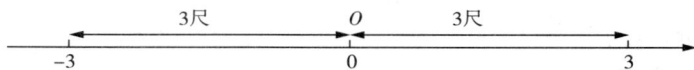

图 3-1-1

像六尺巷这样,在数轴上与原点距离相等的点还有很多,例如:数轴上的 5 与 −5,−3.5 与 3.5 等(如图 3−1−2 所示).

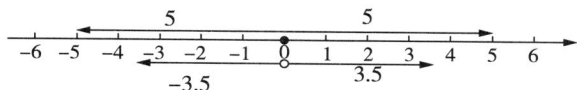

图 3−1−2

你还能找到两个数所表示的点到原点的距离相等吗?

思考:互为相反数的点到原点的距离具有什么特点?(相等)

问题:数轴上的点到原点距离叫什么?

出示概念:我们把一个数在数轴上对应的点到原点的距离叫做这个数的绝对值,用“|　　|”表示.

1841 年,被誉为“现代分析之父”的德国数学家魏尔斯特拉斯(1815—1897)开始将在数轴上表示一个数的点 A 与原点 O 将数轴分成三部分,其中 OA 这部分的线段长度用符号“|　　|”表示.(如图 3−1−3 所示)

图 3−1−3

第二步:提出数学命题和模型.

绝对值概念的本质是距离,即表述数 a 的点 A 到原点距离记作 $|a|$,即 $OA=|a|$.由绝对值的概念可以看出绝对值的本质是距离,因此有 $|a|\geqslant 0$.

绝对值
$\begin{cases} \text{概念:一般地,数轴上表示数 } a \text{ 的点与原点的距离,叫做数 } a \text{ 的绝} \\ \qquad \text{对值,记作 } |a|. \\ \text{几何意义:绝对值是几何量距离的代数表示.} \\ |a|=\begin{cases} a\,(a>0) \\ a\,(a=0) \\ -a\,(a<0) \end{cases} \end{cases}$

由绝对值的性质 $|a|\geqslant 0$ 可以得到:若 $|a|+|b|=0$,则 $a=0,b=0$.

第三步:形成数学方法与思想.

由前面的分析可知,处理绝对值问题的基本数学思想方法是数形结合和分类讨论,因此在教学中要牢牢抓住数学思想方法这根暗线,以知识点为依托,以数学思想方法为突破口,全面认识绝对值的概念,正确掌握绝对值的性质.

问题 1 求下列各数的绝对值:

$$-1,0,3,-3,2019,-2020.$$

这样设置在于内化对绝对值概念的初步理解,知道怎样求一个数的绝对值.

问题 2 如果 $|a|=2$,则 a 的值为_____,如果一个数到原点的距离为 5,这个数是_____.

这样设置在于全面理解绝对值的概念,固化对绝对值概念的理解,同时体现了分类讨论的思想.

问题 3 如果 $|a|+|b|=0$,则 a,b 的值分别为_____,如果 $|a-2|+|b-3|=0$,则 a,b 的值分别为_____,如果 $|a-3|$ 和 $|b-2020|$ 互为相反数,则 a,b 的值分别为_____.

这里的三个问题都是强化绝对值性质的应用,三个问题以逐渐递进的方式呈现,是为了提升对绝对值概念的深入理解.

第四步:认识数学结构与体系.

绝对值概念的本质是原点到数轴上任意一点的距离,完全类似地,可以把绝对值的概念拓展到任意两点之间的距离,于是有,已知点 A 在数轴上对应的数是 a,点 B 在数轴上对应的数是 b,A、B 之间的距离记作 AB,定义 $AB=|a-b|$.

经过这样的定义以后,绝对值的概念就变得更加完善,成为一个完整的知识体系和结构.

问题 4 数轴是一个非常重要的数学工具,它使数和数轴上的点建立起一一对应关系,揭示了数与点之间的内在联系,它是"数形结合"的基础.结合数轴与绝对值的知识回答下列问题(如图 3-1-4 所示).

图 3-1-4

(1)数轴上表示 1 和 4 的两点之间的距离是_____;表示 -3 和 2 的两点之间的距离是_____;表示数 a 和 -1 的两点之间的距离是 3,那么 $a=$_____;一般地,数轴上表示数 a 和数 b 的两点之间的距离等于_____.

（2）若数轴上表示数 a 的点位于 -4 与 2 之间，则 $|a+4|+|a-2|=$_____.

（3）是否存在数 a，使代数式 $|a+3|+|a-2|+|a-4|$ 的值最小？如果存在，请写出数 $a=$_____，此时代数式 $|a+3|+|a-2|+|a-4|$ 的最小值是_____.

问题 4 是对绝对值概念的完整把握，同时体现了数形结合、分类讨论、转化化归的思想，是对教材绝对值概念的理解的升华.

本案例通过一系列的教学行为，体现了数学抽象的四个主要表现，是数学抽象的一个完整的、有机的体系，揭示了数学抽象的一般规律.

三、数学抽象素养差异性培养的策略

（一）抓住教材中的数学内容本质 —— 差异性培养数学抽象素养的基础

数学中大量的概念、公式、法则、定理等是高度抽象的，是源于生活又高于生活的. 教学中，教师要让学生经历概念产生的过程，理解公式的来龙去脉，掌握定理是如何抽象出来的.《义务教育教科书　数学　七年级　上册》的教材中相关概念就有数轴、相反数、绝对值、单项式、多项式、整式、等式、方程、直线、射线、线段等，法则有有理数加法法则、有理数乘法法则、有理数除法法则、合并同类项法则、等式的性质等，要让学生经历概念的提取，法则的获得，公式产生的全过程，让学生在参与抽象的过程中，不断积累抽象的经验，提升数学抽象的素养. 要有目的、有针对性、循序渐进地引导学生树立抽象的意识，形成抽象的能力，培养抽象的素养.

案例 2　以"6.3　实数"第 1 课时教学案例（部分）

问题 1　走进美丽的滦州市中山实验学校首先映入眼帘的是"日月园"，其中日晷的轮廓是什么形状的？圆周率是什么？（割圆术介绍）

【师生活动】　教师引导学生说出轮廓的形状并说出圆周率，教师介绍圆周率（情感价值观教育、科学严谨的学习态度）.

问题 2　美丽的"春晖园"中有我们学过的哪些几何图形？

追问　四个全等的等腰直角三角形如何拼成一个正方形？若一个等腰直角三角形的边长为 1，则正方形的面积是多少？边长呢？

【师生活动】　教师引导学生参与活动过程，让学生感受到"无理数"的存在.

差异性培养策略: 以辨别—分化—内化—抽象(本质属性)—概括形式化的模式差异性培养学生的数学抽象核心素养. 在教学过程中,通过引导不同层次的学生观察实物图形,让不同层次的学生回答不同的问题,差异性培养学生的核心素养. 如让基础较差的学生直接回答它的轮廓的形状,让中等学生参与拼图的过程,让成绩优异的学生探究所对应的线段的长度的值.

(二)设置教材中的数学探究活动——培养数学抽象素养的载体

在课堂教学的探究活动中,设置有梯度的"脚手架",让不同程度的学生选择适合自己的"脚手架",拾级而上,取得期盼的成果.

案例3 一个求和公式的教学

在安徽中考试卷中,有一道涉及"数式规律探究"的问题,为了引导学生掌握此种题型的解题方法,在中考复习时,在进行知识梳理时,教师有意识地引导学生探究 $1^2 + 2^2 + \cdots + n^2$ 的计算结果,发现其具有的一般规律,为了所有学生都有脚手架,在教学中设计了三种不同的呈现方式,渗透抽象素养的意识.

方法1:观察下面的等式.

$$\frac{1^2 + 2^2}{1 + 2} = \frac{5}{3} \qquad ①$$

$$\frac{1^2 + 2^2 + 3^2}{1 + 2 + 3} = \frac{7}{3} \qquad ②$$

$$\frac{1^2 + 2^2 + 3^2 + 4^2}{1 + 2 + 3 + 4} = \frac{9}{3} \qquad ③$$

(1)写出第 4 个等式;

(2)猜想出第 n 个等式;

(3)利用(2)的结论,推导出 $1^2 + 2^2 + \cdots + n^2$ 的结果.

解:(1) $\dfrac{1^2 + 2^2 + 3^2 + 4^2 + 5^2}{1 + 2 + 3 + 4 + 5} = \dfrac{11}{3}$;(2) $\dfrac{1^2 + 2^2 + \cdots + n^2}{1 + 2 + 3 + \cdots + n} = \dfrac{2n+1}{3}$;

(3)因为

$$\frac{1^2 + 2^2 + \cdots + n^2}{1 + 2 + 3 + \cdots + n} = \frac{2n+1}{3}, 1 + 2 + 3 + \cdots + n = \frac{n(n+1)}{2},$$

所以

$$1^2 + 2^2 + \cdots + n^2 = \frac{2n+1}{3}(1 + 2 + 3 + \cdots + n)$$

$$= \frac{2n+1}{3} \cdot \frac{n(n+1)}{2} = \frac{n(n+1)(2n+1)}{6}.$$

方法 2：观察下面的几个式子：

$$1 + 1 + 1 = 3$$

上式可以写成"$3 \times 1^2 = 3 \times 1$.

$$\begin{array}{cccc} 1 & 1 & 3 & 5 \\ 1 & 3+3 & 1+1 & 1=5 \quad 5 \text{（对应位置上的数相加）} \end{array}$$

上式可以写成：$3 \times (1^2 + 2^2) = 5 \times (1 + 2)$.

$$\begin{array}{ccccc} 1 & 1 & 5 & 7 \\ 1\ 3 & + & 3\ 1 & + & 3\ 3 & = & 7\ 7 \\ 1\ 3\ 5 & 5\ 3\ 1 & 1\ 1\ 1 & 7\ 7\ 7 \end{array}$$

上式可以写成：$3 \times (1^2 + 2^2 + 3^2) = 7 \times (1 + 2 + 3)$.

$$\begin{array}{cccc} 1 & 1 & 7 & 9 \\ 1\ 3 & + & 3\ 1 & + & 5\ 5 & = & 9\ 9 \\ 1\ 3\ 5 & 5\ 3\ 1 & 3\ 3\ 3 & 9\ 9\ 9 \\ 1\ 3\ 5\ 7 & 7\ 5\ 3\ 1 & 1\ 1\ 1\ 1 & 9\ 9\ 9\ 9 \end{array}$$

上式可以写成：$3 \times (1^2 + 2^2 + 3^2 + 4^2) = 9 \times (1 + 2 + 3 + 4)$.

(1) 根据上面的规律写出第 5 个式子为＿＿＿＿＿＿＿＿；

(2) 根据上面的规律猜想出第 n 个式子为＿＿＿＿＿＿＿＿；

(3) 利用(2)的猜想求 $2^2 + 4^2 + 6^2 + \cdots + 40^2$ 的值.

解：(1) $3 \times (1^2 + 2^2 + 3^2 + 4^2 + 5^2) = 11 \times (1 + 2 + 3 + 4 + 5)$；

(2) $3 \times (1^2 + 2^2 + 3^2 + \cdots + n^2) = (2n+1) \times (1 + 2 + 3 + \cdots + n)$；

(3) 因为 $3 \times (2^2 + 4^2 + 6^2 + \cdots + 40^2) = 3 \times 4 \times (1^2 + 2^2 + 3^2 + \cdots + 20^2) = 4 \times 41 \times (1 + 2 + 3 + \cdots + 20) = 4 \times 41 \times \frac{20 \times 21}{2} = 2 \times 41 \times 20 \times 21$.

所以 $2^2 + 4^2 + 6^2 + \cdots + 40^2 = 2 \times 41 \times 20 \times 7 = 11480$.

方法 3：阅读理解．

可知 $1+2+3+\cdots+n=\dfrac{n(n+1)}{2}$，那么 $1^2+2^2+3^2+\cdots+n^2$ 结果等于多少呢？ 在图 $3-1-5$ 所示三角形数阵中，第 1 行圆圈中的数为 1，即 1^2；第 2 行两个圆圈中数的和为 $2+2$，即 2^2；……；第 n 行 n 个圆圈中数的和为 $\underbrace{n+n+\cdots+n}_{n个n}$，即 n^2．这样，该三角形数阵中共有 $\dfrac{n(n+1)}{2}$ 个圆圈，所有圆圈中数的和为 $1^2+2^2+3^3+\cdots+n^2$（如图 $3-1-3$ 所示）．

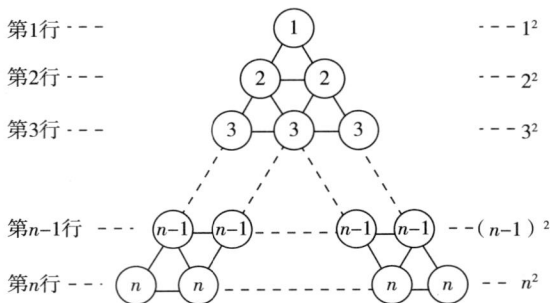

图 $3-1-5$

【规律探究】

将三角形数阵经两次旋转可得如图 $3-1-6$ 所示的三角形数阵，观察这三个三角形数阵各行同一位置圆圈中的数（如第 $n-1$ 行的第一个圆圈中的数分别为 $n-1,2,n$），发现每个位置上三个圆圈中数的和均为_____．由此可得，这三个三角形数阵所有圆圈中数的总和为：$3\times(1^2+2^2+3^2+\cdots+n^2)=$_____．因此，$1^2+2^2+3^2+\cdots+n^2=$_____．

【解决问题】

根据以上发现，计算 $\dfrac{1^2+2^2+3^2+\cdots+2017^2}{1+2+3+\cdots+2017}$ 的结果为_____．

解：【规律探究】 $2n+1,\dfrac{n(n+1)(2n+1)}{2},\dfrac{n(n+1)(2n+1)}{6}$，

【解法提示】 第 $n-1$ 行的第一个圆圈中的数分别为 $n-1,2,n$，则 $n-1+2+n=2n+1$；$3\times(1^2+2^2+3^2+\cdots+n^2)=(1+2+3+\cdots+n)(2n+1)=\dfrac{n(n+1)(2n+1)}{2}$；

$$1^2+2^2+3^2+\cdots+n^2=\dfrac{n(n+1)(2n+1)}{2}\cdot\dfrac{1}{3}=\dfrac{n(n+1)(2n+1)}{6}.$$

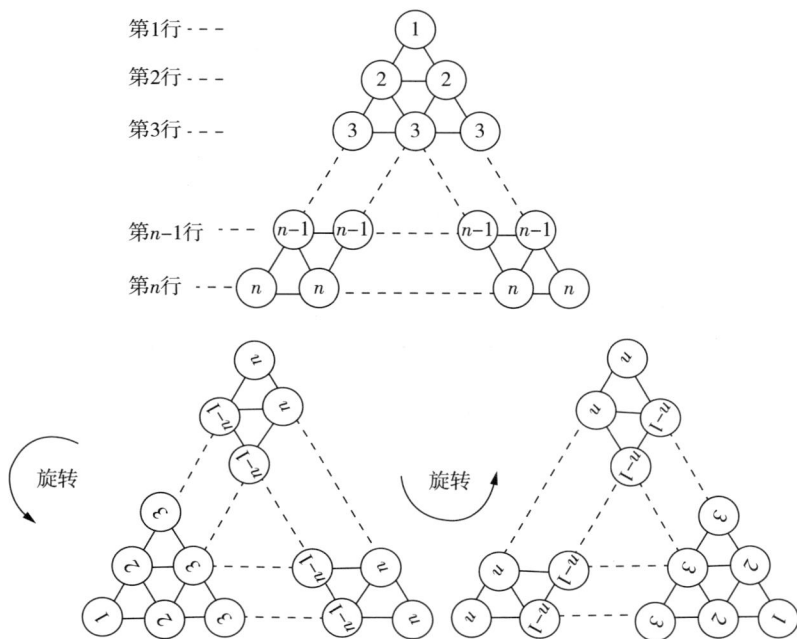

图 3 - 1 - 6

【解决问题】1345.

这里的三种不同的方法对应了三种不同层次学生的学习实际,方法 1 显然是最直接的,抽象的程度不太高,但对学生求 $1+2+3\cdots+n$ 的要求较高,这是熟知的高斯求法,同时对学生的代数变形能力有一定的要求,但这些对于即将毕业的初中生来说没有思维障碍.方法 2 对应中等程度的学生,要求学生具有一定的观察、归纳、抽象的能力和具备必需的推理能力,同时渗透了一定的代数变形和有理数运算的能力,层次相应较高.方法 3 对应程度很好的学生,能反映学生的图形变换能力、数式的转化能力,以及灵活运用知识解决问题的能力.这里的三种方法,使得每一个同学都能获得自己的脚手架,都能够登顶知识的殿堂.最终都能抽象出公式 $1^2+2^2+\cdots+n^2=\dfrac{n(n+1)(2n+1)}{6}$.

（三）领悟教材中的数学方法与思想 —— 培养数学抽象素养的核心

数学思想方法是数学教学的一条暗线,贯穿在数学教学的全过程,起到统领数学知识,连接数学思维的作用,也是数学抽象的核心内容,因此在数学抽象素养的差异性培养过程中,要关注学生的数学方法与思想的培养,领悟教材中典型案例的意义,抓住数学思想方法这一载体,培养数学抽象素养.

案例4 排球的运动路线问题

如图3-1-7所示,排球运动员站在点O处练习发球,将球从O点正上方2 m的A处发出,把球看成点,其运行的高度y(m)与运行的水平距离x(m)满足关系式$y=a(x-6)^2+h$.已知球网与O点的水平距离为9 m,高度为2.43 m,球场的边界距O点的水平距离为18 m.

(1)当$h=2.6$时,求y与x的关系式(不要求写出自变量x的取值范围).

(2)当$h=2.6$时,球能否越过球网?球会不会出界?请说明理由.

(3)若球一定能越过球网,又不出边界,求h的取值范围.

本题以排球的运动路线二次函数为知识的立足点,涉及二次函数解析式的求法,这利用$h=2.6$,将$(0,2)$点,代入解析式求出即可,比较容易理解;第二问"当$h=2.6$时,

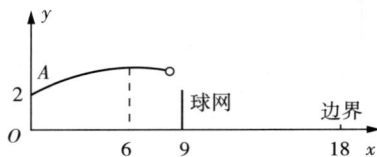

图3-1-7

球能否越过球网?球会不会出界?",有一定难度,通过对问题的思考,发现利用$h=2.6$,当$x=9$时,$y=-\dfrac{1}{60}\times(9-6)^2+2.6=2.45$与球网高度比较,当$y=0$时,解出$x$值与球场的边界距离比较,即可得出结论;第三问,根据球经过$(0,2)$点,得到a与h的关系式,由$x=9$时球一定能越过球网得到$y>2.43$,由$x=18$时球不出边界得到$y\leqslant0$,分别得出h的取值范围,即可得出答案.

解:(1)$h=2.6$时,$y=a(x-6)^2+2.6$.由其图象过点$(0,2)$,得$36a+2.6=2$,解得$a=-\dfrac{1}{60}$.所以$y=-\dfrac{1}{60}(x-6)^2+2.6$.

(2)当$x=9$时,$y=-\dfrac{1}{60}\times9+2.6=2.45$.因为$2.45>2.43$,所以可越过球网.当$x=18$时,$y=-\dfrac{1}{60}\times144+2.6=0.2$,$0.2>0$,所以球会出界.

（3）若符合题意,当 $x=9$ 时, $y>2.43$. 当 $x=18$ 时, $y\leqslant 0$,因为抛物线过点 $A(0,2)$, $36a+h=2$. 即 $a=\dfrac{2-h}{36}$. 即 $y=\dfrac{2-h}{36}(9-6)^2+h=\dfrac{2+3h}{4}>2.43$①, $h>\dfrac{7.72}{3}$, $y=\dfrac{2-h}{36}(18-6)^2+h=8-3h\leqslant 0$②,解不等式组得: $h\geqslant\dfrac{8}{3}$.

这里的抽象不是根据函数值确定自变量的取值范围,而是根据自变量的值,确定函数值的取值范围,这样做可以减小解一元二次方程的麻烦,甚至在解一元二次不等式时无法完成的困境. 这种方法还可以解决其他类似问题.

变式 1 跳绳时,绳甩到最高处时为抛物线. 正在甩绳的甲、乙两名同学拿绳的手间距 AB 为 6 米,到地面的距离 AO 和 BD 均为 0.9 米,身高为 1.4 米的小丽站在距点 O 的水平距离为 1 米的点 F 处,绳子甩到最高处时刚好通过她的头顶点 E. 以点 O 为原点建立如图 3-1-8 所示的平面直角坐标系,设此抛物线的解析式为 $y=ax^2+bx+0.9$.

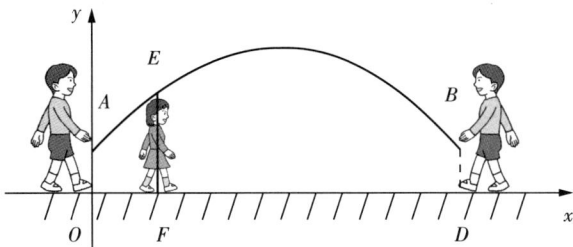

图 3-1-8

（1）求该抛物线的解析式.

（2）如果身高为 1.85 米的小华也想参加跳绳,问绳子能否顺利从他头顶越过？请说明理由.

（3）如果一群身高在 1.4 米到 1.7 米之间的人站在 OD 之间,且离点 O 的距离为 t 米,绳子甩到最高处时必须超过他们的头顶,请结合图像,写出 t 的取值范围_____.

解:（1）由题意得点 $E(1,1.4)$, $B(6,0.9)$,代入 $y=ax^2+bx+0.9$ 得
$$\begin{cases} a+b+0.9=1.4, \\ 36a+6b+0.9=0.9; \end{cases}$$

解得 $a=-0.1$, $b=0.6$,所以所求的抛物线的解析式是 $y=-0.1x^2+0.6x+0.9$.

（2）因为 $y=-0.1x^2+0.6x+0.9=-0.1(x-0.3)^2+1.8$, $a=$

$-0.1<0$，所以 $x=3$ 时，y 有最大值为 1.8. 因为 $1.85>1.8$，所以绳子不能顺利从他头顶越过.

（3）身高在 1.4 米到 1.7 米之间的人站在 OD 之间，因为 $1.4<1.7<1.8$，所以只需要计算 1.4 米身高的情况. 当 $y=1.4$ 时，$-0.1x^2+0.6x+0.9=1.4$，解得 $x_1=1$，$x_2=5$.

所以 $1<t<5$.

变式 2 小明为了检测自己实心球的训练情况，在一次投掷的测试中，实心球经过的抛物线如图 $3-1-9$ 所示，其中出手点 A 的坐标为 $\left(0,\dfrac{16}{9}\right)$，球在最高点 B 的坐标为 $\left(3,\dfrac{25}{9}\right)$.

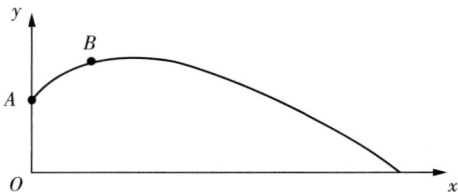

图 $3-1-9$

（1）求抛物线的解析式.

（2）已知某市男子实心球的得分标准见表 $3-1-1$ 所列.

表 $3-1-1$　某市男子实心球得分表

得分（分）	16	15	14	13	12	11	10	9	8	7	6	5	4	3	2	1
掷远（米）	8.6	8.3	8	7.7	7.3	6.9	6.5	6.1	5.8	5.5	5.2	4.8	4.4	4.0	3.5	3.0

假设小明是某中学九年级的男生，求小明在实心球训练中的得分.

（3）在小明练习实心球的正前方距离投掷点 7 米远处有一个高 1.2 米木板，球是否会击中木板（如果实心球在木板上方飞过为未击中，否则为击中）？请说明理由.

解：（1）因为抛物线最高点 B 的坐标为 $\left(3,\dfrac{25}{9}\right)$，所以设抛物线的解析式为 $y=a(x-3)^2+\dfrac{25}{9}$，因为点 $A\left(0,\dfrac{16}{9}\right)$ 在抛物线上，所以有 $9a+\dfrac{25}{9}=\dfrac{16}{9}$，解得 $a=-\dfrac{1}{9}$.

所以 $y=-\dfrac{1}{9}(x-3)^2+\dfrac{25}{9}=-\dfrac{1}{9}x^2+\dfrac{2}{3}x+\dfrac{16}{9}$.

（2）当 $y=0$ 时，则 $-\dfrac{1}{9}x^2+\dfrac{2}{3}x+\dfrac{16}{9}=0$，即 $x^2-6x-16=0$，所以 $(x-8)(x+2)=0$，

解得 $x_1=-2$，$x_2=8$. 因为 $x>0$，所以 $x=8$. 所以小明可得 14 分.

（3）当 $x=7$ 时，$y=1$. 因为 $1.2>1$，所以会击中.

4. 展现教材中的数学抽象之美 —— 培养数学抽象素养的灵魂

生活中有许多有趣的问题，尽管它们的表象不同，但通过抽象，发现它们的本质是相同的，我们可以借助抽象，揭示数学的本质特征. 如断臂的维纳斯，她的上半身与整个身高的比接近 $\dfrac{\sqrt{5}-1}{2}\approx 0.618$，希腊的巴特农神庙设计成黄金矩形 $\left(\text{矩形的宽与长的比为}\dfrac{\sqrt{5}-1}{2}\approx 0.618\right)$.

再比如在设计人体雕像时，使雕像的上部（腰以上）与下部（腰以下）的高度比，等于下部与全部（全身）的高度比，可以增加视角美感. 按此比例，如果雕像的高为 2 米，那么他的下部应该设计为 $(\sqrt{5}-1)$ 米. 这是因为，设下部高为 x 米，则 $x^2=2(2-x)$，解得 $x=\sqrt{5}-1$，$\dfrac{x}{2}=\dfrac{\sqrt{5}-1}{2}$. 即下部与全部的比为 $\dfrac{\sqrt{5}-1}{2}$.

实际上，让学生在欣赏图片之美的同时，更要揭示美的真谛，感受数学抽象之美. 我们把 $\dfrac{\sqrt{5}-1}{2}$ 称为黄金分割数，黄金分割在生活中普遍存在，从五星红旗的设计到街道路灯的设计，从主持人在舞台的站位到沿街的叫卖声，等等，到处都体现出黄金分割的应用价值，甚至在整式和二次根式的求值方面也有一席之地.

案例 5　黄金分割数的应用

代数式 $\dfrac{1}{\sqrt{5}}\left[\left(\dfrac{1+\sqrt{5}}{2}\right)^n-\left(\dfrac{1-\sqrt{5}}{2}\right)^n\right]$（$n$ 为正整数）是用无理数表示一列正整数的完美形式，试写出 $n=4$ 时，它表示的数 $a_4=$ ＿＿＿＿＿＿；$n=10$ 时，它表示的数 $a_{10}=$ ＿＿＿＿＿＿.

解：由已知得 $a_1=\dfrac{1}{\sqrt{5}}\times\left(\dfrac{1+\sqrt{5}}{2}-\dfrac{1+\sqrt{5}}{2}\right)=1$.

$$a_2 = \frac{1}{\sqrt{5}} \times \left[\left(\frac{1+\sqrt{5}}{2} \right)^2 - \left(\frac{1-\sqrt{5}}{2} \right)^2 \right] = \frac{1}{\sqrt{5}} \times \left(\frac{6+2\sqrt{5}}{4} - \frac{6-2\sqrt{5}}{4} \right) = 1.$$

同理：$a_3 = 2$.

由已知 a_n 是斐波拉契数列的特征方程，于是有 $a_{n+2} = a_{n+1} + a_n$，所以能够得到 $a_4 = 3, a_5 = 5, a_6 = 8, a_7 = 13, a_8 = 21, a_9 = 34, a_{10} = 55$.

变式 1 设 $a = \dfrac{\sqrt{5}-1}{2}$，求 $\dfrac{a^5 + a^4 - 2a^3 - a^2 - a + 2}{a^3 - a}$ 的值.

解：因为 $a^2 = \left(\dfrac{\sqrt{5}-1}{2} \right)^2 = \dfrac{3-\sqrt{5}}{2} = 1 - a$，所以 $a^2 + a = 1$，所以

$$\frac{a^5 + a^4 - 2a^3 - a^2 - a + 2}{a^3 - a} = \frac{a^3(a^2 + a) - 2a^3 - (a^2 + a) + 2}{a \cdot a^2 - a}$$

$$= \frac{a^3 - 2a^3 - 1 + 2}{a \cdot (1 - a) - a}$$

$$= \frac{1 - a^3}{-a^2}$$

$$= -\frac{1 - a^3}{1 - a}$$

$$= -(1 + a + a^2)$$

$$= -(1 + 1)$$

$$= -2.$$

变式 2 设 $\dfrac{\sqrt{5}+1}{\sqrt{5}-1}$ 的整数部分为 x，小数部分为 y，则 $x^2 + \dfrac{1}{2}xy + y^2$ 的值为 _____.

解：因为 $\dfrac{\sqrt{5}+1}{\sqrt{5}-1} = \dfrac{(\sqrt{5}+1)^2}{4} = \dfrac{6+2\sqrt{5}}{4} = \dfrac{3+\sqrt{5}}{2}$，所以 $x = 2, y = \dfrac{\sqrt{5}-1}{2}$.

所以 $x^2 + \dfrac{1}{2}xy + y^2 = 4 + \dfrac{\sqrt{5}-1}{2} + \dfrac{3-\sqrt{5}}{2} = 5$.

变式 3 已知 $m = \dfrac{\sqrt{5}-1}{2}$，则 $m^3 + 2m^2 - 1 + \dfrac{m^2}{m^2 + m + 1} = ($).

A. $\dfrac{3-\sqrt{5}}{2}$ B. $\dfrac{3-\sqrt{5}}{4}$ C. $\dfrac{\sqrt{5}-3}{2}$ D. $\dfrac{\sqrt{5}-3}{4}$

答案：B

从断臂的维纳斯到巴特农神庙，从生活实际到斐波拉契数列的抽象，把一些毫不相干的东西，通过构造黄金分割数$\dfrac{\sqrt{5}-1}{2}$，建立它们的本质的联系．该抽象由方程到一元二次方程的根，再由一元二次方程的根回归一元二次方程，在来回地多次转化过程中，化归思想、方程思想、抽象的意识得到完美的体现．

通过黄金分割数的抽象，让学生经历数学抽象的过程，基础较差的学生感受外在的美，中等学生感受数学抽象之间的转化美，成绩优异的学生体悟数学抽象的重要意义和应用价值．

数学抽象素养的差异性培养，对于学生今后的数学学习以及今后的发展都有着深远的意义．

第二节　逻辑推理素养差异性培养的方法与策略

一、课程标准关于逻辑推理的表述

逻辑推理能力是《普通高中数学课程标准(2017年版)》提出的六个核心素养之一，界定了逻辑推理的含义，指出："逻辑推理是指从一些事实和命题出发，依据规则推出其他命题的素养．主要包括两类：一类是从特殊到一般的推理，推理形式主要是归纳、类比；一类是从一般到特殊的推理，推理形式主要有演绎."同时强调"逻辑推理是得到数学结论、构建数学体系的重要方式，是数学严谨性的基本保证，是人们在数学活动中进行交流的基本思维品质".

《义务教育数学课程标准(2011年版)》指出："推理能力的发展应贯穿在整个数学学习过程中．推理是数学的基本思维方式，也是人们学习和生活中经常使用的思维方式．推理一般包括合情推理和演绎推理，合情推理是从已有的事实出发，凭借经验和直觉，通过归纳和类比等推断某些结果；演绎推理是从已有的事实(包括定义、公理、定理等)和确定的规则(包括运算的定义、法则、顺序等)出发，按照逻辑推理的法则证明和计算．在解决问题的过程中，合情推理用于探索思路，发现结论；演绎推理用于证明结论.《2019年安徽省初中学业水平考试纲要·数学》在"数学思考"条谈到"对现实空间及图形有较丰富的认识，具有初步的空间观念、几何直观、形象思维和逻辑思维能力".所以逻辑推理能力的培养应贯穿在初中数学教学的全过程．由于学生认知的差异性,对知识理解的差异性,抽象能力的差异性,以及接受知识的差异性,使得逻辑推理能力在教学中表现为一定的差异性.

逻辑推理素养差异性培养,立足逻辑推理的五个主要表现:掌握推理基本形式和规则、发现问题和提出命题、探索和表述论证过程、理解命题体系、有逻辑地表达与交流.

二、立足逻辑推理的五个主要表现,建立逻辑推理的意识

逻辑推理的五个主要表现,不是孤立的存在,而是相互联系,彼此交错的,所以在教学过程中,要引导学生掌握推理基本形式和规则,激励学生发现问题和提出命题,鼓励学生探索和表述论证过程,注意理解命题体系,有逻辑地表达与交流.

案例1 三角形中位线定理的教学

三角形中位线定理是典型的定理教学课,在认知上学生已掌握了如何构造中心对称图形以及中心对称的性质,这将成为本节课学生研究和探索三角形中位线性质的基础知识.在能力上学生已具备一定的操作、归纳、推理和验证能力,但在数学意识与应用能力方面尚需进一步培养.所以确定这节课的教学目标为:

知识与技能:探索并掌握三角形中位线的概念和性质.

数学思考:通过三角形中位线定理的探索过程,使学生获得一些分析问题、研究问题和解决问题的经验和方法,丰富学生从事数学活动的经验与体验,感受数学思考过程的条理性及解决问题策略的多样性.

解决问题:能够利用三角形中位线定理,解决一些几何问题和简单的实际问题.

情感与态度:通过真实的、贴近学生生活的素材和适当的问题情境,激发学生学习数学的热情和兴趣;通过对三角形中位线的探究,体验数学活动充满探索性和创造性,在操作活动中,培养学生的合作精神.

1.创设问题情境,鼓励学生进行实验和探究

如图 3-2-1 所示,有一块三角形蛋糕,准备平分给四个同学,要求人所分的大小相同,该怎样分呢? 形状大小都相同又该怎么分呢?

通过创设符合学生生活实际的问题情境,为性质的探究获得感性认知.在探索平行四边形时,常常转化为三角形,利用三角形的全等性质进行研

究,利用平行四边形来探索三角形的某些问题.

　　2.引导学生发现

　　在得到三角形中位线的概念后,引导学生思考,一个三角形共有几条中位线? 三角形的中位线和三角形的中线有什么区别? 在提问时要注意设问要有度要有助于思考,要关注学生思维的深度,要把握好设问的尺度,要善于"追问".通过问题的循序渐进,不断深入,提高学生逻辑推理的严密性、有序性.

图 3 - 2 - 1

　　3.鼓励学生大胆猜想

　　鼓励学生大胆猜想,再引导学生利用已学的知识进行推理,验证自己的猜想.

　　通过测量等活动,鼓励学生猜想:三角形的中位线与三角形的第三边有什么关系? 以此问题激发学生的学习兴趣,使他们产生中位线等于底边一半的直觉,再让他们明确测量还不能真正说明问题,还要进行理论证明,从而激发学生的探究欲望.

　　4.探索和表述论证过程

　　课堂教学中,教师应要求学生将推理的具体步骤写明,逐渐引导学生养成周密思考,言必有据的习惯.怎样证明你的猜想? 可以得到什么结论?

　　教师引导学生根据提出的问题,写出已知、求证,并引导学生证明. 也可让同学们组成四人小组,进行合作讨论,交流探索,无论是有疑问,或是有新发现,都可与其他同学分享,让学生积极讨论,教师参与到小组讨论中,充分发挥引导作用.

　　对于证明某条线段是某条线段的一半,常用的几何方法是"加倍法""折半法",通过三角形全等把问题划归到平行四边形中去,然后再利用平行四边形的有关概念、性质来解决.

　　已知:如图 3 - 2 - 2 所示,点 D,E 分别是 $\triangle ABC$ 的边 AB,AC 的中点.

　　求证:$DE \parallel BC$,且 $DE = \dfrac{1}{2}BC$.

　　分析 1 如图 3 - 2 - 3 所示.

　　分析 2 如图 3 - 2 - 4 所示.

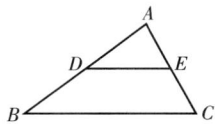

图 3 - 2 - 2

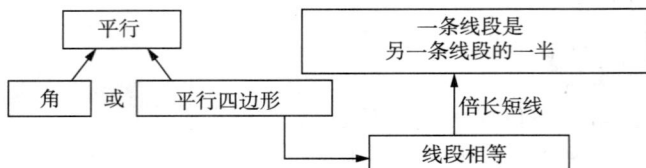

图 3-2-3

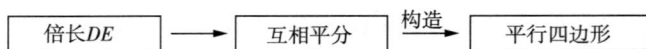

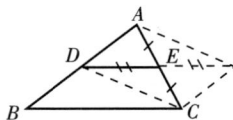

图 3-2-4

证明 1：如图 3-2-5 所示，延长 DE 到 F，使 $EF = DE$，连接 FC，DC、AF.

$\because AE = EC, EF = DE, \therefore$ 四边形 $ADCF$ 是平行四边形.

$\therefore CF \parallel DA, CF = DA. \therefore CF \parallel BD, CF = BD.$

$\therefore$ 四边形 $DBCF$ 是平行四边形. $\therefore DF \parallel BC, DF = BC.$

又 $\because DE = DF, \therefore DE \parallel BC$ 且 $DE = \frac{1}{2}BC.$

证明 2：如图 3-2-6 所示，延长 D 到 F，使 $EF = DE$，连结 CF.

$\because DE = EF, \angle AED = \angle CEF, AE = EC, \therefore \triangle ADE \cong \triangle CFE.$

$\therefore AD = FC, \angle A = \angle CEF. \therefore AB \parallel FC.$

又 $\because AD = DB, \therefore BD \parallel CF$ 且 $BD = CF. \therefore$ 四边形 $BCFD$ 是平行四边

形. $\therefore DE \parallel BC$ 且 $DE = \frac{1}{2}BC.$

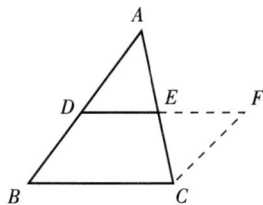

图 3-2-5

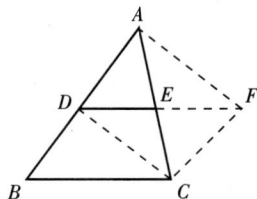

图 3-2-6

5.理解命题体系

理解三角形中位线定理的命题体系,三角形中位线定理包含位置关系和数量关系:① 位置:三角形的中位线平行于三角形的第三边;② 数量:等于第三边的一半.所以在证明时,要证明两个结论.

6.有逻辑地表达与交流

学生对证明的思路和过程进行反思,通过反思,让学生理解证明过程蕴含着推理的真谛,让学生的思想在反思中到得到升华,让学生的推理能力在反思中得到提高,从而能够有逻辑地表达与交流.

问题 1 △ABC 中,D,E 分别是 AB,AC 中点.

(1)若 $DE=5$,则 $BC=$ _____.

(2)若 $\angle B=65°$,则 $\angle ADE=$ _____°.

(3)若 $DE+BC=12$,则 $BC=$ _____.

问题 2 如图 3-2-7 所示,A,B 两点被池塘隔开,在 A,B 外选一点 C,连接 AC 和 BC,并分别找出 AC 和 BC 的中点 M,N,如果测得 $MN=20$ m,那么 A,B 两点间的距离为_____ m.

【设计意图】 这两个问题是对三角形中位线定理的理解,是所有学生都必须掌握的,比较简单但能很好地反映学生对三角形中位线定理理解的程度.

问题 3 如图 3-2-8 所示,在 △ABC 中,D,E 分别为 AC,BC 的中点,AF 平分 $\angle CAB$,交 DE 于点 F.若 $DF=3$,求 AC 的长.

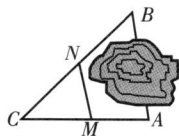

图 3-2-7

问题 4 如图 3-2-9 所示,在四边形 $ABCD$ 中,$AB=CD$,M,N,P 分别是 AD,BC,BD 的中点,$\angle ABD=20°$,$\angle BDC=70°$.

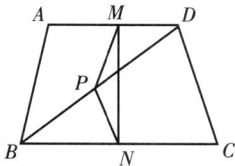

图 3-2-8

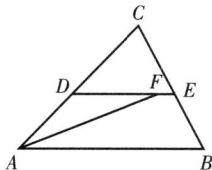

图 3-2-9

(1)判断 △PMN 的形状;(2)求 $\angle MPN$ 的度数.

【设计意图】 后面两个问题有一些难度,供基础较好的学生练习使用.这样设计问题,体现了因人而异的教学要求和学生的个体差异.

三、实施五条策略

（一）在初始教学阶段，要求说明推理依据，做得持之有据

学生逻辑推理能力的形成需要一个过程，是循序渐进、螺旋上升的，有的学生的逻辑推理能力的形成较快，有的相对要慢一些，基于此，我们采用分层次、分步骤地推进．例如：在平行线的判定与性质教学过程中，要求每一步都有推理的依据（具体到是平行线的性质还是判定）；在全等三角形的教学中，对于关键性的步骤要有推理依据（具体到用何种判定公理或定理，是SSS，SAS，ASA，AAS还是HL）；在等腰三角形和等边三角形的教学过程中，要求推理依据（是等腰三角形的性质还是判定，是等边三角形的性质还是判定）；在四边形和圆的教学过程中，弱化推理依据，给基础较好的学生一定的思维空间．这样做，使得所有的学生在学习的初始阶段都能掌握推理的基本要求，必须做到推理有据，在熟练掌握了推理的程式以后，随着所学知识的深入，对过程的要求更复杂，学生的差异性更明显，基于这样的特点，适当放宽对推理要求的书写，坚持这样做，体现了因时制宜的要求．

（二）规范定理的证明过程，在定理多样化的证明过程中培养学生的逻辑推理能力

1.会画图，分清题设和结论．

在七年级"相交线和平行线"的学习时，就已经学习了命题的题设和结论，分清题设与结论是几何学习关键的一环．在八年级全等三角形的学习时，出现了用文字语言给出的命题，要求学生证明．解决此类问题的一般步骤是画图，写出已知、求证、证明，解决问题首先要能够读懂题意，在读懂题意的基础上画出图形，写出已知、求证、证明，特别强调学生要能画出图形，分清题设和结论，最后再进行证明．这类问题不是很难，如果学生能够精准画出图形，一般是能够给出证明的．这样要求，有助于培养基础较好的学生的学习习惯，也照顾到基础薄弱的学生的感情，让基础薄弱的学生也能参与到教学中来，让他们体会到教学的过程．

2.使用多种方法证明定理，让学生在证明过程中，形成有条不紊地逻辑推理能力．

几何定理是几何教学的重要载体，是培养学生逻辑推理能力的关键环节，抓好几何定理的教学是至关重要的．它能发现学生思维的过程，能暴露学生推理的严谨性，能激发学生思维的发散性．同时，在定理的探索（观察、操作、实验）、猜想、验证、归纳、证明的过程中，培养学生的合情推理意识和

逻辑推理能力.尤其要重视对推理过程的把握,严格要求学生推理过程的规范化,要"言之有理,持之有据".

3.发挥典型例题和习题的导向作用,培养学生良好的推理习惯.

要注重发挥例题、习题的作用,培养学生的良好的推理习惯,主要表现在:

① 规范例题、习题的推理过程,使所有学生都能达标.

② 对例题、习题进行逆向思考和变式,发展逻辑推理能力.

③ 抽象出例题、习题的基本属性,形成一定的数学活动经验,提高学生的逻辑推理能力.

案例2　一例一天地　　一图几探究

例题　如图 3 - 2 - 10 所示,△ABC 的角平分线 BM,CN 相交于点 P.求证:点 P 到三边 AB,BC,CA 的距离相等.

说明:本题选自义务教育教科书八年级《数学》(上册)第 12 章"12.3　角的平分线的性质"的例题.

作为本节课的例题,通过作辅助性,利

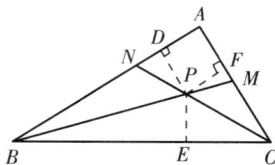

图 3 - 2 - 10

用"角平分线上的点到角两边的距离相等",得到"三角形两条内角平分线的交点到三角形三边距离相等"的性质,旨在落实教学目标.由例题的结论结合"角的内部到角两边距离相等的点在角的平分线上",可知 AP 也平分 ∠BAC,于是可以得到三角形的三条内角平分线相交于一点,即可以通过已知两条角平分线的交点,得到第三条角平分线,结合第 11 章三角形内角和以及三角形外角和的性质,进而进行角度的运算.例题蕴含了点到三角形三边的距离相等,从而为证明和计算线段长度提供了方法,为处理涉及三角形面积问题提供了知识生长点.借助类比的方法可以把例题结论推广到三角形的外角平分线中去,可以求两条外角平分线的夹角,确定到三角形三边距离相等的点的个数,使得例题的应用更加广泛.

在讲完该题后,设计了下面的一系列问题:

问题 1　(义务教育教科书《数学》八年级上册第 50 页第 2 题)如图 3 - 2 - 11 所示,△ABC 的 ∠ABC 的外角平分线 BD 与 ∠ACB 的外角平分线 CE 相交于点 P.求证:点 P 到三边 AB,BC,CA 的距离相等.

问题 2 如图 $3-2-12$ 所示，BP 是 $\triangle ABC$ 的外角平分线，点 P 在 $\angle BAC$ 的角平分线上. 求证：CP 是 $\triangle ABC$ 的外角平分线.

说明：原题涉及三角形两条内角平分线，且给出规范的证明过程，为了检测学生的学习效果和对知识掌握的程度，采用类比的手段将例题的结论推广到已知两条外角平分线证明例题的结论仍然成立，此即问题 1；推广到一条内角平分线和一条外角平分线的交点证明例题结论仍然成立，根据到"和两边距离相等的点在角平分线上"得到 CP 是 $\triangle ABC$ 的外角平分线，此即问题 2.

问题 3 在三角形内，到三条边的距离都相等的点是这个三角形的（　　）.

    A. 三条中线的交点   B. 三条高的交点

    C. 三条边的垂直平分线的交点   D. 三条内角平分线的交点.

问题 4 如图 $3-2-13$ 所示，表示三条相互交叉的公路，现要建一个货物中转站，要求它到三条公路的距离相等，则可供选择的地址有（　　）.

    A. 1 处   B. 2 处   C. 3 处   D. 4 处

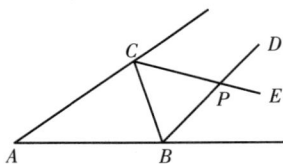 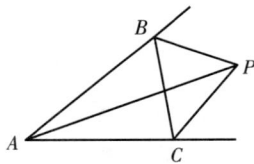 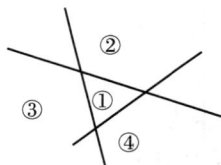

    图 $3-2-11$ 图 $3-2-12$ 图 $3-2-13$

说明：例题只给出证明过程，没有深入指出问题的本质，为了揭示问题的本质，通过问题 1 指出"在三角形内，到三条边的距离都相等的点是这个三角形三条内角平分线的交点"，是为了和三角形的重心（三条中线的交点）和外心（三条边的垂直平分线的交点）的区别，有助于深入理解例题的功效和三角形三边距离相等的点，可以在三角形的内部，也可以在三角形的外部，为了全面理解，所以我们设置问题 2，让学生全面理解问题，有效防止思维定式.

对于问题 2 的处理可以借助上面的问题 1 和问题 2 对比得到，也可以通过作图得到，让学生在讨论、辨别、争论中获得认知.

问题 5 如图 $3-2-14$ 所示，在 $\triangle ABC$ 中，BE，CF 分别为 $\angle ABC$ 与 $\angle ACB$ 的角.

平分线,交点为 O,若 $\angle BOC = 115°$,连接 AO,求 $\angle BAO$ 的度数.

说明:因为 BO、CO 为 $\triangle ABC$ 的 $\angle ABC$ 与 $\angle ACB$ 的角平分线,由例题的结论知 AO 也是 $\angle BAC$ 的角平分线,根据第 11 章的解题经验知(此处要给出完整的证明过程)$\angle BOC = 90° + \frac{1}{2}\angle BAC$,因为 $\angle BOC = 115°$,所以 $\angle BAC = 50°$,所以 $\angle BAO = 25°$.

问题6　如图 3-2-15 所示,已知射线 $Ox \perp Oy$,点 A,B 为 Ox,Oy 轴上两动点,$\angle BAO$ 的外角平分线与 $\angle ABO$ 的外角平分线交于点 C. 试问:$\angle ACB$ 的度数是否随 A,B 运动而发生变化? 若变化,请说明;若不变化,求 $\angle ACB$ 的值.

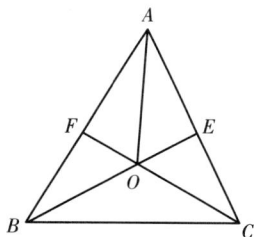

图 3-2-14

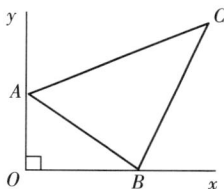

图 3-2-15

说明:解决本题的难点在于要学会知识的迁移,即由前面的学习知道 OC 是 $\angle AOB$ 的角平分线,再结合三角形内角和的相关知识,将问题转化为角的计算,由教材第 11 章的知识可知:在图 3-2-16 中,点 E 是 $\triangle ABC$ 的 $\angle ABC$ 的内角平分线与 $\angle ACB$ 的外角平分线的交点,因为 BE 平分 $\angle ABC$,CE 平分 $\angle ACM$,所以 $\angle CBE = \frac{1}{2}\angle ACB$,$\angle ECM = \frac{1}{2}\angle ACM$. 所以 $\angle BCE = \angle ECM - \angle CBE = \frac{1}{2}\angle ACM - \frac{1}{2}\angle ABC = \frac{1}{2}(180° - \angle ACB) - \frac{1}{2}\angle ABC = \frac{1}{2}\angle BAC$. 连接 OC,由已知可知 OC 平分 $\angle AOB$,所以 $\angle ACO = \frac{1}{2}\angle ACB$,$\angle BCO = \frac{1}{2}\angle ABO$. 于是有 $\angle ACB = \angle ACO + \angle BCO = \frac{1}{2}(\angle ACB + \angle ABO) = 45°$.

问题7　如图 3-2-17 所示,已知 $\triangle ABC$ 的周长是 21,OB,OC 分别平分 $\angle ABC$ 和 $\angle ACB$,$OD \perp BC$ 于 D,且 $OD = 3$,求 $\triangle ABC$ 的面积.

说明:求三角形的面积,一般的解题经验是利用三角形面积公式,这里的难点是怎样利用三角形面积公式,怎样把两条角平分线的交点到一边的距离利用起来,由例题知该点到三边的距离均相等,于是想到把 $\triangle ABC$ 分割成三个三角形 $\triangle AOB$、$\triangle BOC$ 和 $\triangle AOC$,然后求面积和.于是,如图 3-2-18 所示,有过点 O 分别作 AC、AB 的垂线,垂足分别为 E、F,则 $\angle DMC = \angle BMD$,所以 $S_{\triangle ABC} + S_{\triangle AOB} + S_{\triangle BOC} + S_{\triangle AOC} = \frac{1}{2}AB \cdot OF + \frac{1}{2}BC \cdot OD + \frac{1}{2}AC \cdot OE = \frac{1}{2}(BC + AB + AC) \cdot OD = \frac{1}{2} \times 21 \times 3 = \frac{63}{2}$.

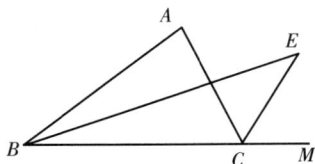 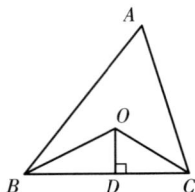 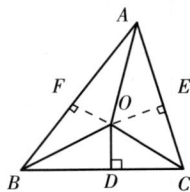

图 3-2-16   图 3-2-17   图 3-2-18

本题的一般性结论是:设 $\triangle ABC$ 的半周长为 p,两条角平分线的交点到三角形一边的距离为 r,$\triangle ABC$ 的面积为 S,则 $S = pr$.

问题 8 如图 3-2-19 所示,AD 是它的角平分线,求证:$S_{\triangle ABD}$: $S_{\triangle ACD} = AB : AC$.

说明:本题选自义务教育教科书八年级《数学》(上册)第 56 页拓广探索第 12 题,是角平分线性质的一个运用,如图 3-2-20 所示,过点 D 作 $DE \perp AB$ 于点 E,$DF \perp AC$ 于点 F,所以 $DE = DF$.因为 $S_{\triangle ABD} = \frac{1}{2}AB \cdot DE$,$S_{\triangle ACD} = \frac{1}{2}AC \cdot DF$,所以 $S_{\triangle ABD} : S_{\triangle ACD} = \frac{1}{2}AB \cdot DE : \frac{1}{2}AC \cdot DF = AB : AC$.由本题结论,结合三角形面积的等积变形,过点 A 作 $AM \perp BC$ 于点 M,因为 $S_{\triangle ABD} = \frac{1}{2}BD \cdot AM$,$S_{\triangle ACD} = \frac{1}{2}CD \cdot AM$,所以 $S_{\triangle ABD} : S_{\triangle ACD} = BD : CD$.于是有 $AB : AC = BD : CM$,此为三角形内角平分线定理.

问题 9 如图 3-2-21 所示,在 $Rt\triangle ABC$ 中,$\angle A = 90°$,$AB = 3$,$AC = 4$,$BC = 5$,$\angle ABC$ 和 $\angle ACB$ 的角平分线交于点 P,$PE \perp BC$ 于点 E,求(1)PE 的长;(2)$BE \cdot CE$ 的值.

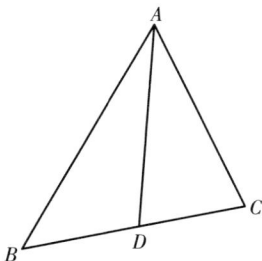

图 3-2-19

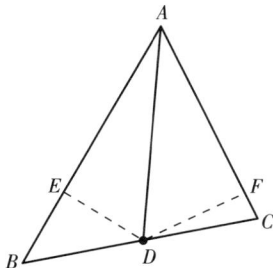

图 3-2-20

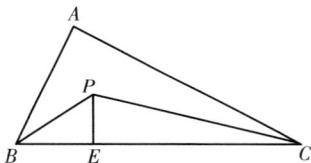

图 3-2-21

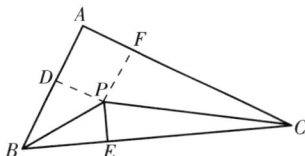

图 3-2-22

说明：因为没有学习勾股定理，所以给出了直角三角形的三条边长，有两条思路可以走，第一条思路运用面积关系，立即得到 $\frac{1}{2} \times 3 \times 4 = \frac{1}{2} \times (3+4+5)PE$，所以设 $AD = x$. 第二条思路是如图 3-2-22 所示，可以证明四边形 $PDAF$ 是正方形，得到 $AD = AF = PD = PF = PE$，$BD = BE$，$CE = CF$，设 $PE = 1$，则有 $AD = FA = x$，$BD = BE = 3-x$，$CE = CF = 4-x$，于是有 $5 = BE + CE = 3-x + 4-x$，解得 $x=1$. 所以 $PE=1$. 所以 $BE=2$，$CE=3$，$BE \cdot CE = 6$.

四、以基本图形为依托，活变活用，活出精彩

（一）以基本图形为切入点，形成一定的逻辑推理能力

案例 3　一道月考试题的多角度探究

已知如图 3-2-23 所示，$AC = 1$，$PA = 2$，点 M 是劣弧 CAB 的中点，且 $MP \perp AB$ 于点 P，则 PB 的长为（　　）.

A. 5　　　　　　　　B. 4　　　　　　　　C. 3　　　　　　　　D. $\sqrt{3} + 1$

这是一道月考试题，作为选择题，其得分率很低，甚至比压轴题的得分

率还低,基于此,在试卷讲评时,我们对试题进行了多角度的探究.

解法 1 如图 3-2-24 所示,过点 O 作 $OE \perp AB$ 交 AB 于点 E,交 $\overset{\frown}{AMB}$ 于点 N,所以 $\overset{\frown}{AN} = \overset{\frown}{BN}$.

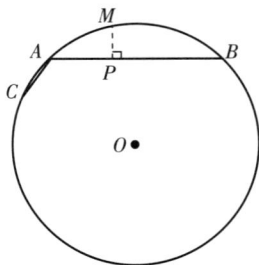
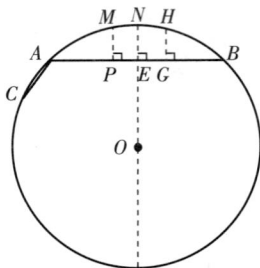

图 3-2-23　　　　　　　　图 3-2-24

由已知得 $\overset{\frown}{CAM} = \overset{\frown}{MHB}$,所以 $\overset{\frown}{AC} + \overset{\frown}{AM} = \overset{\frown}{MN} + \overset{\frown}{BN}$,

即 $\overset{\frown}{AC} + \overset{\frown}{AN} - \overset{\frown}{MN} = \overset{\frown}{MN} + \overset{\frown}{BN}$. 所以 $\overset{\frown}{AC} = 2\overset{\frown}{MN}$.

作 GH 关于 ON 对称,交 AB 于点 G,交 $\overset{\frown}{AMB}$ 于点 H,则 $\overset{\frown}{MN} = \overset{\frown}{HN}$.

所以 $\overset{\frown}{AM} = \overset{\frown}{BH}$,$\overset{\frown}{AC} = \overset{\frown}{MH}$ 所以 $AC = MH$,$AM = BH$,$MP = HG$.

所以 $\triangle APM \cong \triangle BGH$,有 $AP = BG$.

又易证四边形 $PGHM$ 为矩形,所以 $PG = MH = AC = 1$,所以 $PB = PG + GB = MH + AP = AC + AP = 3$.

故选 C.

解法 2 如图 3-2-25 所示,过 M 作 $MH \parallel AB$ 交 $\overset{\frown}{AMB}$ 于点 H,过点 H 作 $HG \perp AN = B$ 交 AB 于点 G,则四边形 $PGHM$ 为矩形,以下同解法 1.

说明:解法 1 和解法 2 充分利用了圆的轴对称性,而解法 2 更加简洁.

解法 3 如图 3-2-26 所示,在 BP 上截取 $BG = AC$,连接 AM,CM,BM,GM.

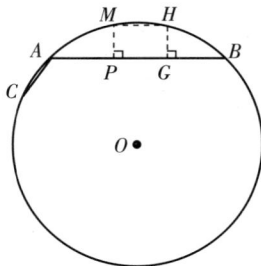
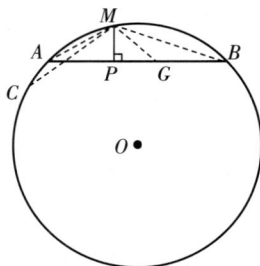

图 3-2-25　　　　　　　　图 3-2-26

因为点 M 是劣弧 CAB 的中点,所以 $CM = BM$.

又因为 $\angle ACM = \angle GBM$,所以 $\triangle ACM \cong \triangle GBM$,有 $AM = GM$.

而 $MP \perp AG$,所以 $AP = PG$,所以 $BP = PG + GB = AP + AC = 3$.

故选 C.

说明:通过"截长法"构造全等三角形,再利用等腰三角形的性质,将三条线段联系起来.

解法 4　如图 $3-2-27$ 所示,延长 MP 交圆于点 E,连接 CE 并延长交 BA 延长线于点 D.

因为 $\overparen{CAM} = \overparen{MB}$,所以 $\angle CEM = \angle BEM$,即 $\angle DEM = \angle BEM$.

又由 $AB \perp EP$ 可知 $\angle B = \angle D$. 所以 $DP = BP$.

因为 B, A, C, E 四点共圆,所以 $\angle B = \angle 1$.

所以 $\angle D = \angle ACD$,于是 $AD = AC$.

所以 $BP = DP = DA + AP = AC + AP = 1 + 2 = 3$.

故选 C.

说明:本法巧妙地利用圆内接四边形的性质和等腰三角形的判定与性质,在没有借助三角形全等的基础上求解,自然简洁、赏心悦目.

解法 5　如图 $3-2-28$ 所示,过点 M 作 ED 交 CA 延长线于点 N,连接 MA, MB.

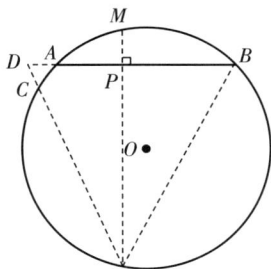

图 $3-2-27$

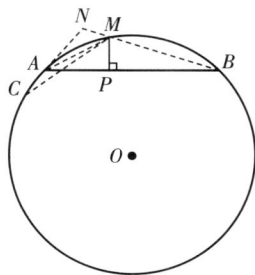

图 $3-2-28$

因为 $\overparen{CAM} = \overparen{MB}$,所以 $MC = MB$.

又 $\angle N = \angle MPB$,$\angle MBP = \angle MCN$,

所以 $\triangle MBP \cong \triangle MCN$,有 $CN = BP$,$MN = MP$.

因为 $\angle N = \angle MPB = 90°$,$MN = MP$,

所以 $\triangle MAN \cong \triangle MAP$,有 $NA = AP$.

所以 $BP=CN=CA+AN=AC+AP=+2=3$. 故选 C.

说明:本解法通过作垂线构造直角三角形,两次利用全等三角形的性质,其实则是"补短法".

解法 6 如图 3-2-29 所示,延长 CA 至 N,使 $AN=AP$,连接 BM.

因为 $\overset{\frown}{CAM}=\overset{\frown}{MB}$, 所以 $\angle MAB=\angle MCB=\angle MBC$,

因为 M,B,C,A 四点共圆, 所以 $\angle MAN=\angle MBC$,

所以 $\angle MAN=\angle MAP$,

又因为 $AN=AP$,$\angle MAN=\angle MAP$,$AM=AM$,所以 $\triangle MAP \cong \triangle MAN$,

有 $\angle N=\angle MPA=\angle MPB=90°$,$MN=MP$.

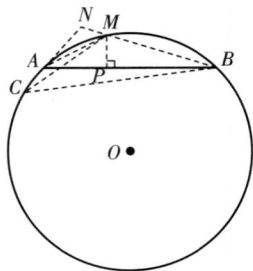

图 3-2-29

又由 $\overset{\frown}{CAM}=\overset{\frown}{MB}$ 得 $MC=MB$,

而 $\angle MCN=\angle MBP$,所以 $\triangle MBP \cong \triangle MCN$,有 $CN=BP$.

所以 $BP=CN=CA+AN=AC+AP=1+2=3$,故选 C.

说明:和解法 5 不同的是直接使用"补短法"构造全等三角形,其中涉及"圆内接四边形的一个外角等于其内角的对角"的性质.

(二)揭示基本图形的本质属性,发展学生的逻辑推理素养

本题的结论是特殊的,还是一般性规律呢? 实际上案例 3 的问题具有一般性规律,是著名的阿基米德折弦定理,那么什么是折弦呢? 从圆上一点出发的两条弦所组成的折线叫做该圆的一条折弦,阿基米德折弦定理的内容是:

如图 3-2-30 所示,AB 和 $BC(AB>BC)$ 是 $\odot O$ 的折弦,D 是 $\overset{\frown}{ABC}$ 的中点,$DE \perp AB$,那么 $BC+BE=AE$.

实际上,当点 D 为 $\overset{\frown}{ADC}$ 的中点时,类似地有_____.

如图 3-2-31 所示,AB 和 $BC(AB>BC)$ 是 $\odot O$ 的折弦,D 是 $\overset{\frown}{AC}$ 的中点,$DE \perp AB$,那么 $BC+AE=BE$.

阿基米德(Archimedes,前 287— 前 212,古希腊)是有史以来最伟大的数学家之一,他与牛顿、高斯并称为三大数学王子. 如果以他们三人的宏伟业绩和所处的时代背景来比较,或拿他们影响当代和后世的深邃久远来比较,还应首推阿基米德,他甚至被人尊称为"数学之神".

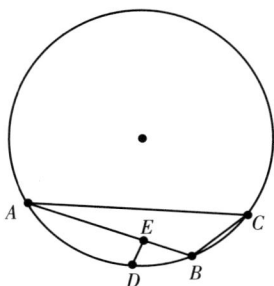

图 3-2-30

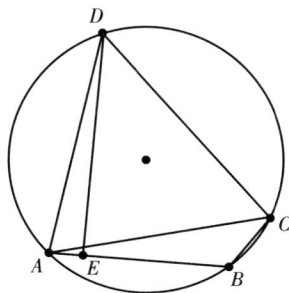

图 3-2-31

（三）对基本图形实施问题驱动，让学生的深度思维得到彰显

阿基米德折弦定理曾经作为 1998 年江苏省初中数学竞赛试题，因此受到很多人的关注，其逆命题也成立，即阿基米德折弦定理的逆定理：

已知在 $\triangle ABC$ 中，E 为 AB 上一点，过点 E 作 AB 的垂线交 $\triangle ABC$ 的外接圆于点 D，若 $AE = BE + CB$，则 D 为 $\overset{\frown}{ADB}$ 的中点.

由阿基米德折弦定理可以得到一个推论：

推论：AB 和 $BC(AB > BC)$ 是 $\odot O$ 的折弦，D 是 $\overset{\frown}{AC}$ 的中点，则 $DA^2 - DB^2 = AB \cdot BC$；

证明：D 是 $\overset{\frown}{ABC}$ 的中点，作 $DE \perp AB$，由勾股定理和折弦定理知 $DA^2 - DB^2 = (DE^2 + AE^2) - (DE^2 + BE^2) = AE^2 - BE^2 = (AE + BE)(AE - BE) = AB \cdot BC$.

D 是 $\overset{\frown}{AC}$ 的中点时，同理可得.

（四）让学生自己提出问题，呈现学生思维的差异性

通过对问题的分析，获得的推论的应用，可以呈现学生思维的差异性.

例 1　$\triangle ABC$ 中，$\angle B = 2\angle A$，求证：$AC^2 = BC^2 + BC \cdot AB$.

证明：作 $\triangle ABC$ 的外接圆，作 BD 平分 $\angle ABC$ 交 $\overset{\frown}{AC}$ 于点 D，如图 3-2-32 所示.

连接 AD. 因为 $\angle B = 2\angle A$，所以 $\angle 1 = \angle 2 = \angle A$.

又因为 $\angle DAB = \angle DAC + \angle BAC = \angle 2 +$

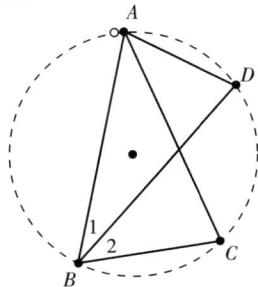

3-2-32

| 149 |

$\angle BAC = 2\angle BAC = \angle ABC$,

所以 $BD = AC$, $AD = BC$,

由折弦定理的推论知,$DB^2 - DA^2 = AB \cdot BC$,

所以 $AB^2 - BC^2 = AB \cdot BC$. 故 $AC^2 = BC^2 + BC \cdot AB$.

说明: 例 1 是"倍角三角形"(在三角形中,如果有一个角是另一个角的 2 倍,则该三角形称为"倍角三角形")的一个重要性质定理.

例 2 [斯库顿(Schooten)定理]若 D 为 $\triangle ABC$ 的 BC 边上的一点,AD 平分 $\angle BAC$,求证:$AD^2 = AB \cdot AC - BD \cdot DC$.

证明: 当 $AB > AC$ 时(如图 3-2-33 所示),延长 AD 交 $\overset{\frown}{BC}$ 于点 E,由折弦定理的推论知 $EA^2 - EB^2 = AB \cdot AC$①.

因为 AD 平分 $\angle BAC$,所以 $\angle 1 = \angle 2 = \angle 3$.

又因为 $\angle AEB = \angle BED$,所以 $\triangle AEB \backsim \triangle BED$,有 $\dfrac{EB}{EA} = \dfrac{ED}{EB}$,

即 $EB^2 = EA \cdot ED$. 所以 $EB^2 = EA \cdot (EA - AD) = EA^2 - EA \cdot AD$.

所以

$$AD \cdot AE = EA^2 - EB^2 \qquad ②$$

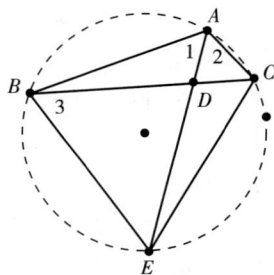

图 3-2-33

由 ①、② 式,有 $AD \cdot AE = AB \cdot AC$③.

又由相交弦定理,有 $AD \cdot DE = BD \cdot CD$,

所以 $AD \cdot AE = AE \cdot (AD + DE) = AD^2 + AD \cdot DE = AD^2 + BD \cdot CD$④.

由 ③、④ 式有 $AD^2 + BD \cdot DC = AC \cdot AC$,即 $AD^2 = AB \cdot AC - BD \cdot DC$.

当 $AB \leqslant AC$ 时,同理可证.

例 3 [2009 年世界奥林匹克数学竞赛(中国区)总决赛思维能力比赛八年级试题]$\triangle ABC$ 中,$\angle A : \angle B : \angle C = 4 : 2 : 1$,$\angle A$,$\angle B$,$\angle C$ 的对边分别为 a,b,c.

(1) 求证:$\dfrac{1}{a} + \dfrac{1}{b} + \dfrac{1}{c}$;(2) 求 $\dfrac{(a+b-c)^2}{a^2+b^2+c^2}$ 的值.

证明: 因为 $\angle A = 2\angle B$,由例 1 的结果知,

$$a^2 = b^2 + bc. \qquad ①$$

又 $\angle B = 2\angle C$ 时,同理有

$$b^2 = c^2 + ac. \tag{②}$$

① 式 + ② 式有 $a^2 - c^2 = bc + ac$,所以

$$a^2 - ac = (b+c)c, \frac{a^2 - ac}{ac} = \frac{b+c}{a} = 1. \tag{③}$$

又由 ① 式有

$$\frac{a}{b} = \frac{b+c}{a} \tag{④}$$

④ 式代入 ③ 式,有 $\frac{a}{c} - \frac{a}{b} = 1$,

所以 $\frac{1}{c} - \frac{1}{b} = \frac{1}{a}$,故 $\frac{1}{a} + \frac{1}{b} = \frac{1}{c}$.

(2) 由 (1) 知 $ab = ac + bc$,所以 $\dfrac{(a+b-c)^2}{a^2+b^+c^2} = \dfrac{a^2+b^2+c^2+2ab-2bc-2ac}{a^2+b^2+c^2} = \dfrac{a^2+b^2+c^2+2(ac-bc-ac)}{a^2+b^2+c^2} = \dfrac{a^2+b^2+c^2}{a^2+b^2+c^2} = 1.$

说明: 由例 1 的结论还可以解决下面的问题:

(1)(2002 年全国初中数学竞赛试题)在 $\triangle ABC$ 中,AP 平分 $\angle A$,BQ 平分 $\angle B$,P,Q 分别在 BC,CA 上,若 $\angle B = 2\angle C$,求证:$AB + BP = AQ + BQ$.

(2)[2008 年首届青少年数学周(宗沪杯)数学竞赛题]设 a,b,c 是均不为 0 的实数,且满足 $a^2 - b^2 = bc$,$b^2 - c^2 = ca$.求证:$a^2 - c^2 = ca$.

(3)(1997 年陕西竞赛题)在 $\triangle ABC$ 中,若 $\angle A = 2\angle B$,边 $b = 4$,$c = 5$,则边 a 等于_____.

(4)(2009 年全国初中数学联赛试题)在 $\triangle ABC$ 中,最大角 $\angle A$ 是最小角 $\angle C$ 的 2 倍,且 $AB = 7$,$AC = 8$,则 $BC = ($ $)$.

A. $7\sqrt{2}$ B. 10   C. $\sqrt{105}$ D. $7\sqrt{3}$

例 4 (1991 年黄冈数学竞赛)$\triangle ABC$ 中,$BC = a$,$CA = b$,$AB = c$,$\angle A = 3\angle B$,求证:$(a+b)(a-b)^2 = bc^2$.

证明: 如图 3-2-34 所示,作 $\triangle ABC$ 的外接圆,再作 $\angle BAC$ 的三等分角

线分别交圆于点 D,E，因为 $\angle A = 3\angle B$，所以 $\angle 1 = \angle 2 = \angle 3 = \angle 4$，所以 $BD = DE = EC = CA$。

又因为 $\angle ABD = \angle ABC + \angle CBE + \angle EBD = \angle 4 + \angle 3 + \angle 2 = \angle BAC$，所以 $AB = BC$。

因为 D 是折弦 BAE 的弧 BE 的中点，由折弦定理的推论，有 $DA^2 - DB^2 = AB \cdot AE$。

即 $BC^2 - CA^2 = AB \cdot AE$，所以

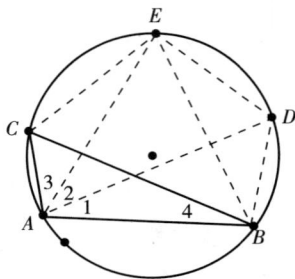

图 3-2-34

$$a^2 - b^2 = c \cdot AE, AE = \frac{a^2 - b^2}{c} \qquad ①$$

又 E 是折弦 CAD 的弧 CD 的中点，由折弦定理的推论，有

$$EA^2 - EC^2 = AC \cdot AD \qquad ②$$

① 式代入 ② 式，有 $\left(\frac{a^2 - b^2}{c}\right)^2 - b^2 = ab$，

化简整理得 $(a + b)(a - b)^2 = bc^2$。

说明：由本题结论可解决第 36 届美国中学数学竞赛题。

在 $\triangle ABC$ 中，$\angle C = 3\angle A, a = 27, c = 48$，则 b 是（　　）。

A. 33　　　　　B. 35　　　　　C. 37　　　　　D. 39

E. 不唯一确定。

折弦定理的推论还有其他方面的应用，受篇幅的影响，不再举例，请感兴趣的读者自己思考。

五、以辅助线为切入点，归纳辅助线的一般规律，提高逻辑推理能力，形成一定的"套路"

1. 让学生总结辅助线的一些规律，为可推理创造契机。

2. 教师总结辅助线的一些规律，为学生逻辑推理营造一定的思维"套路"。

3. 让学生在使用辅助线添加的一般规律过程中，感受学习的快乐。

案例 4　三角形中位线定理的应用

例 1　如图 3-2-35 所示,在 △ABC 中,$AB = AC$,$AD \perp BC$ 于点 D,点 P 是 AD 的中点,延长 BP 交 AC 于点 N,求证:$AN = \dfrac{1}{3}AC$.

例 2　如图 3-2-36 所示,已知:四边形 ABCD 中,$AD = BC$,E,F 分别是 DC,AB 的中点,直线 EF 分别与 BC,AD 的延长线相交于 G,H. 求证:$\angle AHF = \angle BGF$.

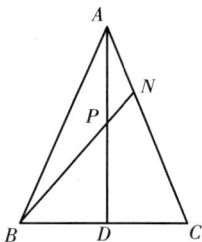
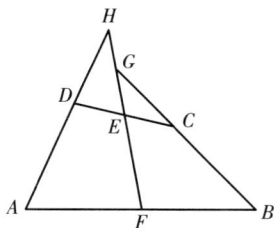

图 3-2-35　　　　　　　　　　　图 3-2-36

例 3　已知:如图 3-2-37 所示,△ABC 的中线 BD,CE 相较于点 O,F,G 分别为 OB,OC 的中点.求证:四边形 DEFG 为平行四边形.

例 4　已知:如图 3-2-38 所示,四边形 ABCD 中,点 E,F,G,H 分别是 AB,CD,AC,BD 的中点.求证:四边形 GEHF 是平行四边形.

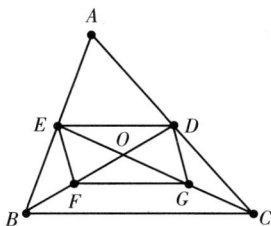
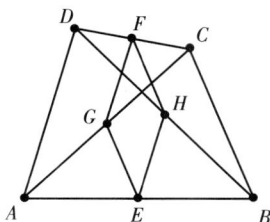

图 3-2-37　　　　　　　　　　　图 3-2-38

上面例题的共同特征是,都需要作三角形的中位线,这是辅助线的共性.但例 3 和例 4 是属于一类问题,即中点四边形,比较容易.例 1 和例 2 要构造三角形中位线,有一定的难度,适合基础较好的学生.

第三节　数学建模素养差异性培养的方法与策略

一、课程标准关于数学建模的表述

《普通高中数学课程标准(2017 年版)》把数学建模作为六个数学核心素养之一,界定了数学建模的含义,指出"数学建模是对现实问题进行数学抽象,用数学语言表达问题、用数学方法构建模型解决问题的素养.数学建模过程主要包括:在实际情境中从数学的视角发现问题、提出问题,分析问题、建立模型,确定参数、计算求解,检验结果、改进模型,最终解决实际问题".同时强调"数学模型搭建了数学与外部世界联系的桥梁,是数学应用的重要形式.数学建模是应用数学解决实际问题的基本手段,也是推动数学发展的动力".

数学建模就是把现实世界中有待解决或未解决的问题,从数学的角度发现问题、提出问题、解决问题,通过转化过程,归结为一类已经解决或较易解决的问题中去,并运用所学的数学知识与技能求得问题解决的一种数学思想和方法.它有助于学生体验数学在解决实际问题中的价值和作用,体验数学与日常生活和其他学科的联系,增强应用意识;有助于激发学生的数学学习兴趣,发展学生的创新意识和实践能力.

《义务教育数学课程标准(2011 年版)》没有提出数学建模的概念,但提出了与之对应的模型思想和应用意识,关于模型思想和应用意识,《义务教育数学课程标准(2011 年版)》分别给出了相关概念的界定.

"模型思想的建立是学生体会和理解数学与外部世界联系的基本途径.建立和求解模型的过程包括:从现实生活或具体情境中抽象出数学问题,用数学符号建立方程、不等式、函数等表示数学问题中的数量关系和变化规律,求出结果、并讨论结果的意义.这些内容的学习有助于学生初步形成模型思想,提高学习数学的兴趣和应用意识."同时,在"数学思考"条指出:"通过用代数式、方程、不等式、函数等表述数量关系的过程,体会模型的思想,建立符号意识."

应用意识有两个方面的含义:一方面有意识利用数学的概念、原理和方法解释现实世界中的现象,解决现实世界中问题;另一方面,认识到现实生活中蕴含着大量与数量和图形有关的问题,这些问题可以抽象成数学问题,用数学的方法予以解决.在整个数学教育的过程中都应该培养学生的应用意识,综合实践活动是培养应用意识很好的载体.

二、解数学建模问题的一般步骤

解数学建模问题的一般步骤包括审题、简化、抽象和检验四个步骤.

(一)审题

建立数学模型,首先要认真审题.苏联著名数学家斯托利亚尔说过,数学教学也就是数学语言的教学.实际问题的题目一般都比较长,涉及的名词、概念较多,因此要耐心细致地读题,深刻分解实际问题的背景,明确建模的目的;弄清问题中的主要已知事项,尽量掌握建模对象的各种信息;挖掘实际问题的内在规律,明确所求结论和对所求结论的限制条件.

(二)简化

根据实际问题的特征和建模的目的,对问题进行必要简化.抓住主要因素,抛弃次要因素,根据数量关系,联系数学知识和方法,用精确的语言作出假设.

(三)抽象

将已知条件与所求问题联系起来,恰当引入参数变量或适当建立坐标系,将文字语言翻译成数学语言,将数量关系用数学式子、图形或表格等形式表达出来,从而建立数学模型.

(四)检验

按上述方法建立起来的数学模型,是不是符合实际,理论上、方法上是否达到了优化,在对模型求解、分析以后通常还要用实际现象、数据等检验模型的合理性.

对于一般简单的问题,并不总需要上述完整的四步,

三、立足数学建模的主要表现,形成数学建模意识

数学建模主要表现为:发现和提出问题,建立和求解模型,检验和完善模型,分析和解决问题.

在日常教学过程中,要立足数学建模的主要表现,植根课堂这一主阵地,渗透数学建模思想,让学生深刻体会数学建模的重要价值,不仅在数学考试中,在日常生活中,在科技等方面都有着广泛的应用.

如随着人们出行方式的改变和环保意识的增强,共享单车的需求量也

逐渐加大.为了解决此问题,我们去相关部门进行了调查研究,编制了下面的问题,据此呈现数学建模的主要表现形式.

例1 2017年上半年共享单车"小黄车"开始进入芜湖,主城区共投放 n 万辆.随着人们出行方式的改变和环保意识增强,共享单车的需求量也逐渐加大.到2017年下半年,需求共享单车的人数比原来增加了20%,"小黄车"的数量也比上半年增加了10%,同时新增其他企业的共享单车若干辆,从而使下半年主城区共享单车的人均拥有量是上半年的人均拥有量的1.5倍,达到45%.(人均拥有量 $=\dfrac{单车数量}{需求人数}$)

(1)上半年需求共享单车的人数有多少?(用含 n 的代数式表示)

(2)若下半年芜湖主城区的共享单车数量比上半年多1.44万辆,求 n 的值以及新增其他企业的共享单车数量.

此问题来源于生活,根据学生看得见的事实,合理地设置问题.要解决此问题必须了解上半年需求共享单车的人数,以及投放共享单车"小黄车"的数量,沿着这样的思路,于是有以下步骤.

第一步:发现和提出问题.

根据实际情况,提出下面的问题:(1)上半年需求共享单车的人数有多少?(2)若下半年芜湖主城区的共享单车数量比上半年多1.44万辆,求 n 的值以及新增其他企业的共享单车数量.

第二步:建立和求解模型.

此问题比较简单,可以建立一元一次方程模型求解.

解:(1)设2017年上半年需求共享单车的人数为 x,则 $\dfrac{n}{x} \times 1.5 = 45\%$,

解得 $x = \dfrac{10n}{3}$.

所以2017年上半年需求共享单车的人数有 $\dfrac{10n}{3}$.

(2)由题意得 $\dfrac{10n}{3}(1+20\%) \times 45\% - n = 1.44$,解得 $n = 1.8$.新增其他企业的共享单车数量为:$\dfrac{10n}{3}(1+20\%) \times 45\% - (1+10\%)n = 0.7n = 0.7 \times 1.8 = 1.26$(万辆).所以 n 的值为1.8,新增其他企业的共享单车数量为1.26万辆.

第三步:检验和完善模型.

本问题的第一问涉及分式方程,所以要检验方程的解是不是符合方程,且符合问题的实际背景,容易知道 $x=\dfrac{10n}{3}$ 是方程的解,且符合问题实际,所以 $x=\dfrac{10n}{3}$ 是实际问题的解. 由于问题不涉及不等式关系和函数关系,不涉及最值问题,因此建立的含字母系数的可化为一元一次方程的分式方程模型是最佳的,且是有效的.

第四步:分析和解决问题.

把所求得的解代入实际问题中去,可以发现 2017 年上半年需求共享单车的人数 $\dfrac{10n}{3}$ 和 n 的值为1.8,新增其他企业的共享单车数量为1.26万辆,符合实际情境,所以是方程的解,且符合实际.

四、初中生数学建模素养差异性培养的策略

(一)打好基础知识,培养学生数学建模的思想

教会学生列关系式是培养数学建模素养的前提,这里的关系式可以是等式,也可以是不等式. 对于列等式,教材通过寻找等量关系,建立等式. 在教学中,我们发现可以直接采用"翻译"的方法建立等式,不仅易于理解,而且更容易下手,即直接把与数量关系有关的条件"翻译"成一个一个的式子,然后把这些式子用等号连接起来,就可以得到方程,从而达到建模的目的. 通过这样的长期训练,学生能有效建立方程模型和不等式模型,比寻找等量关系和不等关系要易于理解和接受.

例2 (义务教育教科书教材七年级《数学》上册90页例4)某制药厂制造一批新药,则废水排量要比环保限制的最大量还要多 200 t;如用新工艺,则废水排量要比环保限制的最大量还要少 100 t. 新旧工艺的废水排量之比为 2∶5,两种工艺的废水排量各是多少?

分析1 设新旧工艺的废水排量分别为 $2x$ t,$5x$ t,由直接"翻译"可以得到废水最大限制排新、旧工艺分别为 $(100+2x)$ t,$(5x-200)$ t. 于是,有 $100+2x=5x-200$.

分析2 设废水环保最大限制量为 y t,则新、旧工艺的废水排量分别为 $(y-100)$ t,$(y+200)$ t,由直接"翻译"也可以得到 $y+200=\dfrac{5}{2}(y-100)$,求出 y 即可得到两种工艺的废水排量.

这两种方法,都是直接"翻译"得到的,比寻找等量关系要容易一些,经

过这样的训练,能坚定学生建模的信心,有效遏制"两极分化",让所有的学生都能学会建模.

（1）主动探究,经历建模的过程

在课堂教学过程中,创造条件让学生融入课堂,积极参与建模的过程,获取建模的基本经验,并将经验模式化.

例3 （义务教育教科书教材七年级《数学》上册第87页例2）有一列数,按一定规律排列成 $1,-3,9,-27,81,-243,\cdots$,其中某三个相邻数的和是 -1701,这三个数各是多少?

本题需建立方程模型,要求这三个数,建立方程,也即寻找数字的规律是解题的关键.可以发现后一个数是前一个数的 -3 倍,于是设第一个数为 x,则另两个数为 $-3x,9x$,从而能够得到 $x-3x+9x=-1701$,解得 $x=-243$.因此这三个数分别为 $-234,729,-2187$.

本题是典型的规律探究性问题,为了深化建模的过程,本书对义务教育教科书教材七年级《数学》上册第43页例4进行拓展,让学生经历建模的过程.

观察下面三行数:

$$-2,4,-8,16,-32,64,\cdots;$$

$$0,6,-6,18,-30,66,\cdots;$$

$$-1,2,-4,8,-16,32,\cdots.$$

① 第一行数按什么规律排列?

② 第二、三行数与第一行数分别有什么关系?

③ 取每行数的第 10 个数,计算这三个数的和.

在完成例题的探究后提问,有没有同学能够用含 n 的式子表示第一行第 n 个数?启发学生由 ① 可以发现第一行第 n 个数是 $(-2)^n$,再引入建模的思路,有下面的变式.

变式1 观察下面三行数:

$$-2,4,-8,16,-32,64,\cdots;$$

$$0,6,-6,18,-30,66,\cdots;$$

$$-1,2,-4,8,-16,32,\cdots.$$

① 第一行数按什么规律排列?写出第一行的第 n 个数.

② 第二、三行数与第一行数分别有什么关系?

③ 取每行的第 m 个数,若这三个数的和为 -318,求 m 的值.

变式 1 的第三问,实际是要辅助建立一元一次方程,然后求出 m 的值.

变式 2　观察下面三行数.

$$第一行:2,-4,8,-16,32,-64,\cdots;$$

$$第二行:4,-2,10,-14,34,-62,\cdots;$$

$$第三行:1,-2,4,-8,16,-32,\cdots.$$

① 第一行数的第 8 个数为_____,第二行数的第 8 个数为_____,第三行数的第 8 个数为_____;

② 已知第一行第 n 个数为 $-(-2)^n$,则第二行第 n 个数为_____;

③ 是否存在一列数,使得这一列的三个数的和为 1282? 若存在求出这三个数,若不存在说明理由.

变式 2 第一问是具体的规律,属于特例;第二问属于共性,为了降低难度,给出了已知第一行第 n 个数为 $-(-2)^n$,为求第二行第 n 个数铺平了道路;第三问是例 4 的逆向思考,是方程模型的建模过程,有第一问和第二问拾级而上不难达到.

解:① $-256,-254,-128$;② $-(-2)^n+2$

③ 存在.因为同一列的数符号相同,所以这三个数都是正数,所以这一列三个数的和为 $2^n+2^n+2+\dfrac{1}{2}\times 2^n=1282$,$2^n=512$,$n=9$,故这三个数分别为 $512,514,256$.

变式 3　观察下面三行数:

$$-1,3,-5,7,-9,11,\cdots;$$

$$-3,1,-7,5,-11,9,\cdots;$$

$$3,-9,15,-21,27,-33,\cdots.$$

① 第一行第 10 个数是_____,第二行的第 n 个数是_____.

② 在第二行中,是否存在三个连续数,其和为 1001? 若存在,求出这三个数;若不存在,说明理由.

③ 取每行的第 k 个数,若这三个数的和为 399,则 $k=$_____.

变式 3 在前面变式的基础上有所深入,有一般规律的探究与表达,更有方程模型的构建,同时还涉及存在性问题,这些问题是建立在教材例题的基础上的,完全立足于学生的知识实际和"最近发展区".

（2）交流合作，掌握建模的方法

交流合作是数学课堂教学的主要方式，通过教师的引导，学生思维的碰撞，能有效激发学习的激情。

例 4 （义务教育教科书教材七年级《数学》上册第 100 页例 1）某车间有22 名工人，每人每天可以生产 1200 个螺钉或 2000 个螺母。1 个螺钉需要配 2个螺母，为使每天生产的螺钉和螺母刚好配套，应安排生产螺钉和螺母的工人各多少名？

本问题中"1 个螺钉配 2 个螺母"中包含的等量关系较隐蔽，是本问题的难点，要让学生真正理解其中的含义，即 $\dfrac{螺钉}{1} = \dfrac{螺母}{2}$，这是分式关系，不符合七年级的知识范畴，可以把此关系转化为螺母 $= 2 \times$ 螺钉，从而化解问题的难点，于是有下面的两种解法。

解法 1：设应安排 x 名工人生产螺钉，$(22-x)$ 名工人生产螺母。依题意得：

$$2000(22-x) = 2 \times 1200x.$$

解法 2：设应安排 x 名工人生产螺母，$(22-x)$ 名工人生产螺钉。依题意得：

$$\frac{2000(22-x)}{2} = \frac{1200x}{1}.$$

这里解题的关键，是对"配套"的理解，此关系的获得过程是"翻译"—分式—整式，最后构建一元一次方程，掌握了此种方法，能很容易寻找等量关系，得到方程，突破处理的难点。

变式 1 一套仪器由一个 A 部件和三个 B 部件构成。用 1 m³ 钢材可以做40 个 A 部件或 240 个 B 部件。现要用 6 m³ 钢材制作这种仪器，应用多少钢材做 A 部件，多少钢材做 B 部件，恰好配成这种仪器多少套？

本题的等量关系是 $\dfrac{A}{1} = \dfrac{B}{3}$。设应用 x m³ 钢材做 A 部件，$(6-x)$ m³ 钢材做 B 部件。依题意得：$3 \times 40x = 240(6-x)$。解方程，得$x = 4$。

答：应用 4 m³ 钢材做 A 部件，2 m³ 钢材做 B 部件，配成这种仪器 160 套。

变式 2 如图 3-3-1 所示，三角凳由 1 个"凳面"和 3 条"腿"组成。已知 1 m³ 木材可以制作 40 个"凳面"

图 3-3-1

或 600 条"腿",如果想要 6 m³. 木材制作尽可能多的三角凳,那么制作"凳面"的木材应该是( ).

A. 6 m³ B. 5 m³ C. 4 m³ D. 3 m³.

变式 3 现用 90 m³ 木料制作桌子和椅子,已知 1 m³ 木料可做 5 把椅子或 1 张桌子要使桌子和椅子刚好配套(1 张桌子配 4 把椅子),设用 x m³ 的木料做桌子,则依题意可列方程为( ).

A. $5x = 4(90 - x)$ B. $4x = 5(90 - x)$

C. $x = 4(90 - x) \times 5$ D. $4x \times 5 = 90 - x$

变式 4 某车间每天能生产甲种零件 120 个,或者乙种零件 100 个. 甲、乙两种零件分别取 3 个、2 个才能配成一套,要在 30 天内生产最多的成套产品,问怎样安排生产甲、乙两种零件的天数?

变式 2 可以得到腿数是桌面数的 3 倍,设制作"凳面"的材料是 x m³,则制作"腿"的材料为 $(6-x)$ m³,根据题意得 $40x \times 3 = 600 \times (6-x)$,解得 $x = 5$,故选 B. 变式 3 可以得到椅子数是桌子数的 4 倍,于是选 B. 变式 4 可以得到 $\dfrac{N_甲}{3} = \dfrac{N_乙}{2}$,即 $2N_甲 = 3N_乙$,设安排生产甲零件 x 天,则安排生产乙零件 $(30 - x)$ 天,根据题意可得 $\dfrac{120x}{3} = \dfrac{100(30 - x)}{2}$,解得 $x = \dfrac{50}{3}$,则 $30 - x = \dfrac{40}{3}$.

(3)拓展运用,形成建模的能力

在教学过程中抽取模型的本质特征,形成建模的基本思路,由此获得一定的"套路",并能够发展"套路",形成建模的素养.

例 5 (义务教育教科书教材七年级《数学》上册第 102 页"销售中的盈亏"问题)一商店在某一时间以每件 60 元的价格卖出两件衣服,其中一件盈利 25%,另一件亏损 25%,卖这两件衣服总的是盈利还是亏损,或是不盈不亏?

教学过程中,由师生互动,得到解决销售中的盈亏问题有关概念和公式.

进价:购进商品时的价格(有时也叫成本价);

售价:在销售商品时的售出价(有时叫成交价、卖出价);

标价:在销售时标出的价(称原价、定价);

打折:卖货时,按照标价乘以十分之几或百分之几十;

利润:在销售过程中的纯收入;

利润率:在销售过程中,利润占进价的百分比.

利润＝售价－进价；

利润率＝利润÷进价×100％；

售价＝进价×（1＋利润率）.

经过一系列的双边活动和多边活动，获得解决此类问题的一般经验.

解：设盈利 25％ 的衣服的进价是 x 元，依题意得 $x+0.25x=60$，解得 $x=48$.

设亏损 25％ 的衣服的进价是 y 元，依题意得 $y-0.25y=60$，解得 $y=80$.

两件衣服总成本：$48+80=128$（元），因为 $120-128=-8$（元），所以卖这两件衣服共亏损了 8 元.

完成例题后给出问题的一定的变式，培养学生的建模素养.

变式 1 一件服装先将进价提高 25％ 出售，后进行促销活动，又按标价的 8 折出售，此时售价为 60 元.请问商家是盈是亏，还是不盈不亏？

解：设这件衣服的进价是 x 元，则提价后的售价是 $(1+25\%)x$ 元，促销后的售价是 $(1+25\%)x\times0.8$ 元，依题意得：$(1+25\%)x\times0.8=60$，解得 $x=60$.故不盈不亏.

变式 2 一台电视机进价为 2000 元，若以 8 折出售，仍可获利 10％，求该电视机的标价.

解：设该电视机的标价是 x 元，则打折后的售价是 $0.8x$ 元，依题意得 $0.8x=(1+10\%)\times2000$，解得 $x=2750$.

答：该电视机的标价为 2750 元.

变式 3 小王离岗创业，销售某品牌电脑，1 月份的销售量为 100 台，每台电脑售价相同，2 月份的销售量比 1 月份增加 10％，每台售价比 1 月份降低了 400 元，2 月份与 1 月份的销售总额相同，求每台电脑 1 月份的售价.

解：设每台电脑 1 月份的售价为 x 元，根据题意得，$100\times(1+10\%)\times(x-400)=100x$，

解得 $x=4400$.

答：每台电脑 1 月份的售价为 4400 元.

变式 4 某种商品的进价为 800 元，出售时标价为 1200 元，后来由于该商品积压，商店准备打折出售，但要保证利润率等于 5％，则该商品应该打＿＿＿＿折.

解：设可以打 x 折，由题意可得 $\dfrac{1200\times\dfrac{x}{10}-800}{800}=5\%$，解得 $x=7$，即最

多可以打七折.

变式 1 到变式 4 都是只有一个量未知,可以直接利用"套路"解决,那么对于两个量发生变化时,怎么处理呢? 我们适时给出义务教育教科书教材 107 页习题 11.

变式 5　现对某商品降价 20% 促销,为了使销售总金额保持不变,销售量要比按原价销售时增加百分之几?

题目中原销售量和销售价格未知,所以需要设置两个未知数,这种设而不求的方法对于学生来说有一定的难度,但这是最直接的想法,从而有:

解法 1:设原销售价格为 a,销售量为 b,现销售量增加 $x\%$,则现销售价格为 $a(1-20\%)$,销售量为 $b(1+x\%)$,则 $ab=a(1-20\%)b(1+x\%)$,解得 $x=25\%$.

在学生思维的碰撞过程中,发现可以通过设"1",巧妙破解题目的难点.

解法 2:设销售量增加 $x\%$,得到 $(1-20\%)(1+x\%)=1$.

为了巩固这种设"1"的巧妙思路,顺势给出一道练习题,强化建模的意识.

变式 6　某石油进口国这个月的石油进口量比上个月减少了 5%,由于国际油价上涨,这个月进口石油的费用反而比上个月增加了 14%.求这个月的石油价格相比上个月的增长率为 x.根据题意,得(　　).

A. $x(1+5\%)=14\%$ 　　　B. $(1+x)(1-5\%)=1+14\%$

C. $(1+x)(1+5\%)=14\%$ 　　D. $(1+x)(1+5\%)=1+14\%$

(二) 改变教学模式,提高数学建模的能力

改变传统的填鸭式教学模式,真正以学生为中心,教师为引导,建立和谐的师生关系,营造宽松、愉快的教学环境,给所有学生释放自我的空间.让学生在交流、对话中经历建模的过程,感悟建模的魅力.

1. 利用发散思维发展建模能力

充分尊重学生的主体地位,让程度不同的学生经历不同的模型,在模型的选择、比较、甄别中发展建模能力,提升建模素养.

例 6　甲、乙两人做某种机器零件,已知甲每小时比乙多做 6 个,甲做 90 个零件所用的时间和乙做 60 个零件所用时间相等,求乙每小时各做多少个零件.

这是一道典型的列分式方程的应用题,问题本身比较简单,但即便是比较简单的问题仍然可以折射出学生的思维含量,反映出学生的思维过程,体现出学生建模的模型的差异性.

思路 1 建立分式模型,设甲每小时做 x 个,则乙每小时做 $(x-6)$ 个,得到 $\dfrac{90}{x}=\dfrac{60}{x-6}$.

思路 2 建立分式模型,设乙每小时做 x 个,则甲每小时做 $(x+6)$ 个,得到 $\dfrac{90}{x+6}=\dfrac{60}{x}$.

思路 3 建立分式模型,设甲做 90 个零件需 x 小时,则 $\dfrac{90}{x}=\dfrac{60}{x}+6$ 或 $\dfrac{90}{x}-\dfrac{60}{x}=6$.

思路 4 建立方程组,设甲每小时做 x 个,甲做 90 个零件需 t 小时,则 $\begin{cases} xt=90, \\ (x-6)t=60. \end{cases}$

涉及分式方程的应用题,一般都有多种解法,在教学时,不能囿于某种特定的解法,要充分尊重学生的建模过程,体现思维的发散性.

在完成例 5 后,给出问题的适当变式,检查学生的达标情况.

变式 1 甲、乙两人练习骑自行车,已知甲每小时比乙多走 6 千米,甲骑 90 千米所用的时间和乙起骑 60 千米所用时间相等,求乙每小时各骑多少千米.

变式 2 甲、乙两种商品,已知甲的价格每件比乙多 6 元,买甲 90 件所用的钱和买乙 60 件所用钱相等.求乙每件商品的价格各多少元.

变式 3 甲、乙两人进行吹气球比赛,已知甲每分钟比乙多吹 6 个气球,甲吹 90 个所用的时间与乙吹 60 个所用的时间相等.求乙每分钟吹多少个气球.

2.利用多题归一形成建模能力

学生要善于和及时总结模型的一些特点,形成模型的一般"套路",强化建模能力.

例 7 变化率问题

问题 1 国家实施"精准扶贫"政策以来,很多贫困人口走向了致富的道路,某地区 2016 年底有贫困人口 9 万人,通过社会各界的努力,2018 年底贫困人口减少至 1 万人.设 2016 年底至 2018 年底该地区贫困人口的年平均下降率为 x,根据题意列方程得(　　).

A. $9(1-2x)=1$ B. $9(1-x)^2=1$

C. $9(1+2x)=1$ D. $9(1+x)^2=1$

问题 2　据国家统计局数据,2018 年全年国内生产总值为 90.3 万亿元人民币,比 2017 年增长 6.6%.假设国内生产总值的年增长率保持不变,则国内生产总值首次突破 100 万的年份为(　　　).

A.2019 年　　　　　　　　　　　B.2020 年

C.2021 年　　　　　　　　　　　D.2022 年

问题 3　某公司今年 4 月的营业额为 2500 万元,按计划第 2 季度的总营业额要达到 9100 万元,设该公司五月份、六月份两月的营业额的月平均增长率为 x,根据题意列方程,则下列方程正确的是(　　　).

A.$2500 \times (1+x)^2 = 9100$

B.$2500 \times (1+x\%)^2 = 9100$

C.$2500 \times (1+x) + 2500(1+x)^2 = 9100$

D.$2500 + 2500 \times (1+x) + 2500 \times (1+x)^2 = 9100$

问题 4　新能源汽车节能、环保,越来越受消费者喜爱,各种品牌相继投放市场,我国新能源汽车近几年销售量全球第一,2016 年销售量为 50.7 万辆,销量逐年增加,到 2018 年销量为 125.6 万辆,设年平均增长率为 x,可列方程为(　　　).

A.$50.7(1+x)^2 = 125.6$　　　　　B.$125.6(1-x)^2 = 50.7$

C.$50.7(1+2x) = 125.6$　　　　　D.$50.7(1+x^2) = 125.6$

上面四道题是变化率问题,基本模型是,对于某个数 a,经过两次增长(减少)得到数 b,假设两次增长(减少)率相同,都为 x,则有 $a(1 \pm x)^2 = b$.

3.归纳模型,形成建模素养

在阶段性学习和中考复习时,教师要不断总结模型的类型,归纳建模的一般规律,让学生切实形成建模素养.

(1)方程(组)模型

现实生活中广泛存在着数量之间的关系,方程(组)模型是研究现实世界数量关系的基本数学模型,它可以帮助人们从数量关系的角度正确、清晰地认识、描述和把握现实世界.诸如纳税问题、打折销售问题、变化率问题、工程问题、行程问题等问题,常可以抽象成方程(组)模型,通过列方程(组)解决.

例 8　方程(组)模型

问题 1　我国古代的数学名著《九章算术》中有下列问题:"今有女子善织,日自倍,五日织五尺.问日织几何?"其意思为:今有一女子很会织布,每日加倍增长,5 日共织布 5 尺,问每日各织多少布?根据此问题中的已知条件,可求得该女子第一天织布的尺数.

问题 2 《九章算术》是我国古代数学的经典著作,书中有一个问题:"今有黄金九枚,白银十一枚,称之重适等,交易其一,金轻十三两,问金,银一枚各重几何?"意思是:甲袋中装有黄金 9 枚(每枚黄金重量相同),乙袋中装有白银 11 枚(每枚白银重量相同),称重两袋相等,两袋互相交换 1 枚后,甲袋比乙袋轻了 13 两(袋子的重量忽略不计),问黄金、白银每枚各重多少两?设每枚黄金重 x 两,每枚白银重 y 两,根据题意可列方程组为_____.

问题 3 世界文化遗产"三孔"景区已经完成 5G 幕站布设,"孔夫子家"自此有了 5G 网络.5G 网络峰值速率为 4G 网络峰值速率的 10 倍,在峰值速率下传输 500 兆数据,5G 比 4G 网络快 45 秒,求这两种网络的峰值速率.设 4G 网络的峰值速率为每秒传输 x 兆数据,依题意,可列方程是(   ).

A. $\dfrac{500}{x} - \dfrac{500}{10x} = 45$

B. $\dfrac{500}{10x} - \dfrac{500}{x} = 45$

C. $\dfrac{5000}{x} - \dfrac{500}{x} = 45$

D. $\dfrac{500}{x} - \dfrac{5000}{x} = 45$

问题 4 据国家统计局数据,2018 年全年国内生产总值为 90.3 万亿,比 2017 年增长 6.6%.假设国内生产总值的年增长率保持不变,则国内生产总值首次突破 100 万的年份为(   ).

A. 2019 年

B. 2020 年

C. 2021 年

D. 2022 年

这 4 个问题分别涉及一元一次方程模型、二元一次方程组模型、分式方程模型和一元二次方程模型.

(2)不等式模型

现实生活中同样存在着数量之间的不等关系,如统筹安排、市场营销、生产决策、方案选择等问题,可以通过给出的一些数据进行分析,将实际问题转化成不等式问题,利用不等式的一些性质加以解决.

例 9 不等式(组)模型

问题 1 为了落实精准扶贫政策,某单位针对某山区贫困村的实际情况,特向该村提供优质种羊若干只. 在准备配发的过程中发现:公羊刚好每户 1 只;若每户发放母羊 5 只,则多出 17 只母羊,若每户发放母羊 7 只,则可有一户可分得母羊但不足 3 只.这批种羊共(   ).

A. 55 只 B. 72 只 C. 83 只 D. 89 只

问题 2 某旅行团 32 人在景区 A 游玩,他们由成人、少年和儿童组成.

已知儿童 10 人,成人比少年多 12 人.

① 求该旅行团中成人与少年分别是多少人.

② 因时间充裕,该团准备让成人和少年(至少各 1 名)带领 10 名儿童去另一景区 B 游玩.景区 B 的门票价格为 100 元/张,成人全票,少年 8 折,儿童 6 折,一名成人可以免费携带一名儿童.若由成人 8 人和少年 5 人带队,则所需门票的总费用是多少元?若剩余经费只有 1200 元可用于购票,在不超额的前提下,最多可以安排成人和少年共多少人带队?求所有满足条件的方案,并指出哪种方案购票费用最少?

这两个问题依次为不等式模型和不等式组模型,特别地,问题 2 是应用不等式解决方案选择型问题.

(3)函数模型

函数反映了事物之间广泛的联系,揭示了现实世界众多的数量关系及运动规律.如现实生活中的最大利润、最佳投资、方案最优化问题等,通常可建立函数模型求解.函数模型有一次函数、反比例函数和二次函数.

例 10 函数模型

问题 1 某生态体验园推出了甲、乙两种消费卡,设入园次数为 x 时所需费用为 y 元,选择这两种卡消费时,y 与 x 的函数关系如图 3-3-2 所示,解答下列问题.

① 分别求出选择这两种卡消费时,y 关于 x 的函数表达式;

② 请根据入园次数确定选择哪种卡消费比较划算.

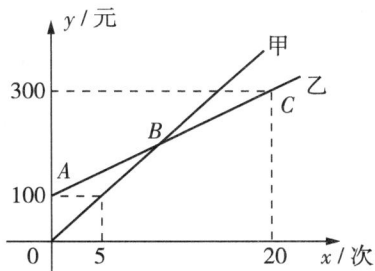

图 3-3-2

问题 2 方方驾驶小汽车匀速地从 A 地行驶到 B 地,行驶里程为 480 千米,设小汽车的行驶时间为 t(单位:小时),行驶速度为 v(单位:千米/小时),且全程速度限定为不超过 120 千米/小时.

① 求 v 关于 t 的函数表达式.

② 方方上午 8 点驾驶小汽车从 A 地出发.

a.方方需在当天 12 点 48 分至 14 点(含 12 点 48 分和 14 点)间到达 B 地.求小汽车行驶速度 v 的范围.

b.方方能否在当天 11 点 30 分前到达 B 地?说明理由.

问题 3 某商店购进一批成本为每件 30 元的商品,经调查发现,该商品

每天的销售量 y(件)与销售单价 x(元)之间满足一次函数关系,其图象如图 3-3-3 所示.

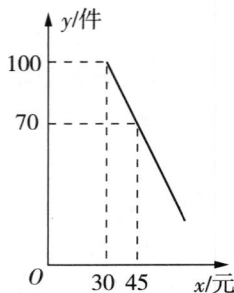

① 求该商品每天的销售量 y 与销售单价 x 之间的函数关系式.

② 若商店按单价不低于成本价,且不高于 50 元销售,则销售单价定为多少,才能使销售该商品每天获得的利润 w(元)最大? 最大利润是多少?

③ 若商店要使销售该商品每天获得的利润不低于 800 元,则每天的销售量最少应为多少件?

这里的三个问题分别包含一次函数、反比例函数和二次函数模型.

（4）几何模型

几何与人类生活和实际密切相关,如测量、航海、边角余料加工、拱桥计算、修复残破轮片等问题,涉及应用一定几何图形的性质,需建立几何模型,把实际问题转化为几何问题加以解决.几何模型有三角形模型、四边形模型、圆模型和最值模型,其中部分比较复杂,具有一定的挑战性.

例 11　几何模型的应用

问题 1　如图 3-3-4 所示,$\angle MAN = 60°$,若 $\triangle ABC$ 的顶点 B 在射线 AM 上,且 $AB=2$,点 C 在射线 AN 上运动,当 $\triangle ABC$ 是锐角三角形时,BC 的取值范围是_____.

问题 2　图 3-3-5 是一个几何体的三视图,如果一只蚂蚁从这个几何体的点 B 出发,沿表面爬到 AC 的中点 D 处,则最短路线长为(　　).

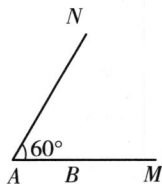

图 3-3-4

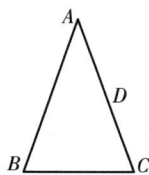
（a）主视图

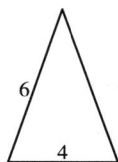
（b）左视图

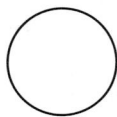
（c）俯视图

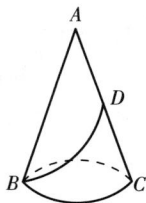
（d）三视图

图 3-3-5

A. $3\sqrt{2}$ B. $\dfrac{3\sqrt{3}}{2}$ C. 3   D. $3\sqrt{3}$

问题 3 如图 3-3-6 所示,一艘轮船从位于灯塔 C 的北偏东 60° 方向,距离灯塔 60 n mile 的小岛 A 出发,沿正南方向航行一段时间后,到达位于灯塔 C 的南偏东 45° 方向上的 B 处,这时轮船 B 与小岛 A 的距离是(   )

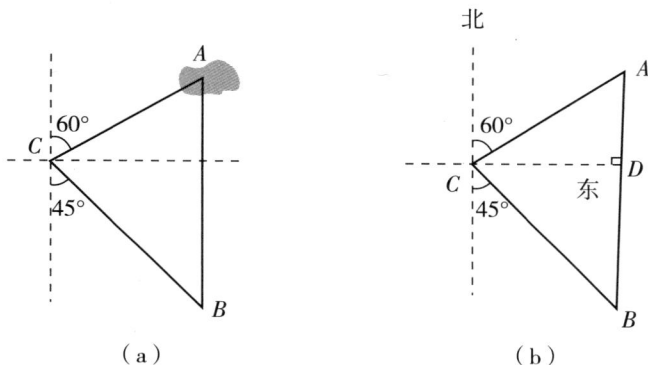

（a）   （b）

图 3-3-6

A. $30\sqrt{3}$ n mile   B. 60 n mile

C. 120 n mile   D. $(30+30\sqrt{3})$ n mile

这三个几何模型分别关于角、圆锥的展开图和解直角三角形,具有一定的代表性.

（5）统计与概率模型

统计知识在自然科学、经济、管理、过程控制等领域有着越来越多的应用,概率在社会生活及科学领域中用途非常广泛,所以在相关问题中可以通过建立统计、概率模型,转化为统计、概率问题来解决.

例 12 统计与概率模型

问题 1 某超市销售 A,B,C,D 四种矿泉水,它们的单价依次是 5 元,3 元,2 元,1 元.某天的销售情况如图 3-3-7 所示,则这天销售矿泉水的平均单价是(   ).

A. 1.95 元   B. 2.15 元

C. 2.25 元   D. 2.75 元

问题 2 已知现有的 10 瓶饮料中有 2 瓶已

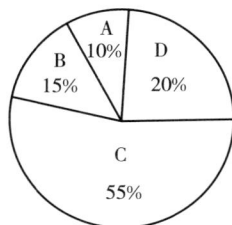

图 3-3-7

过了保质期,从这 10 瓶饮料中任取 1 瓶,恰好取到已过了保质期的饮料的概率是（　　）.

A. $\dfrac{1}{10}$　　　B. $\dfrac{9}{10}$　　　C. $\dfrac{1}{5}$　　　D. $\dfrac{4}{5}$

四、开展研究性学习,促进建模教学,达成模型思想的形成

抓住教材中的典型问题,开展研究性学习,提升建模思想的形成.

北师大版数学九年级课本第 122 页第 20 题是一道很经典的"电线杆模型"好题,题目如下.

例　如图 3-3-8 所示,AB 和 CD 表示两条直立于地面的柱子,AD 和 BC 表示起固定作用的两根钢筋,AD 与 BC 的交点为 M.已知 $AB=10$ m,$CD=15$ m,求点 M 离地面的高度 MH.

这道题目本身不算太难,但这道题代表的几何模型却是个"小众"模型,也可叫做"电线杆模型".

建立模型:如图 3-3-8 所示,若 $AB \perp BD$,$CD \perp BD$,$MH \perp BD$,则 $\dfrac{1}{AB}+\dfrac{1}{CD}=\dfrac{1}{MH}$.

证明:因为 $AB \perp BD$,$CD \perp BD$,$MN \perp BD$,所以 $AB \parallel CD \parallel MH$.

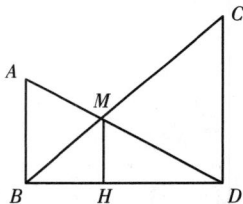

图 3-3-8

所以 $\dfrac{MH}{AB}=\dfrac{DH}{BD}$,$\dfrac{MH}{CD}=\dfrac{BH}{BD}$.

于是 $\dfrac{MH}{AB}+\dfrac{MH}{CD}=\dfrac{DH}{BD}+\dfrac{BH}{BD}=\dfrac{DH+BH}{BD}=\dfrac{BD}{BD}=1$.

故 $\dfrac{1}{AB}+\dfrac{1}{CD}=\dfrac{1}{MH}$.

如果直接运用模型的结论,则易求得原题中的 $MH=6$ m.把本题结论一般化,有以下变式.

变式 1　如图 3-3-9 所示,若 $AB \parallel CD \parallel MH$,则有 $\dfrac{1}{AB}+\dfrac{1}{CD}=\dfrac{1}{MH}$.

变式 2　如图 3-3-9 所示,若 $AB \parallel CD \parallel MH$,则有 $\dfrac{1}{S_{\triangle ABD}}+\dfrac{1}{S_{\triangle CBD}}=\dfrac{1}{S_{\triangle MBD}}$.

证明:如图 3-3-10 所示,分别过点 A,M,C 作 BD 的垂线 AE,MF,CG,

由变式 1 知 $\dfrac{1}{AE}+\dfrac{1}{CG}=\dfrac{1}{MF}$,于是有 $\dfrac{1}{AE\cdot BD}+\dfrac{1}{CG\cdot BD}=\dfrac{1}{MF\cdot BD}$.

所以 $\dfrac{1}{\frac{1}{2}AE\cdot BD}+\dfrac{1}{\frac{1}{2}CG\cdot BD}=\dfrac{1}{\frac{1}{2}MF\cdot BD}$. 故 $\dfrac{1}{S_{\triangle ABD}}+\dfrac{1}{S_{\triangle CBD}}=\dfrac{1}{S_{\triangle MBD}}$.

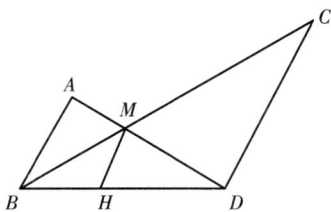

图 3-3-9

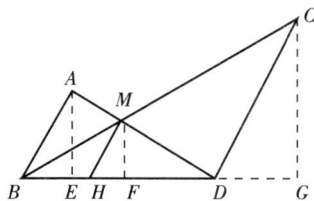

图 3-3-10

变式 3 如图 3-3-11 所示,已知 $\triangle ABC$ 中,$\angle B = 90°$,若 $BE = BA$,$DE \perp BC$ 交 AC 于点 D,则 $\dfrac{1}{BE}+\dfrac{1}{CE}=\dfrac{1}{DE}$.

证明:如图 3-3-12 所示,连接 BD,过点 C 作 $CM \perp BC$ 交 BD 的延长线于点 M,则 $\dfrac{1}{AB}+\dfrac{1}{CM}=\dfrac{1}{DE}$,可以证明 $\dfrac{CE}{EB}=\dfrac{CD}{DA}=\dfrac{CM}{AB}$. 因为 $BE=BA$,所以 $CE=CM$.

于是 $\dfrac{1}{BE}+\dfrac{1}{CE}=\dfrac{1}{DE}$.

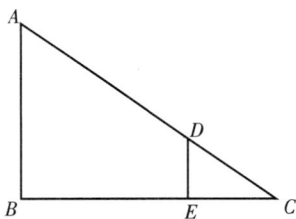

图 3-3-11

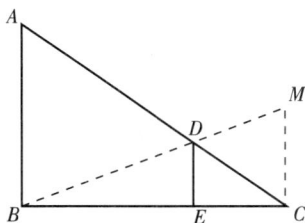

图 3-3-12

变式 4 如图 3-3-13 所示,已知 OC 平分 $\angle AOB$,D,E 分别为 OA,OB 边上的两个动点,DE 交 OC 于点 M,$MN \parallel OB$ 交 OA 于点 N,则 $\dfrac{1}{OD}+\dfrac{1}{OE}=\dfrac{1}{MN}$.

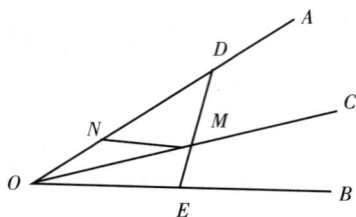

图 3 - 3 - 13

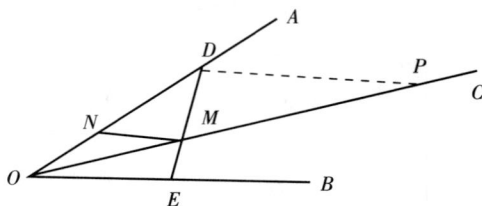

图 3 - 3 - 14

证明：如图 3 - 3 - 14 所示，作 $DP \parallel MN$，则 $DP \parallel MN \parallel OB$，则 $\angle OPD = \angle COB$. 可以证明 $\frac{1}{PD} + \frac{1}{OE} = \frac{1}{MN}$. 因为 $\angle COA = \angle COB$，所以 $\angle OPD = \angle ODP$，所以 $OD = DP$. 所以 $\frac{1}{OD} + \frac{1}{OE} = \frac{1}{MN}$.

变式 5 如图 3 - 3 - 15 所示，已知正方形 $DEFG$ 的四个顶点分别在 $\triangle ABC$ 的三条边上，$AN \perp BC$ 于点 M，则 $\frac{1}{BC} + \frac{1}{AN} = \frac{1}{DG}$.

证明：如图 3 - 3 - 16 所示，连接 CD 并延长，过点 A 作 BC 的平行线，交 CD 的延长线于点 P，可以证明 $AP \parallel DG \parallel BC$，有 $\frac{1}{BC} + \frac{1}{AP} = \frac{1}{DG}$. 因为 $AP \parallel DG \parallel BC$，有 $\frac{DG}{AP} = \frac{CG}{CA} = \frac{MN}{NA}$. 由四边形 $DEFG$ 为正方形知，$MN = DE = DG$，则 $AP = AN$，所以 $\frac{1}{BC} + \frac{1}{AN} = \frac{1}{DG}$.

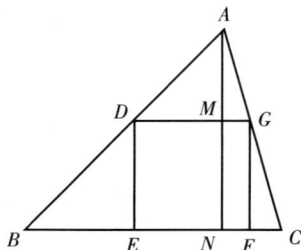

图 3 - 3 - 15

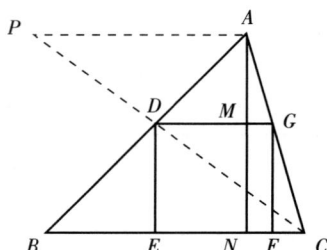

图 3 - 3 - 16

变式 6 如图 3 - 3 - 17 所示，已知 $\triangle ABC$ 和 $\triangle CDE$ 都是等边三角形，且点 A, C, E 在同一直线上，AD 与 BE, BC 分别交于点 F, M，BE 与 CD 交于点

N，则 $\dfrac{1}{AC} + \dfrac{1}{EC} = \dfrac{1}{MN}$.

显然，这个"电线杆模型"，是在相似三角形的"A 字模型"和"8 字模型"两个基本模型之上建立的二级模型. 先建立起这个"电线杆模型"，再把证明倒数和的形式的问题构造并转化成"电线杆模型"，是解决这类问题的基本思路. 这种策略既是建模思想的集中体现，也是转化思想的集中体现.

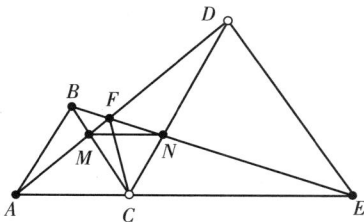

图 3 - 3 - 17

第四节　数学运算素养差异性培养的方法与策略

一、课程标准关于数学运算的表述

《普通高中数学课程标准（2017 版，2020 修订）》指出：数学运算是指在明晰运算对象的基础上，依据运算法则解决数学问题的素养. 主要包括：理解运算对象，掌握运算法则，探究运算思路，选择运算方法，设计运算程序，求得运算结果等. 数学运算是解决数学问题的基本手段. 数学运算是演绎推理，是计算机解决问题的基础.

《义务教育数学课程标准（2011 年版）》指出："运算能力主要是指能够根据法则和运算律正确地进行运算的能力. 培养运算能力有助于学生理解运算的算理，寻求合理简洁的运算途径解决问题."

二、立足数学运算能力的培养，提高数学思维能力.

数学运算主要表现为：理解运算对象，掌握运算法则，探究运算思路，求得运算结果. 在运算素养培养的中，对初始年级要关注培养学生的符号意识，加强数感培养.

（一）理解运算对象

2020 年蒙古国数学奥林匹克有一道分式求值题，引发了网友的讨论，题目为：

例 1 一道分式求值题的探究

已知 $\dfrac{1}{a}+\dfrac{1}{a-b}+\dfrac{1}{a-c}=\dfrac{1}{b}+\dfrac{1}{b-a}+\dfrac{1}{b-c}=\dfrac{1}{c}+\dfrac{1}{c-a}+\dfrac{1}{c-b}=1$，求 $a+b+c$ 和 abc 的值.

本题的条件是分式等式，求 $a+b+c$ 和 abc 的值，属于分式的运算范畴，由于条件和结论难以建立有效的联系，因此笔者一时陷入困境，于是求教于网络，受某网友的启发，笔者获得下面的解法 1.

解法 1：设 $a+b+c=m$，$ab+bc+ca=n$，$abc=p$，$f(x)=x(x-a)(x-b)(x-c)=x^4-mx^3+nx^2-px$，对函数 $f(x)$ 求导数，得到

$$f'(x)=x(x-a)(x-b)+x(x-b)(x-c)$$
$$+x(x-a)(x-c)+(x-a)(x-b)(x-c)$$
$$=4x^3-3mx^2+2nx-p,$$

$$f''(x)=2x(x-a)+2x(x-b)+2x(x-c)+2(x-a)(x-b)$$
$$+2(x-b)(x-c)+2(x-a)(x-c)=12x^2-6mx+2n.$$

于是有

$$\frac{f''(a)}{f'(a)}=2\left(\frac{1}{a}+\frac{1}{a-b}+\frac{1}{a-c}\right)=2,$$

$$\frac{f''(b)}{f'(b)}=2\left(\frac{1}{b}+\frac{1}{b-c}+\frac{1}{b-a}\right)=2,$$

$$\frac{f''(c)}{f'(c)}=2\left(\frac{1}{c}+\frac{1}{c-a}+\frac{1}{c-b}\right)=2,$$

从而有

$$4a^3-3ma^2+2na-p-\frac{1}{2}(12a^2-6ma+2n)$$

$$=4b^3-3mb^2+2nb-p-\frac{1}{2}(12b^2-6mb+2n)$$

$$=4c^3-3mc^2+2nc-p-\frac{1}{2}(12c^2-6mc+2n).$$

于是 a,b,c 是方程 $4x^3-(3m+6)x^2+(2n+3m)x-(n+p)=0$ 的根，记

$$g(x)=4x^3-(3m+6)x^2+(2n+3m)x-(n+p)$$

$$=4(x-a)(x-b)(x-c).$$

则有

$$4x^3-(3m+6)x^2+(2n+3m)x-(n+p)$$

$$=4(x^3-mx^2+nx-p)=4x^3-4mx^2+4nx-4p$$

比较系数,得到 $\begin{cases} 3m+6=4m, \\ 2n+3m=4n, \\ -n-p=-4p, \end{cases}$ 解得 $\begin{cases} m=6, \\ n=9, \\ p=3. \end{cases}$

故 $a+b+c=6, abc=3.$

(二)掌握运算法则

受解法 1 换元思想的启发,笔者试图从代数式变形的角度,对已知进行变形,获得以下解法.

解法 2: 令 $a+b+c=m, ab+bc+ca=n, abc=p$,已知三式相加,有 $\dfrac{1}{a}+\dfrac{1}{b}+\dfrac{1}{c}=3$,去分母,得 $bc+ca+ab=3abc$,所以 $n=3p$.

由已知得 $a(a-b)+a(a-c)+(a-b)(a-c)=a(a-b)(a-c)$,

化简得 $3a^2-2ab-2ac+bc=a(a^2-ab-ac+bc)$,

即 $3a^2-2n+3bc=a(a^2-n+2bc)=a^3-na+2abc=a^3-na+2p.$

于是有

$$a^3-3a^2-na+2n+2p-3bc=0, \tag{①}$$

同理有

$$b^3-3b^2-nb+2n+2p-3ca=0, \tag{②}$$

$$c^3-3c^2-nb+2n+2p-3ab=0, \tag{③}$$

①式 $-$ ②式,有

$$(a-b)(a^2+ab+b^2)-3(a+b)(a-b)-n(a-b)+3c(a-b)=0.$$

因为 $a-b\neq0$,上式两边同时除以 $a-b$,有

$$a^2+ab+b^2-3(a+b)-n+3c=0, \tag{④}$$

同理,有

$$b^2+bc+c^2-3(b+c)-n+3a=0, \tag{⑤}$$

$$c^2 + ca + a^2 - 3(c+a) - n + 3b = 0, \qquad ⑥$$

④ 式－⑤ 式，有 $a^2 - c^2 + ab - bc + 3(b+c) - 3(a+b) + 3c - 3a = 0.$

即 $(a+c)(a-c) + b(a-c) - 6(a-c) = 0.$

因为 $a - c \neq 0$，两边同时除以 $a - c$，有 $a + b + c = 6.$

④ 式＋⑤ 式＋⑥ 式，有 $2(a^2 + b^2 + c^2) + n - 6m - 3n + 3m = 0,$

化简得 $2(a^2 + b^2 + c^2) - 3m - 2n = 0,$

即 $2m^2 - 4n - 3m - 2n = 0, 2m^2 - 6n - 3m = 0.$

因为 $m = a + b + c = 6$，所以 $n = 9.$ 从而 $p = 3.$

于是 $a + b + c = 6, abc = 3.$

解法 2 符合学生的"最近发展区"，学生才能接受.

(三) 探究运算思路

解完题目以后，一个直接的想法是寻找 $a+b+c, ab+bc+ca, abc$ 与已知条件的关系，过程如下：

设 $a+b+c = m, ab+bc+ca = n, abc = p, \dfrac{1}{a} + \dfrac{1}{a-b} + \dfrac{1}{a-c} = \dfrac{1}{b} + \dfrac{1}{b-a} + \dfrac{1}{b-c} = \dfrac{1}{c} + \dfrac{1}{c-a} + \dfrac{1}{c-b} = k, m, n, p, k$ 之间有什么关系呢？

解：已知三式相加，有 $\dfrac{1}{a} + \dfrac{1}{b} + \dfrac{1}{c} = 3k$，去分母，得 $bc + ca + ab = 3kabc$，

所以 $n = 3kp.$

由已知得 $a(a-b) + a(a-c) + (a-b)(a-c) = ka(a-b)(a-c)$，

化简得 $3a^2 - 2ab - 2ac + bc = ka(a^2 - ab - ac + bc)$，

即 $3a^2 - 2n + 3bc = ka(a^2 - n + 2bc) = ka^3 - kna + 2kabc = a^3 - kna + 2kp.$

于是有

$$ka^3 - 3a^2 - kna + 2n + 2kp - 3bc = 0, \qquad ①$$

同理有

$$kb^3 - 3b^2 - nkb + 2n + 2kp - 3ca = 0, \qquad ②$$

$$kc^3 - 3c^2 - knb + 2n + 2kp - 3ab = 0, \qquad ③$$

① 式－② 式，有

$$k(a-b)(a^2 + ab + b^2) - 3(a+b)(a-b) - kn(a-b) + 3c(a-b) = 0.$$

因为 $a - b \neq 0$，上式两边同时除以 $a - b$，有

$$k(a^2 + ab + b^2) - 3(a+b) - kn + 3c = 0. \qquad ④$$

同理,有

$$k(b^2 + bc + c^2) - 3(b+c) - kn + 3a = 0, \qquad ⑤$$

$$k(c^2 + ca + a^2) - 3(c+a) - kn + 3b = 0. \qquad ⑥$$

④ 式 － ⑤ 式,有

$$k(a^2 - c^2 + ab - bc) + 3(b+c) - 3(a+b) + 3c - 3a = 0,$$

即 $k[(a+c)(a-c) + b(a-c)] - 6(a-c) = 0.$

因为 $a - c \neq 0$,两边同时除以 $a - c$,有 $k(a+b+c) = 6.$ 即

$$km = 6. \qquad (*)$$

④ 式 ＋ ⑤ 式 ＋ ⑥ 式,有

$$k[2(a^2 + b^2 + c^2) + n] - 6m - 3kn + 3m = 0,$$

化简得

$$2km^2 - 3m - 6kn = 0 \qquad (**)$$

由 $(*)(**)$ 式,结合 $n = 3kp$,可以得到 m, n, p, k 之间的关系为

$$\begin{cases} km = 3, \\ n = 3kp, \\ 3m = 2kn. \end{cases} \qquad (***)$$

在 $(***)$ 式中,取 $k = 1$,有 $m = 6, n = 9, p = 3$,即原题的答案.

（四）求得运算结果

由 $(***)$ 式,还可以得到原题的一些变式.

取 $k = 2$,有变式1:若 $\dfrac{1}{a} + \dfrac{1}{a-b} + \dfrac{1}{a-c} = \dfrac{1}{b} + \dfrac{1}{b-a} + \dfrac{1}{b-c} = \dfrac{1}{c} + \dfrac{1}{c-a} + \dfrac{1}{c-b} = 2$,则有

$$a + b + c = 3, \quad ab + bc + ca = \frac{9}{4}, \quad abc = \frac{3}{8}.$$

取 $m = 2$,有变式 2:若 $a + b + c = 2$,则

$$\frac{1}{a} + \frac{1}{a-b} + \frac{1}{a-c} = \frac{1}{b} + \frac{1}{b-a} + \frac{1}{b-c} = \frac{1}{c} + \frac{1}{c-a} + \frac{1}{c-b} = 3.$$

取 $n=3, p=1$，有变式 3：若 $ab+bc+ca=3, abc=1$，则

$$\frac{1}{a} + \frac{1}{a-b} + \frac{1}{a-c} = \frac{1}{b} + \frac{1}{b-a} + \frac{1}{b-c} = \frac{1}{c} + \frac{1}{c-a} + \frac{1}{c-b} = 1.$$

三、数学运算素养差异性培养的策略

(一) 在问题情境中获得概念,理解运算对象

数学概念揭示了数学对象的本质属性,是形成运算技能、发展运算素养的基石. 由于数学概念具有高度的抽象性,在教学中我们要以"最近发展区"为纽带,让学生自主地提炼出数学概念.

例 2 定义:若关于 x 的一元一次方程 $ax=b$ 的解为 $b+a$,则称该方程为"和解方程",例如:$2x=-4$ 的解为 $x=-2$,且 $-2=-4+2$,则该方程 $2x=-4$ 是和解方程.

(1) 判断 $-3x=\frac{9}{4}$ 是否是和解方程,说明理由;

(2) 若关于 x 的一元一次方程 $5x=m-2$ 是和解方程,求 m 的值.

解: (1) 因为 $-3x=\frac{9}{4}$,所以 $x=-\frac{3}{4}$. 因为 $\frac{9}{4}-3=-\frac{3}{4}$,所以 $\frac{9}{4}-3=-\frac{3}{4}$ 是和解方程;

(2) 因为关于 x 的一元一次方程 $5x=m-2$ 是和解方程,所以 $m-2+5=\frac{m-2}{5}$.

解得 $m=-\frac{17}{4}$. 故 m 的值为 $-\frac{17}{4}$.

变式 1 若关于 x 的一元一次方程 $ax=b$ 的解为 $x=b+a$,则称该方程为"友好方程" 例如:方程 $2x=-4$ 的解为 $x=-2$,而 $-2=-4+2$,则方程 $2x=-4$ 为"友好方程".

(1)① $-2x=4$;② $3x=-4.5$;③ $\frac{1}{2}x=-1$ 三个方程中,为"友好方程"的是_____(填写序号);

(2) 若关于 x 的一元一次方程 $3x=b$ 是"友好方程",求 b 的值;

(3) 若关于 x 的一元一次方程 $-2x=mn+n(n\neq 0)$ 是"友好方程",且

它的解为 $x=n$，求 m 与 n 的值.

变式2 我们规定关于 x 的一元一次方程 $ax=b$ 的解为 $x=b-a$，则称该方程为"差解方程"，例如 $2x=4$ 的解为 $x=2$，且 $2=4-2$，所以方程 $2x=4$ 是"差解方程".

（1）判断 $3x=4.5$ 是否是"差解方程"；

（2）若关于 x 的一元一次方程 $5x=m+1$ 是"差解方程"，求 m 的值.

（二）实施有效的分步运算，在步骤的对比过程中，探究运算方向

在一元一次方程的教学过程中，教师发现解方程的错误率明显低于整式的加减，原因是解方程时有明确的步骤，而且要求解一元一次方程时要标明每一步变形的依据，这样能有效降低出错率. 从这一点出发，在复习合并同类项时，教师要求学生也标明变形的依据，这样做，可以发现基础较好的学生和一般学生思维的区别，能有效地提高基础较好的学生的学习效能，也能有效地降低一般学生的致错率，明显地提高教学质量.

例3 化简 $5a^2-[a^2+(5a^2-2a)-2(a^2-3a)]$.

本题是整式的加减的基础题型，关键是去括号和合并同类项，由于要分两次去括号，对一般的学生要求较高，从而出错率较高，为了有效降低错误率，我让学生分组分别解此题，要求基础一般的学生严格按每一步认真书写，基础较好的学生步骤可以适当跳跃，结果如下.

解法1（基础较好的学生）：

$$原式=5a^2-a^2-5a^2+2a+2a^2-6a$$

$$=a^2-4a.$$

解法2（一般学生）：

$$原式=5a^2-a^2-(5a^2-2a)+2(a^2-3a)$$

$$=5a^2-a^2-(5a^2-2a)+(2a^2-6a)$$

$$=5a^2-a^2-5a^2+2a+2a^2-6a$$

$$=(5a^2-a^2-5a^2+2a^2)+(2a-6a)$$

$$=a^2-4a.$$

【说明】 这里的两种解法，对过程的要求是不一样的，解法1对两次去括号都进行了跳跃，但思维缜密；解法2一步一个脚印，踏实，条理性强，过程清晰，最大的好处是能有效避免错误，如果对结果怀疑，检查时方向性强、目

标明确.长期按照解法 1 的习惯,可以有效提高思维的跳跃性,按照解法 2 能有效提高思维的严谨性和解题的准确性.

（三）在算法的多样化和最优化的选择的过程中,内化算理

算法多样化,就是鼓励学生独立思考,尝试用自己的方法计算.

例 4 计算：$\left(1\dfrac{3}{4}-\dfrac{7}{8}-\dfrac{7}{12}\right)\div\left(-\dfrac{7}{8}\right)+\left(-\dfrac{7}{8}\right)\div\left(1\dfrac{3}{4}-\dfrac{7}{8}-\dfrac{7}{12}\right)$.

该例题为义务教育教科书教材七年级《数学》上册第 38 页第 8 题的第（3）小题,本题涉及有理数的加法、减法和除法运算,而且题目有两部分组成,具有一定的典型性.虽然教材在 33 页安排了一道运用分配律的例题（例 4）:用两种方法计算 $\left(\dfrac{1}{4}+\dfrac{1}{6}-\dfrac{1}{2}\right)\times12$.但此题显然难度更大,这是因为:首先,例题运用两种方法计算的题目没有涉及负号,学生对负号的处理是七年级教学的难点;其次,题目的第二部分显然运用例题的方法无法完成,如果学生能够看到其中的关系比较容易,否则有一定难度;最后,此题是综合题,任何一方面出错都会导致整个题目错误.基于此,教师在教学中让学生分成四组解决,然后汇报结果的办法,效果不错.

小组一：原式 $=\left(\dfrac{7}{4}-\dfrac{7}{8}-\dfrac{7}{12}\right)\times\left(-\dfrac{8}{7}\right)+\left(-\dfrac{7}{8}\right)\div\left(\dfrac{7}{4}-\dfrac{7}{8}-\dfrac{7}{12}\right)$

$$=\dfrac{42-21-14}{24}\times\left(-\dfrac{8}{7}\right)+\left(-\dfrac{7}{8}\right)\div\dfrac{42-21-14}{24}$$

$$=\dfrac{7}{24}\times\left(-\dfrac{8}{7}\right)+\left(-\dfrac{7}{8}\right)\div\dfrac{7}{24}$$

$$=\dfrac{7}{24}\times\left(-\dfrac{8}{7}\right)+\left(-\dfrac{7}{8}\right)\times\dfrac{24}{7}$$

$$=-\dfrac{1}{3}+(-3)=-3\dfrac{1}{3}.$$

小组二：原式 $=\left(\dfrac{7}{4}-\dfrac{7}{8}-\dfrac{7}{12}\right)\times\left(-\dfrac{8}{7}\right)+\left(-\dfrac{7}{8}\right)\div\left(\dfrac{7}{4}-\dfrac{7}{8}-\dfrac{7}{12}\right)$

$$=-\left(\dfrac{7}{4}\times\dfrac{8}{7}-\dfrac{7}{8}\times\dfrac{8}{7}-\dfrac{7}{12}\times\dfrac{8}{7}\right)+\left(-\dfrac{7}{8}\right)\div\dfrac{42-21-14}{24}$$

$$=-\left(2-1-\dfrac{2}{3}\right)+\dfrac{7}{8}\div\dfrac{7}{24}$$

$$=-\dfrac{1}{3}+(-3)=-3\dfrac{1}{3}.$$

小组三：原式 $= \dfrac{7}{4} \times \left(-\dfrac{8}{7}\right) - \dfrac{7}{8} \times \left(-\dfrac{8}{7}\right) - \dfrac{7}{12} \times \left(-\dfrac{8}{7}\right) +$

$$\left(-\dfrac{7}{8}\right) \div \left(\dfrac{7}{4} - \dfrac{7}{8} - \dfrac{7}{12}\right)$$

$$= -2 + 1 + \dfrac{2}{3} + \left(-\dfrac{7}{8}\right) \div \dfrac{7}{24}$$

$$= -\dfrac{1}{3} + \left(-\dfrac{7}{8}\right) \times \dfrac{7}{24}$$

$$= -\dfrac{1}{3} + (-3) = -3\dfrac{1}{3}.$$

小组四：我们小组首先计算

$$\left(1\dfrac{3}{4} - \dfrac{7}{8} - \dfrac{7}{12}\right) \div \left(-\dfrac{7}{8}\right) = -\left(1\dfrac{3}{4} - \dfrac{7}{8} - \dfrac{7}{12}\right) \times \dfrac{7}{8}$$

$$= -\left(\dfrac{7}{4} \times \dfrac{8}{7} - \dfrac{7}{8} \times \dfrac{8}{8} - \dfrac{7}{12} \times \dfrac{8}{7}\right)$$

$$= -\dfrac{1}{3}.$$

因为 $\left(-\dfrac{7}{8}\right) \div \left(1\dfrac{3}{4} - \dfrac{7}{8} - \dfrac{7}{12}\right)$ 和 $\left(1\dfrac{3}{4} - \dfrac{7}{8} - \dfrac{7}{12}\right) \div \left(-\dfrac{7}{8}\right)$ 互为倒数
关系，所以

$$\left(1\dfrac{3}{4} - \dfrac{7}{8} - \dfrac{7}{12}\right) \div \left(-\dfrac{7}{8}\right) = -3,$$

于是，原式 $= -\dfrac{1}{3} + (-3) = -3\dfrac{1}{3}.$

这四个小组的运算结果都是正确的，运算思路都十分清晰，算理恰当，
小组一根据四则运算法则直接运算，小组二对第一部分的处理是把负号放
在算式的前面，小组三把负号用于计算，小组四发现题目两部分之间具有倒
数关系，这样只需计算第一部分即可，且对负号的处理和小组二相同. 在对
各组同学的算法梳理过程中得到两点启示：一是在运用分配律时，如果出现
负号，可以把负号放在括号的外面；二是如果出现乘法运算，被除数简单，除
数复杂的问题可以利用倒数的关系进行计算.

（四）在建模的过程中，设计运算程序，求得运算结果

数学来源于生活，现实生活更是运算教学的归宿，所以在教学过程中要
抓住实际问题，建立数学模型，并用数学的视角解决问题.

例 5　王力骑自行车从 A 地到 B 地，陈平骑自行车从 B 地到 A 地，两人

沿同一公路匀速前进,已知两人在上午 8 时同时出发,到上午 10 时,两人还相距 36 km,到中午 12 时,两人又相距 36 km,求 A,B 两地间的距离.

该题为义务教育教科书教材七年级《数学》上册 99 页第 10 题,对学生来说有一定的难度,为此教师请三个同学上黑板解答,其中的两个同学无法完成,班级数学成绩最好的同学,记作学生 1.

学生 1:设王力和陈平的速度和为 x km/h,则 $2x = 2 \times 36$,解得 $x = 36$.

看到同学们的这种情况,我让学生回到座位,进行启发,如果设王力和陈平的速度和为 x km/h,那么在 10 时,两人所行驶的距离和 A,B 两地间的距离有什么关系?12 时又有什么关系?

学生 2(刚才上黑板的同学):10 时两人所行驶的距离和比 A,B 两地间的距离少 36 km,12 时两人所行驶的距离和比 A,B 两地间的距离多 36 km,这样我能得到 $2x + 36 = 4x - 36$.

教师:请解释一下方程的意义.

学生 2:10 时两人所行驶的距离加上 36 等于 A,B 两地之间的距离,12 时两人行驶的距离减去 36 等于 A,B 两地之间的距离.

教师:你求出的 A,B 两地之间的距离是多少?

学生 2:108.

教师:还有其他解法吗?

学生 3:我直接设 A,B 两地之间的距离为 x,得到方程 $\dfrac{x - 36}{10 - 8} = \dfrac{x + 36}{12 - 8}$,我求出 $x = 108$,因此 A,B 两地之间的距离为 108 km.

教师:学生 3 的解法很好,我们为他鼓鼓掌.下面请学生 1 说说你列方程的意义?

学生 1 支支吾吾,欲言又止.这时学生 4 站起来,我示意他回答.

学生 4:从 10 时相距 36 km,到 12 时又相距 36 km,说明在这两个小时,共行驶了 $36 + 36$,即 36×2 km,从而得到两人的速度和为 36 km/h,于是 A,B 两地之间的距离为 $36 \times 2 + 36 = 108$ km.

本例中的问题,为教材上的习题,是行程问题,有一定的难度.在教师的点拨下,激发了学生的思维,通过对比不难发现学生的思维有明显的差异,思维一般的学生的解法中规中矩,成绩优异的学生的思维有一定的深度,能够看出问题的本质属性.

(五)在问题的变式过程中,深化对运算素养的理解,提升运算能力

《数学竞赛之窗杂志》2021 年春季赛初中组第 4 题由爱尔兰 Fin barr 提

供,题目为:

例6 一道分式证明题的变式探究

设实数 x,y,z,a,b,c 满足 $abc \neq 0$,其 $bz+cy=a,cx+az=b,ay+bx=c$.证明:$\dfrac{1-x^2}{a^2}=\dfrac{1-y^2}{b^2}=\dfrac{1-z^2}{c^2}$.

证明: 由已知,解方程组可得

$$x=\frac{b^2+c^2-a^2}{2bc},\quad y=\frac{c^2+a^2-b^2}{2ca},\quad z=\frac{a^2+b^2-c^2}{2ab},$$

于是

$$1-x^2=1-\left(\frac{b^2+c^2-a^2}{2bc}\right)^2=\left(1+\frac{b^2+c^2-a^2}{2bc}\right)\left(1-\frac{b^2+c^2-a^2}{2bc}\right)$$

$$=\frac{b^2+c^2+2bc-a^2}{2bc}\cdot\frac{-b^2-c^2+2bc+a^2}{2bc}$$

$$=\frac{(b+c)^2-a^2}{2bc}\cdot\frac{-(b-c)^2+a^2}{2bc}$$

$$=\frac{(a+b+c)(b+c-a)(a+b-c)(c+a-b)}{4b^2c^2},$$

所以

$$\frac{1-x^2}{a^2}=\frac{(a+b+c)(b+c-a)(a+b-c)(c+a-b)}{4a^2b^2c^2}.$$

同理

$$\frac{1-y^2}{b^2}=\frac{1-z^2}{c^2}=\frac{(a+b+c)(b+c-a)(a+b-c)(c+a-b)}{4a^2b^2c^2}.$$

于是

$$\frac{1-x^2}{a^2}=\frac{1-y^2}{b^2}=\frac{1-z^2}{c^2}.$$

(六)变式探究

原题的本质特征是,由 $bz+cy=a,cx+az=b,ay+bx=c$,可以得到

$x=\dfrac{b^2+c^2-a^2}{2bc},y=\dfrac{c^2+a^2-b^2}{2ca},z=\dfrac{a^2+b^2-c^2}{2ab}$,即对于涉及形如含有

$\dfrac{b^2+c^2-a^2}{2bc}+\dfrac{c^2+a^2-b^2}{2ca}+\dfrac{a^2+b^2-c^2}{2ab}$ 结构的分式问题,可以通过设置隐

含条件 $bz+cy=a,cx+az=b,ay+bx=c$ 得到用含 x,y,z 的式子来实现. 沿着这样的思路,教师对原题进行了一些变式,沟通了和一些试题的联系.

变式 1　设实数 x,y,z,a,b,c 满足 $abc\neq 0$,其 $bz+cy=a,cx+az=b$, $ay+bx=c$ 若 $x+y+z=1$,则有

$$x^{2020}+y^{2020}+z^{2020}=3, \tag{1}$$

$$x^{2021}+y^{2021}+z^{2021}=1. \tag{2}$$

证明：由前面的证明知 $\dfrac{a^2+b^2-c^2}{2ab}+\dfrac{b^2+c^2-a^2}{2bc}+\dfrac{c^2+a^2-b^2}{2ca}=1.$

即

$$\left(\frac{a^2+b^2-c^2}{2ab}-1\right)+\left(\frac{b^2+c^2-a^2}{2bc}-1\right)+\left(\frac{c^2+a^2-b^2}{2ca}+1\right)=0$$

$$\Leftrightarrow \frac{(a-b)^2-c^2}{2ab}+\frac{(b-c)^2-a^2}{2bc}+\frac{(c+a)^2-b^2}{2ca}=0$$

$$\Leftrightarrow \frac{(a-b+c)(a-b-c)}{2ab}+\frac{(b-c+a)(b-c-a)}{2bc}$$

$$+\frac{(c+a+b)(c+a-b)}{2ca}=0$$

$$\Leftrightarrow (c+a-b)\big[c(a-b-c)-a(a+b-c)+b(c+a-b)\big]=0$$

$$\Leftrightarrow (c+a-b)(b^2-c^2-a^2+2ac)=0$$

$$\Leftrightarrow (c+a-b)(b+a-c)(b+c-a)=0.$$

所以 $a+b=c$ 或 $b+c=a$ 或 $c+a=b$.

当 $a+b=c$ 时,$x=\dfrac{b^2+c^2-a^2}{2bc}=\dfrac{(b+c)^2-a^2+2bc}{2bc}=1,y=$

$\dfrac{c^2+a^2-b^2}{2ca}=\dfrac{(a+b)^2+a^2-b^2}{2a(a+b)}=1,z=\dfrac{a^2+b^2-c^2}{2ab}=$

$\dfrac{a^2+b^2-(a+b)^2}{2ab}=-1,$

于是

$$x^{2020}+y^{2020}+z^{2020}=1^{2020}+1^{2020}+(-1)^{2020}=3,$$

$$x^{2021}+y^{2021}+z^{2021}=1^{2021}+1^{2021}+(-1)^{2021}=1.$$

当 $b+c=a$ 或 $c+a=b$ 时,同理可证(1)、(2) 式成立.

【说明】　由已知条件可以证明 $x^{2n}+y^{2n}+z^{2n}=3$，$x^{2n+1}+y^{2n+1}+z^{2n+1}=1$（$n$ 为正整数）.

变式 2　设实数 x,y,z,a,b,c 满足 $abc\neq 0$，且 $bz+cy=a$，$cx+az=b$，$ay+bx=c$. 若 $x^2+y^2+z^2=3$，则有 $x+y+z=1$.

证明：已知变形为

$$\left(\frac{b^2+c^2-a^2}{2bc}\right)^2+\left(\frac{c^2+a^2-b^2}{2ca}\right)^2+\left(\frac{a^2+b^2-c^2}{2ab}\right)^2=3,$$

即

$$\left(\frac{b^2+c^2-a^2}{2bc}+1\right)\left(\frac{b^2+c^2-a^2}{2bc}-1\right)+$$

$$\left(\frac{c^2+a^2-b^2}{2ca}+1\right)\left(\frac{c^2+a^2-b^2}{2ca}-1\right)+$$

$$\left(\frac{a^2+b^2-c^2}{2ab}+1\right)\left(\frac{a^2+b^2-c^2}{2ab}-1\right)=0.$$

$$\Leftrightarrow -\frac{(b+c+a)(b+c-a)(a+b-c)(c+a-b)}{4b^2c^2}-$$

$$\frac{(c+a+b)(c+a-b)(b+c-a)(a+b-c)}{4c^2a^2}-$$

$$\frac{(b+c+a)(b+c-a)(a+b-c)(c+a-b)}{4a^2b^2}=0$$

$$\Leftrightarrow -\frac{(b+c+a)(b+c-a)(a+b-c)(c+a-b)}{4a^2b^2c^2}(a^2+b^2+c^2)=0.$$

因为 a,b,c 为正实数，所以

$$(b+c+a)(b+c-a)(a+b-c)(c+a-b)=0,$$

于是 $(b+c-a)(a+b-c)(c+a-b)=0$，

所以 $a+b=c$ 或 $b+c=a$ 或 $c+a=b$.

由变式 1 知 $x+y+z=1+1-1=1$.

变式 3　设实数 x,y,z，正实数 a,b,c 满足 $abc\neq 0$，且 $bz+cy=a$，$cx+az=b$，$ay+bx=c$. 若 $x+y+z>1$，则有：以 a,b,c 为三边长可以构成一个三角形且满足不等式 $x+y+z\leqslant\dfrac{3}{2}$.

证明：由变式 1 知已知条件，不等式可转化为

$$\frac{a^2+b^2-c^2}{2ab}+\frac{b^2+c^2-a^2}{2bc}+\frac{c^2+a^2-b^2}{2ca}>1.$$

即

$$\left(\frac{a^2+b^2-c^2}{2ab}-1\right)+\left(\frac{b^2+c^2-a^2}{2bc}-1\right)+\left(\frac{c^2+a^2-b^2}{2ca}+1\right)>0$$

$$\Leftrightarrow \frac{(a-b)^2-c^2}{2ab}+\frac{(b-c)^2-a^2}{2bc}+\frac{(c+a)^2-b^2}{2ca}>0$$

$$\Leftrightarrow \frac{(a-b+c)(a-b-c)}{2ab}+\frac{(b-c+a)(b-c-a)}{2bc}$$
$$+\frac{(c+a+b)(c+a-b)}{2ca}>0$$

$$\Leftrightarrow (c+a+b)\big[c(a-b-c)-a(a+b-c)+b(c+a+b)\big]>0$$

$$\Leftrightarrow (c+a+b)(b^2-c^2-a^2+2ac)>0$$

$$\Leftrightarrow (c+a-b)(b+a-c)(b+c-a)>0.$$

由于上式关于 a,b,c 对称,不妨设 $a\geqslant b\geqslant c$ 则 $c+a-b>0,b+a-c>0$,所以 $b+c-a>0$,即 $a+b>c,b+c>a,c+a>b$. 所以以 a,b,c 为三边长可以构成一个三角形.

又所证不等式 $x+y+z\leqslant\dfrac{3}{2}$ 等价于 $\left(\dfrac{a^2+b^2-c^2}{2ab}-1\right)+$

$\left(\dfrac{b^2+c^2-a^2}{2bc}-1\right)+\left(\dfrac{c^2+a^2-b^2}{2ca}+1\right)\leqslant\dfrac{1}{2}$

$$\Leftrightarrow \frac{(a-b)^2-c^2}{2ab}+\frac{(b-c)^2-a^2}{2bc}+\frac{(c+a)^2-b^2}{2ca}\leqslant\frac{1}{2}$$

$$\Leftrightarrow \frac{(a-b+c)(a-b-c)}{2ab}+\frac{(b-c+a)(b-c-a)}{2bc}$$
$$+\frac{(c+a+b)(c+a-b)}{2ca}\leqslant\frac{1}{2}$$

$$\Leftrightarrow (c+a+b)\big[c(a-b-c)-a(a+b-c)+b(c+a+b)\big]\leqslant abc$$

$$\Leftrightarrow (c+a+b)(b^2-c^2-a^2+2ac)\leqslant abc$$

$$\Leftrightarrow (c+a-b)(b+a-c)(b+c-a)\leqslant abc.$$

由 $c+a-b>0,b+a-c>0,b+c-a>0$ 和基本不等式有

$$(a+b-c)(b+c-a) \leqslant \left(\frac{a+b-c+b+c-a^2}{2}\right) = b^2,$$

$$(b+c-a)(c+a-b) \leqslant c^2, (c+a-b)(a+b-c) \leqslant a^2.$$

上述三式相乘即得 $(c+a-b)(b+a-c)(b+c-a) \leqslant abc$. 故所证成立.

变式 4　设实数 x, y, x, 正实数 a, b, c 满足 $abc \neq 0, bz+cy=a, cx+az=b, ay+bx=c$. 若 $x^2+y^2+z^2 < 3$, 证明: a, b, c 可以为三角形的三边.

证明: 由已知得 $\left(\frac{a^2+b^2-c^2}{2ab}\right) + \left(\frac{b^2+c^2-a^2}{2bc}\right) + \left(\frac{c^2+a^2-b^2}{2ca}\right) < 3.$

由变式 2 知

$$-\frac{(a+b+c)(a+b-c)(b+c-a)(c+a-b)}{4}\left(\frac{1}{b^2c^2} + \frac{1}{c^2a^2} + \frac{1}{a^2b^2}\right) < 0,$$

因为 a, b, c 为正实数 a, b, c, 所以 $\frac{1}{b^2c^2} + \frac{1}{c^2a^2} + \frac{1}{a^2b^2} > 0$.

于是 $(a+b+c)(a+b-c)(b+c-a)(c+a-b) > 0$.

所以 $(a+b-c)(b+c-a)(c+a-b) > 0$.

由于上式关于 a, b, c 对称, 不妨设 $a \geqslant b \geqslant c$, 则 $c+a-b > 0, b+a-c > 0$, 所以 $b+c-a > 0$. 即 $a+b > c, b+c > a, c+a > b$. 所以以 a, b, c 为三边长可以构成一个三角形.

对原题中 x, y, z, a, b, c 的位置做简单的替换, 可以得到以下变式.

变式 5　已知 x, y, z, a, b, c 均为实数, 满足 $x=by+cz, y=cz+ax, z=ax+by$ (其中 $abcxyz \neq 0$), 则有

$$\frac{1-a}{1+a} + \frac{1-b}{1+b} + \frac{1-c}{1+c} = 1,$$

$$\frac{1}{1+a} + \frac{1}{1+b} + \frac{1}{1+c} = 2.$$

证明: 由已知得 $ax+by+cz = \frac{x+y+z}{2}$, 所以 $ax+x = \frac{x+y+z}{2}$.

于是

$$(1+a)x = \frac{x+y+z}{2},$$

即

$$1+a = \frac{x+y+z}{2x}.$$

同理 $1 + b = \dfrac{x + y + z}{2y}, 1 + c \dfrac{x + y + z}{2z}$.

于是

$$\dfrac{1-a}{1+a} + \dfrac{1-b}{1+b} + \dfrac{1-c}{1+c} = \dfrac{2-(1+a)}{1+a} + \dfrac{2-(1+b)}{1+b} + \dfrac{2-(1+c)}{1+c}$$

$$= 2\left(\dfrac{1}{1+a} + \dfrac{1}{1+b} + \dfrac{1}{1+c}\right) - 3$$

$$= 2\left(\dfrac{2x}{x+y+z} + \dfrac{2y}{x+y+z} + \dfrac{2z}{x+y+z}\right) - 3$$

$$= 4 - 3$$

$$= 1.$$

因为 $\dfrac{1-a}{1+a} + \dfrac{1-b}{1+b} + \dfrac{1-c}{1+c} = 1$,所以

$$1 = \dfrac{-(1+a)+2}{1+a} + \dfrac{-(1+a)+2}{1+a} + \dfrac{-(1+a)+2}{1+a}$$

$$= 3 + 2\left(\dfrac{1}{1+a} + \dfrac{1}{1+b} + \dfrac{1}{1+c}\right).$$

于是

$$\dfrac{1}{1+a} + \dfrac{1}{1+b} + \dfrac{1}{1+c} = 2.$$

第五节　　直观想象素养差异性培养的方法与策略

一、课程标准关于直观想象的表述

《普通高中数学课程标准(2021 年版)》指出:"直观想象是指借助几何直观和空间想象感知事物的形态与变化,利用空间形式特别是图形,理解和解决数学问题的素养. 主要包括:借助空间形式认识事物的位置关系、形态变化与运动规律;利用图形描述、分析数学问题;建立形与数的联系,构建数学问题的直观模型,探索解决问题的思路." 强调"直观想象是发现和提出问题、分析和解决问题的重要手段,是探索和形成论证思路、进行数学推理、构

建抽象结构的思维基础".

《义务教育数学课程标准(2011年版)》没有明确提出直观想象的概念,但提出了空间观念和几何直观的表述,界定了空间观念和几何直观的概念.

空间观念主要是指根据物体特征抽象出几何图形,根据几何图形想象出所描述的实际物体;想象出物体的方位和相互之间的位置关系;描述图形的运动和变化;依据语言的描述画出图形;等等.

几何直观主要是指利用图形描述和分析问题.借助几何直观可以把复杂的数学问题变得简明、形象,有助于探索解决问题的思路,预测结果.几何直观可以帮助学生直观地理解数学,在整个数学学习过程中都发挥着重要作用.

直观想象是不同的思维方法或思维形式,想象也是在直观基础上,视为直观的延伸,是发现问题和解决问题的重要手段,也是进行论证思路、数学推理、构建抽象结构的思维基础,在教学中,应注重数学直观想象的落实和培养.

直观想象是学生学习几何知识必须具备的基本素养,也是学生进行逻辑推理、知识运用的基础.但是受传统教学观念的影响,有很多初中数学教师往往忽略了学生直观想象素养的培养,因此,初中数学教师应该及时更新教学观念,并从数学学科特点和学生的思维水平出发,探索科学、高效、创新的教学方法与策略,来有效实现知识的直观化展示,培养不同层次学生的直观想象素养.

二、立足直观想象的主要表现,培养直观想象素养的意识

直观想象主要表现为:建立形与数的联系,利用几何图形描述问题,借助几何直观理解问题,运用空间想象认识事物.

(一)建立形与数的联系

我国著名数学家华罗庚先生曾说过:"数缺形时少直观,形少数时难入微;数形结合百般好,隔离分家万事休."数学中,数和形是两个最主要的研究对象,它们之间有着十分密切的联系,在一定条件下,数和形之间可以相互转化,相互渗透.数形结合的基本思想就是在研究问题的过程中,注意把数和形结合起来考察,斟酌问题的具体情形,把图形性质的问题转化为数量关系的问题,或者把数量关系的问题转化为图形性质的问题,使复杂问题简单化,抽象问题具体化,化难为易,获得简便易行的解题方案.

案例 1 求 $1+3+5+\cdots+(2n-1)$ 的值.

对于这个求和问题,如果采用纯代数的方法(首尾两头加),问题也可以解决,但采用数形结合的方法,即用图形的性质来说明数量关系的事实,就非常的直观.

(1)观察下列图形(如图 3-5-1 所示)与等式的关系,并填空.

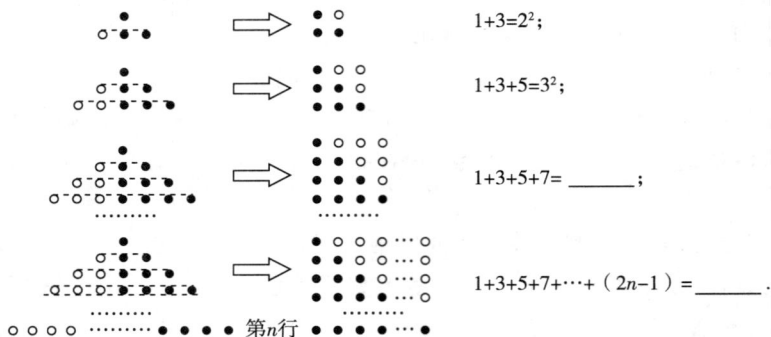

$$1+3=2^2;$$
$$1+3+5=3^2;$$
$$1+3+5+7=\underline{\qquad};$$
$$1+3+5+7+\cdots+(2n-1)=\underline{\qquad}.$$

图 3-5-1

(2)观察图 3-5-2,根据(1)中结论,计算图中黑球的个数,用含有 n 的代数式填空.

$$1+3+5+\cdots+(2n-1)+(\underline{\qquad})+(2n-1)+\cdots+5+3+1=\underline{\qquad}.$$

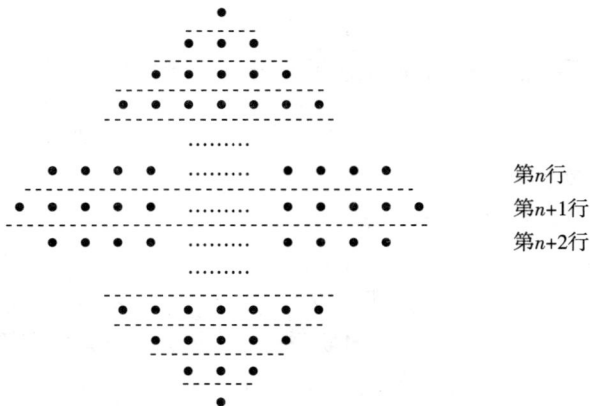

第 n 行
第 $n+1$ 行
第 $n+2$ 行

图 3-5-2

以小球代替点,并用点的位置移动,探究点的个数的规律,通过设置的台阶,步步深入,在特殊到一般的形象思维的过程中,获得了 $1+3+5+\cdots+(2n-1)$ 的结果.观察图形,很容易得到 $1+3+5+\cdots+(2n-1)=n^2$ 和 $1+3+5+\cdots+(2n-1)+(2n+1)+2n-1+\cdots+5+3+1=n^2+(n+1)^2=2n^2+2n+1$.

(二)利用几何图形描述问题

案例2　构造几何图形求代数式 $\sqrt{x^2+1}+\sqrt{(x-3)^2+4}$ 的最小值.

这是一道求二次根式和的最小值问题,是在学习勾股定理后出现的,旨在提升学生的学习能力和素养,但对于初中学生来说有一定的难度,因为学生无法将已知条件有效地联系起来,求出最小值.

回顾此题出题者的意图,是用于训练勾股定理的,一定和勾股定理有着某种联系.因为勾股定理的证明是通过构造几何图形得到的,于是企图寻找图形,借助图形的几何直观,破解难点.

显然当 $x<0$ 和 $x>3$ 时,$\sqrt{x^2+1}+\sqrt{(x-3)^2+4}$ 无穷大,没有最小值,故只需确定当 $0<x<3$ 时,$\sqrt{x^2+1}+\sqrt{(x-3)^2+4}$ 的最小值.

因为 $\sqrt{x^2+1}+\sqrt{(x-3)^2+4}=\sqrt{(x-0)^2+1^2}+\sqrt{(x-3)^2+2^2}$,如图 3-5-3 所示,建立平面直角坐标系,点 $P(x,0)$ 是 x 轴上一点,则 $\sqrt{(x-0)^2+1^2}$ 可以看成点 P 与点 $A(0,1)$ 的距离,$\sqrt{(x-3)^2+2^2}$ 可以看成点 P 与点

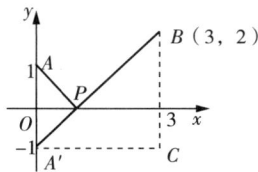

图 3-5-3

$B(3,2)$ 的距离,所以原代数式的值可以看成线段 PA 与 PB 长度之和,它的最小值就是 $PA+PB$ 的最小值.设点 A 关于 x 轴的对称点为 A',则 $PA=PA'$,因此,求 $PA+PB$ 的最小值,只需求 $PA'+PB$ 的最小值,而点 A'、B 间的直线段距离最短,所以 $PA'+PB$ 的最小值为线段 $A'B$ 的长度.为此,构造直角三角形 $A'CB$,因为 $A'C=3,CB=3$,所以 $A'B=3\sqrt{2}$,即原式的最小值为 $3\sqrt{2}$.

从本题开始时的无从下手,到后来的柳暗花明,图形的几何直观发挥了重要的作用,为了强化对构造图形的应用价值的规律揭示,给出下面的变式.

变式1　根据以上阅读材料,解答下列问题:

(1)代数式 $\sqrt{(x-1)^2+1}+\sqrt{(x-2)^2+9}$ 的值可以看成平面直角坐标

系中点 $P(x,0)$ 与点 $A(1,1)$、点 B _____的距离之和.(填写点 B 的坐标)

(2) 求代数式 $\sqrt{x^2+49}+\sqrt{x^2-12x+37}$ 的最小值.

解:(1)$(2,3)$.

(2) 如图 $3-5-4$ 所示,因为 x^2-12x+ $37=(x^2-12x+36)+1=(x-6)^2+1$,所以原式可写为 $\sqrt{(x-0)^2+7^2}$ + $\sqrt{(x-6)^2+1^2}$,由题意可知,代数式 $\sqrt{x^2+49}+\sqrt{x^2-12x+37}$ 的值可以看成平面直角坐标系中点 $P(x,0)$ 与点 $A(0,7)$、点 $B(6,1)$ 的距离之和.构造如图 $3-5-4$ 所示的

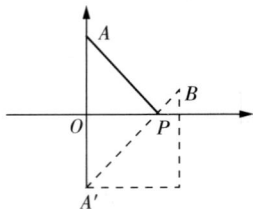

图形,$PA+PB$ 的最小值为线段 $A'B$ 的长.在直角 $\triangle A'BC$ 中,$A'B=$ $\sqrt{6^2+8^2}=10$,所以代数式 $\sqrt{x^2+49}+\sqrt{x^2-12x+37}$ 的最小值为 10.

图 $3-5-4$

变式 2 数形结合是重要的数学方法,我们利用数形结合可以巧妙地解决很多数学问题.

(1) 如图 $3-5-5$ 所示,长方形 $ABCD$ 的长 $BC=$ 8,宽 $AB=6$,

① 点 P 是长方形内一点,则 $PA+PC$ 的最小值为 _____.

② 点 P 是边 AD 上一点则 $PB+PC$ 的最小值为 _____.

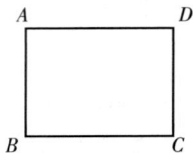

图 $3-5-5$

(2)① 已知 $a+b=6$,$m+n=8$,且 $s=\sqrt{a^2+m^2}+\sqrt{b^2+n^2}$,则 s 的最小值为 _____.

② 已知 x 为正数,且 $p=\sqrt{x^2+16}+\sqrt{x^2-8x+32}$,求 p 的最小值.

(3) 已知 $M=\sqrt{a^2-4a+40}+\sqrt{b^2-4b+20}+\sqrt{a^2+b^2}$($a,b$ 为正数),求 M 的最小值.

解:(1)①10;②$4\sqrt{13}$.(2)①10;②$4\sqrt{5}$.(3)10.

(三)借助几何直观理解问题

教材在处理勾股定理的证明时,是通过构造不同的图形证明的,由于构造的几何图形不同,从而体现的具体的过程一定的区别,但解决问题的思路和立足点是相同的.

如图 $3-5-6$ 所示,笔者把这种根据图形可以极其简单地直观推论或验

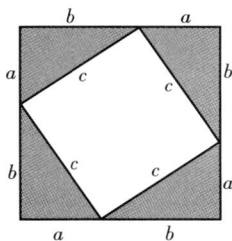

$$S_{大正方形}=(a+b)^2 \quad S_{大正方形}=c^2+2ab$$
$$(a+b)^2=c^2+2ab, \quad 即a^2+b^2=c^2$$

图 3 - 5 - 6

证数学规律和公式的方法,简称为"无字证明"."无字证明"可以再现代数式的规律,也可以揭示图形的一般结论,使得这些规律更形象更直观,更易于理解和记忆.下面给出几个有趣的"无字证明"的实例,供大家欣赏.

(1)和平方与差平方公式:$(a+b)^2-(a-b)^2=4ab$,如图 3-5-7 所示.

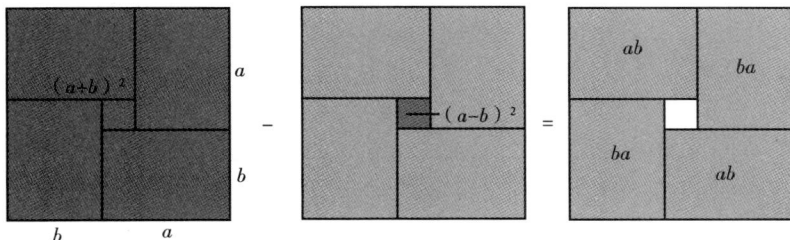

图 3 - 5 - 7

(2)结果为 $\dfrac{1}{3}$ 的一组分数:$\dfrac{1}{3}=\dfrac{1+3}{5+7}=\dfrac{1+3+5}{7+9+11}=\cdots$,如图3-5-8所示.

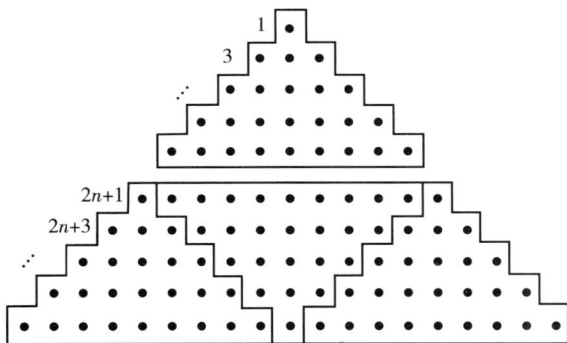

图 3 - 5 - 8

(3)维维安尼公式:等边三角形内一点到三边的距离之和等于一边上的高,如图 3 - 5 - 9 所示.

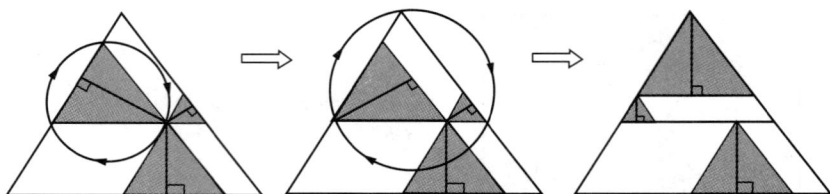

图 3-5-9

（4）糖水不等式的叠加：如果 $\dfrac{a}{b} < \dfrac{c}{d}$，则 $\dfrac{a}{b} < \dfrac{a+c}{b+d} < \dfrac{c}{d}$，如图 3-5-10 所示．

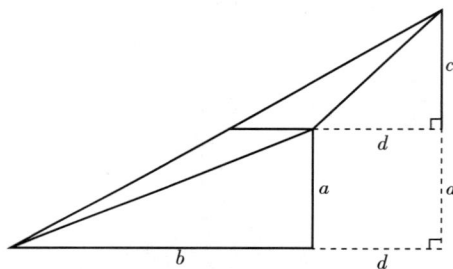

图 3-5-10

（5）三角形不等式 $\sqrt{a^2+b^2} + \sqrt{b^2+c^2} + \sqrt{c^2+a^2} \geqslant \sqrt{2}(a+b+c)$，如图 3-5-11 所示．

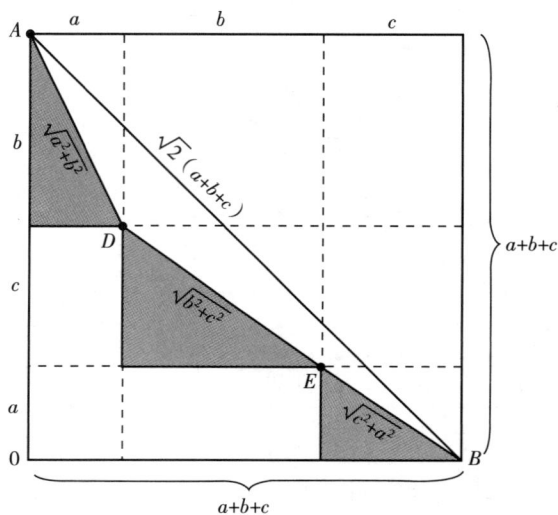

图 3-5-11

（6）平方平均数 ≥ 算术平均数 ≥ 几何平均数 ≥ 调和平均数，$\sqrt{\dfrac{a^2+b^2}{2}} \geqslant \dfrac{a+b}{2} \geqslant \sqrt{ab} \geqslant \dfrac{2}{\dfrac{1}{a}+\dfrac{1}{b}}$，如图 3-5-12 所示.

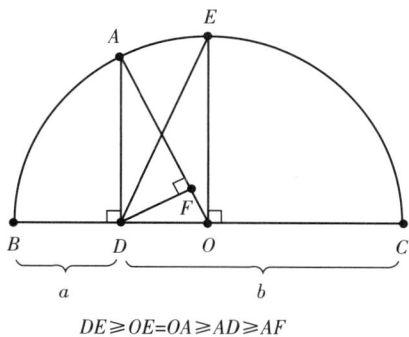

$$DE \geqslant OE=OA \geqslant AD \geqslant AF$$

图 3-5-12

（7）和的立方公式 $(a+b)^3 = a^3 + 3a^2b + 3ab^2 + b^3$，如图 3-5-13 所示.

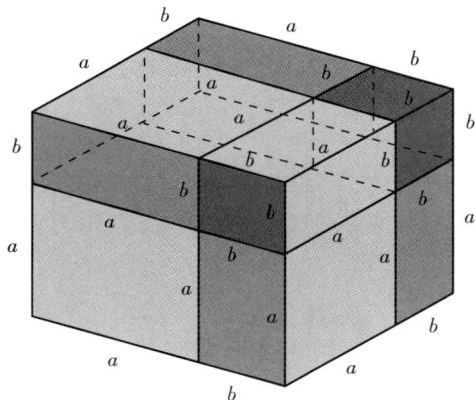

图 3-5-13

（四）运用空间想象认识事物

案例 3 一个由 16 个完全相同的小立方块搭成的几何体，其最下面一层摆放了 9 个小立方块，它的主视图（从正面看）和左视图（从左边看）如图 3-5-14 所示，比如这个几何体的搭法有下面的情形：

请你画出这个几何体的另外两种搭法.

设俯视图有 9 个位置如图 3-5-15 所示.

4	2	1
1	1	3
2	1	1

（a）

4	2	1
1	1	3
1	2	1

（b）

图 3-5-14

1	2	3
4	5	6
7	8	9

图 3-5-15

本题中的小立方块的个数是有限的,且数字相对较少,可以采取实际摆放的分式亲身体验,在获得相应的经验的基础上,应用直观想象,得到对实际问题的全面的正确的认识.

由主视图和左视图知:① 第 1 个位置一定是 4,第 6 个位置一定是 3;② 一定有 2 个 2,其余有 5 个 1;③ 最后一行至少有一个 2,当中一列至少有一个 2.

根据 2 的排列不同,这个几何体的搭法共有 10 种,如图 3-5-16 所示.

4	2	1
1	1	3
2	1	1

（a）

4	2	1
1	1	3
1	2	1

（b）

4	2	1
1	1	3
1	1	2

（c）

4	1	2
1	1	3
1	2	1

（d）

4	1	1
1	2	3
2	1	1

（e）

4	1	1
1	2	3
1	2	1

（f）

4	1	1
1	2	3
1	1	2

（g）

4	1	1
1	1	3
2	2	1

（h）

4	1	1
1	1	3
1	2	2

（i）

4	1	1
2	1	3
1	2	1

（j）

图 3-5-16

三、直观想象素养的差异性培养策略

（一）实施图景结合,培养学生想象能力

图景教学借助各种形象的图形,通过图景的有效结合能够实现数学建模教学,促进学生对知识的理解与吸收,培养学生的直观与空间想象能力.因此,初中数学教师可以有效实施图景教学,让学生对图形进行充分、有效的分析,丰富学生的图景体验.除此之外,数学教师可以给予学生动手实践

和操作的机会,让学生来制作图形,从而使学生能够在实践操作的过程中,更加直观地感知图形的基本特点(针对所有学生),探索图形中所蕴含的规律(针对基础中等的学生和针对基础较好的学生).同时也能够有效激发学生的学习兴趣,调动学生的主动性(针对所有学生),发展和培养学生的直观与空间想象能力(针对基础较好的学生).

　　例如,在教"特殊平行四边形"这部分知识时,为了培养学生们的想象能力,提高学生们对图形特点的认识和区分,我们可以利用一些道具制作了可以灵活转动的四边形,让学生们通过实践感受各种四边形之间的联系与区别(针对基础中等的学生和基础较好的学生),当我们将道具组装成长方形时,转动其中的一个角,长方形就会改变形状,变成平行四边形(针对所有学生);再将平行四边形的角度改变,使其对角成同一水平面上,引导学生发现角度相等(针对基础中等的学生和基础较好的学生),这时,让学生们用自己语言总结出特殊平行四边形的相关概念及性质(针对基础较好的学生).通过这种模式教学,使所有学生们在实践中都能不同层次地学习几何图形的知识.这样一来,在初中数学教学中,教师可以通过实施图景结合,有效培养学生的想象能力.

(二)利用信息技术,增强直观感知

　　随着信息时代的到来,信息技术被越来越广泛地运用到教育教学的过程中,为数学知识呈现方式的直观化提供了强有力的技术支撑.电子白板为我们提供了很好的交互式平台,结合几何画板、动态作图,调动学生学习的兴趣.因此,初中数学教师可以充分利用多媒体等信息技术手段来组织课堂教学,将一些抽象知识和几何图形,以立体图形、动态图片、视频播放等形式,直观、形象、生动地呈现给学生,以丰富学生视觉和听觉的双重感官体验,增强学生的直观感知(针对所有学生),并充分激发学生的想象力与创造力(针对基础中等的学生和基础较好的学生),从而帮助学生在脑海中构建起对图形的立体认知,使学生的直观想象素养在静态和动态观察中得到有效提升(针对基础较好的学生).

　　例如,在教"直线和圆的位置关系"这部分知识时,为了增强学生们的直观感知,我们可以结合信息技术,为学生们创设直观的学习情境.首先,在上课前,我们可以借助互联网收集一些相关的教学视频,然后将其制成动画课件.在信息技术的支持下,我们能够让一条直线的位置不变,然后让一个圆进行不同位置的改变,让学生们直观地理解什么是直线与圆相交,什么是直线与圆相切,什么是直线与圆相离(针对所有学生),再让学生们观察并用公共点的个数来区分位置关系(针对基础中等的学生和基础较好的学生),最

后让学生们观察并用圆心O到直线l的距离d与圆的半径r的关系来区分位置关系并总结出性质（针对基础较好的学生）. 这样一来，在初中数学教学中，教师通过信息技术教学，有效增强学生的直观感知.

（三）实施数形结合，提高学生看图能力

数形结合是数学思想方法的重要内容，是使学生更好、更快地掌握图形的性质与特点，提高学生看图能力的重要途径. 因此初中数学教师便可以充分采用数形结合这一思想方法来展开数学教学，一方面可以引导学生由数思形，深入分析以代数形式表示的数学问题中的已知条件，画出与该问题相关的图形，实现以数转型（针对所有学生）；另一方面，教师可以引导学生由形知数，寻找代数数据和图形之间的联系和共通点，然后对数学问题中的图形进行深刻地剖析，找出其中的隐含条件（针对所有学生），再进一步将图形变成代数语言表达的数量关系式，实现以形转数（针对基础中等的学生和基础较好的学生），从而提高学生的看图能力，培养学生直观想象素养（针对基础较好的学生）.

例如，在教"二次函数"这部分知识时，为了提高学生们的看图能力，我们可以引出数形结合的思想，对学生们进行教授. 采用数形结合的方式进行求解（针对所有学生），不仅能够提升学生们的解题效率，同时还能培养学生们的思维转换（针对基础中等的学生和基础较好的学生），这样一来，在初中数学教学中，教师通过实施数形结合，有效提高了学生的看图能力.

总之，培养学生的直观想象核心素养是落实核心素养的基本要求，同时也是学好数学几何知识的有效保障，因比，初中数学教师应该树立正确的教学观念，以数学知识的内容和特点出发，以学生的思维水平和认知结构为基础，通过实施图景结合、信息技术教学，以及实施数形结合等方法与策略，来实现数学知识的直观化、形象化，从而有效地激发不同层次学生的想象力，提高不同层次学生的直观想象素养.

最后需要指出的是对直观想象素养的理解 —— 直观想象不等于数形结合，因为在对数学问题认识的过程中，我们经常需要借助于事例进行分析，帮助学生实现由直观到抽象的理解. 例如：在研究不等式时，我们会遇到"糖水加糖甜更甜"，这就给学生一个直观想象，从函数的角度理解为当一个量在增大时，另一个变量随之增大，函数单调递增，这就实现了由特殊模型直观想象过渡到一般模型，帮助我们理解研究的是事物的变化规律，但是并没有图形出现其中. 另外，在学习等比数列时，教材列举了细胞分裂和放射性元素的衰变规律，都是特殊的等比数列模型，针对等比数列让学生通过实例

直观感受特殊模型,再过渡到一般模型.在直观想象过程中没有图形出现,因此直观想象核心素养相比于数形结合范畴更大.

第六节 数据分析素养差异性培养的方法与策略

一、课程标准关于数据分析的表述

数学问题从产生到解决都离不开数据以及对数据的分析,对于初中生来说,理解随机性的数学思想、应用数据的能力是进一步获得适应社会和个体发展的基础,有利于掌握更多的知识与技能,理性和辩证地分析与解决现实问题.因此,学生数据分析能力的培养在基础教育阶段数学课程中占据非常重要的位置.统计作为基础教育数学课程的重要内容之一,其根本目的是培养学生对于统计思想的理解与统计方法的应用,从而提高数据分析能力.《义务教育数学课程标准(2011年版)》中,将原来《全日制义务教育阶段数学课程标准(实验稿)》中的"统计观念"改为"数据分析观念".作为义务教育阶段数学教育的十大核心观念之一,现阶段初中生的数据分析能力水平如何,成为广受关注的议题.

《义务教育数学课程标准(2011年版)》指出,数据分析观念包括:了解在现实生活中有许多问题应当先做调查研究,收集数据,通过分析做出判断,体会数据中蕴涵着信息;了解对于同样的数据可以有多种分析的方法,需要根据问题的背景选择合适的方法;通过数据分析体验随机性,一方面对于同样的事情每次收集到的数据可能不同,另一方面只要有足够的数据就可能从中发现规律.

在《普通高中数学课程标准(2017年版)》中把数据分析能力作为六大数学核心素养之一,指出:"数据分析是指针对研究对象获取数据,运用数学方法对数据进行整理、分析和推断,形成关于研究对象知识的素养.数据分析过程主要包括:收集数据、整理数据、提取信息、构建模型、进行推断、获得结论."强调"数据分析是研究随机现象的重要数学技术,是大数据时代数学应用的主要方法,也是'互联网+'相关领域的主要数学方法,数据分析已经深入到科学、技术、工程和现代社会生活的各个方面".

数据分析主要表现为:收集和整理数据、理解和处理数据、获得和解释结论、概括和形成知识.

二、抓住数据分析素养的四个主要表现,培养学生数据分析的意识

(一)创设教学情境,让学生体验数据收集与整理的全过程,发展初中生处理数据的意识

在争创全国文明城市的活动中,学校对全校师生进行了集中培训,为了了解培训的效果,跟踪学生对垃圾分类情况的掌握情况,进行了一次有针对性的调查,于是提出了下面的问题:

例1 为增强学生垃圾分类意识,推动垃圾分类进校园.某初中学校组织全校1200名学生参加了"垃圾分类知识竞赛",为了解学生的答题情况,学校考虑采用简单随机抽样的方法抽取部分学生的成绩进行调查分析.

(1)学校设计了以下三种抽样调查方案.

方案一:从初一、初二、初三年级中指定部分学生成绩作为样本进行调查分析.

方案二:从初一、初二年级中随机抽取部分男生成绩及在初三年级中随机抽取部分女生成绩进行调查分析.

方案三:从三个年级全体学生中随机抽取部分学生成绩进行调查分析.

其中抽取的样本具有代表性的方案是_____.(填"方案一""方案二"或"方案三")

(2)学校根据样本数据,绘制成表3-6-1(90分及以上为"优秀",60分及以上为"及格").

表3-6-1 样本数据

样本容量(个)	平均分(分)	及格率	优秀率	最高分(分)	最低分(分)
100	93.5	100%	70%	100	80
分数段统计(学生成绩记为 x)					
分数段	$0 \leqslant x < 80$	$80 \leqslant x < 85$	$85 \leqslant x < 90$	$90 \leqslant x < 95$	$95 \leqslant x \leqslant 100$
频数	0	5	25	30	40

请结合表中信息解答下列问题:

① 估计该校1200名学生竞赛成绩的中位数落在哪个分数段内;

② 估计该校1200名学生中达到"优秀"的学生总人数.

由于学生亲自参与了此项活动,自然明白了数据产生的过程,获得了第

一手数据,从而加深了对垃圾分类的认识,更加愿意自觉进行垃圾分类,长此以往,提升了自身的素质.

(二)强化理解和处理数据全过程,落实数据分析能力

数据获得以后,就要考虑怎样对数据进行处理,不同的处理方式会得到不同的结论,所以要正确引导学生全面、客观地去理解和处理数据.

例2　2020 年 3 月线上授课期间,小莹、小静和小新为了解所在学校九年级 600 名学生居家减压方式情况,对该校九年级部分学生居家减压方式进行抽样调查,将居家减压方式分为 A(享受美食)、B(交流谈心)、C(室内体育活动)、D(听音乐)和 E(其他方式)五类,要求每位被调查者选择一种自己最常用的减压方式.他们将收集的数据进行了整理,绘制的统计表分别见表 3-6-2、表 3-6-3 和表 3-6-4 所列.

表 3-6-2　　小莹抽取 60 名男生居家减压方式统计表　　（单位:人）

减压方式	A	B	C	D	E
人数	4	6	37	8	5

表 3-6-3　　小静随机抽取 10 名学生居家减压方式统计表　　（单位:人）

减压方式	A	B	C	D	E
人数	2	1	3	3	1

表 3-6-4　　小新随机抽取 60 名学生居家减压方式统计表　　（单位:人）

减压方式	A	B	C	D	E
人数	6	5	26	13	10

根据以上材料,回答下列问题:

(1)说说小莹、小静和小新三人中,哪一位同学抽样调查的数据能较好地反映该校九年级学生居家减压方式情况,并简要说明其他两位同学抽样调查的不足之处.

(2)根据三人中能较好地反映出该校九年级居家减压方式的调查结果,估计该校九年级 600 名学生中利用室内体育活动方式进行减压的人数.

解析:(1)根据抽样调查的要求,所抽样本必须具有代表性,要保证所有

个体都有相同的机会被抽到,样本的容量要适当,小新抽样调查所得的数据能较好地反映出该校九年级学生居家减压方式情况.小莹抽取 60 名男生居家减压方式统计,没有随机抽样,而且只抽取男生,样本没有代表性;小静随机抽取 10 名学生居家减压方式统计,样本容量太小,也没有代表性.(2)根据样本的情况估计总体的思想,估计该校九年级 600 名学生中利用室内体育活动方式进行减压的人数为 $600 \times \dfrac{26}{60} = 260$(人).

（三）尝试对数据进行评价,提升获得和解释结论的能力

对获得的数据要进行合理的评价,实现收集、整理、处理数据的目的,根据评价的结果对相关事件做出科学的判断.

例3 某公司员工的月工资见表 3-6-5 所列及如图 3-6-1 所示.

表 3-6-5　某公司员工的月工资

员工	经理	副经理	职员 A	职员 B	职员 C	职员 D	职员 E	职员 F	杂工 G
月工资／元	7000	4400	2400	2000	1900	1800	1800	1800	1200

图 3-6-1

经理、职员 C、职员 D 从不同的角度描述了该公司员工的收入情况.

设该公司员工的月工资数据(见表 3-6-5 所列)的平均数、中位数、众数分别为 k, m, n,请根据上述信息回答下列问题.

(1)$k=$ _____，$m=$ _____，$n=$ _____；

（2）上月一个员工辞职了，从本月开始，停发该员工工资，若本月该公司剩下的 8 名员工的月工资不变，但这 8 名员工的月工资数据（单位：元）的平均数比原 9 名员工的月工资数据（见表 3-6-5 所列）的平均数减小了. 你认为辞职的那名员工可能是_____.

解析：（1）本题涉及众数、平均数以及中位数概念的理解与计算，利用平均数的公式计算可得平均数为 2700，将所有员工的工资按从小到大的顺序排列，职员 C1900 即该组数据的中位数；众数是出现次数最多的数据为 1800.（2）由于平均数受极端数据的影响，一个员工辞职后且低于原来的平均数，则辞职的人员工资必须高于平均数，所以辞职的那名员工可能是经理或副经理.

（四）贴近生活，设计教学，引导学生深入认识随机现象，达到概括和形成知识的技能

"新高考"引起了全社会的高度关注，尤其是"新高考"科目的选择更是牵动所有高一新生和家长的心，有的说高考有 20 种选科方式，具体怎样选，以此为素材设置问题，引导学生正确认识随机事件，形成用概率做出判断的能力，澄清一些不必要的认识误区.

例4　从 2021 年起，江苏省高考采用"3＋1＋2"模式："3"是指语文、数学、外语 3 科为必选科目，"1"是指物理、历史 2 科中任选 1 科，"2"是指在化学、生物、思想政治、地理 4 科中任选 2 科.

（1）若小丽在"1"中选择了历史，在"2"中已选择了地理，则她选择生物的概率是_____；

（2）若小明在"1"中选择了物理，用画树状图的方法求他在"2"中选化学、生物的概率.

解析：本题考查了概率，（1）直接利用概率公式求出她选择生物的概率是 $\frac{1}{3}$；（2）画树状图（见图 3-6-2）知所有共 12 种等可能的结果，其中选化学、生物的有 2 种，所以，P（选化学、生物）$=\frac{2}{12}=\frac{1}{6}$.

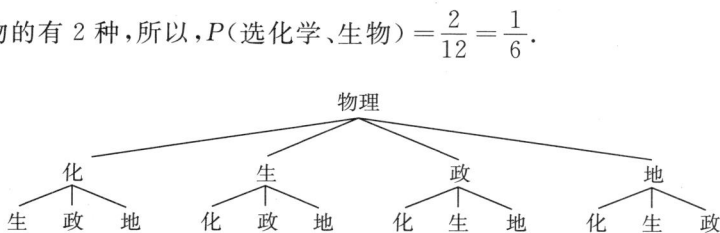

图 3-6-2

三、数据分析素养差异性培养策略

在数据分析素养差异性培养的过程中,要有效地提高不同层次学生的数据处理能力,增强其基于数据表达现实问题的意识,使其养成通过数据思考问题的习惯,积累依托数据探索事物本质、关联和规律的活动经验.结合中学数学教材的内容设置,学生数据分析素养的培养应该更多地以数据统计为载体.引导学生对数据统计过程中的结果进行交流和反思及对知识的应用,使学生养成通过对数据的描述、分析、判断和推理来理解复杂社会事实的习惯,利于他们提高自己的数据处理能力和数据分析素养.

(一)以实际问题为切入点,激发学生揭示数据本质的求知欲

2020年突袭而至的新型冠状病毒的疫情席卷全球,为了加强学生的数据意识和数据处理、分析的能力,我们以此为契机,指导学生通过新闻媒体公布全国疫情的数据进行收集,制成表格(培养学生收集数据的素养).数据收集后,学生一般都能感受疫情的快速性、严重性,获得感知数据、感知疫情(培养学生对数据的感性认识的素养);对于数据的变化一般都有大致的了解,都有自己的一个粗糙的判断,而对于更高的认识与判断,就需要有具体的数据分析.感染人数的变化反映什么情况? 死亡人数变化又有什么原因? 治愈人数的变化反映着什么意义?(培养学生对数据的处理能力和数据分析素养)学生通过数据得出一些结论,并运用于实际生活.本次活动就可以自己充当一个新冠病毒的宣传员:讲解新冠病毒的传播性,新冠病毒的防护措施等(培养学生通过数据的描述、分析、判断和推理来理解及判断实际问题).

当然,实际生活中处处都有数据,处处都需要通过收集 — 整理 — 分析 — 运用来解决我们身边的问题;通过体验数据,如了解居民家庭用水情况,感悟用样本估计总体的思想;让学生在分析具体数据的过程中,发现平均数估计工资的陷阱;通过投针实验,获取数据,分析用频率估计概率的思想;等等.

(二)让学生在数据分析的过程中感知数据处理与分析的重要性

生活中的很多数据都是看似"杂乱"的,找寻和发现其中的规律并利用这些规律提高生活质量,是现代人必须掌握的技能.数据分析素养就是要获得必要的统计知识,积累通过数据探索事物本质和规律的经验;从数据意识的角度看,具有数据分析素养就是要基于数据表达现实问题,遇到问题时能想到收集数据和分析数据,从数据的角度思考问题、分析问题;从数学能力的角度

看,具有数据分析素养就是要有数据感知能力、数据处理能力和数据质疑能力.随着社会的发展,人们对于数据信息的关注度和依赖度越来越高.

例5　为了解学生掌握垃圾分类知识的情况,增强学生环保意识.某校举行了"垃圾分类人人有责"的知识测试活动,现从该校七、八年级中各随机抽取 20 名学生的测试成绩(满分 10 分,6 分及 6 分以上为合格)进行整理、描述和分析,下面给出了部分信息.

七年级 20 名学生的测试成绩为:

$$7,8,7,9,7,6,5,9,10,9,8,5,8,7,6,7,9,7,10,6.$$

八年级 20 名学生的测试成绩条形统计图如图 3-6-3 所示,表 3-6-6 为七、八年级抽取的学生测试成绩的平均数、从数、中位数、8 分及以上人数所占百分比.

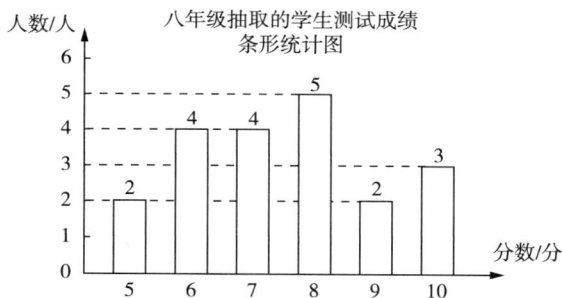

八年级抽取的学生测试成绩
条形统计图

图 3-6-3

表 3-6-6　七、八年级抽取的学生测试成绩的
平均数、众数、中位数、8 分及以上人数所占百分比

年级	平均数	众数	中位数	8 分及以上人数所占百分比
七年级	7.5	a	7	45%
八年级	7.5	8	b	c

根据以上信息,解答下列问题:

(1) 直接写出表 3-6-5 中的 a,b,c 的值.

(2) 根据以上数据,你认为该校七、八年级中哪个年级学生掌握垃圾分类知识较好? 请说明理由(写出一条理由即可).

(3) 该校七、八年级共 1200 名学生参加了此次测试活动,估计参加此次测试活动成绩合格的学生人数是多少?

解析:(1)根据众数的意义确定 $a=7$,根据平均数的意义确定 $b=7.5$,根据"8分及以上人数所占的百分比 $=\dfrac{8\text{分及以上人数}}{\text{总人数}}\times100\%$"确定 $c=50\%$.

(2)通过比较两个年级样本的中位数、众数或8分及以上人数所占百分比的大小,可以判断八年级学生掌握垃圾分类知识较好理由如下(写出其中一条即可):① 八年级学生成绩的中位数 7.5 高于七年级学生成绩的中位数 7;② 八年级学生成绩的众数 8 高于七年级学生成绩的众数 7;③ 八年级 8 分及以上人数所占的 50%,高于七年级 8 分及以上人数所占的 45%.(3)用样本成绩合格的学生人数所占的百分比,来估计总体成绩合格的学生人数所占的百分比,因为七年级 20 名学生中,成绩在 6 分及 6 分以上的有 18 人,八年级 20 名学生中,成绩在 6 分及 6 分以上的有 18 人,所以,$18+18=36$(人).所以估计此次测验合格人数为 $\dfrac{36}{40}\times1200=1080$(人).

(三)在数据的辨析过程中,明白数据分析的必要性

数据分析教学不能只留给学生数学计算的印象,不能仅仅局限于基本知识和基本技能的教学,要以培养学生的数据分析素养为目标,在教学中要针对不同学生的层次,进行差异性教学,使每名学生都有提高.例如,在函数部分、应用问题部分,学生对数据的认识、分析会影响问题的解决;在平面几何中,学生通过观察点、线位置关系,可以培养自身的洞察力和注意力.因此,教师要注重研究教材,将学生数据分析素养差异性的培养渗透在相关内容的教学中.

例 6 小云在学习过程中遇到一个函数 $y=\dfrac{1}{6}\,|\,x\,|\,(x^2-x+1),(x\geqslant-2)$.下面是小云对其探究的过程,请补充完整.

(1)当 $-2\leqslant x<0$ 时,对于函数 $y_1=|x|$,即 $y_1=-x$,当 $-2\leqslant x<0$ 时,y_1 随 x 的增大而_____,且 $y_1>0$;对于函数 $y_2=x^2-x+1$,当 $-2\leqslant x<0$ 时,y_2 随 x 的增大而_____,且 $y_2>0$.结合上述分析,进一步探究发现,对于函数 y,当 $-2\leqslant x<0$ 时,y 随 x 的增大而_____.

(2)当 $x\geqslant0$ 时,对于函数 y;当 $x\geqslant0$ 时,y 与 x 的几组对应值见表 3-6-7 所列.

表 3-6-7　y 与 x 的几组对应值

x	0	$\dfrac{1}{2}$	1	$\dfrac{3}{2}$	2	$\dfrac{5}{2}$	3	…
y	0	$\dfrac{1}{16}$	$\dfrac{1}{6}$	$\dfrac{7}{16}$	1	$\dfrac{95}{48}$	$\dfrac{7}{2}$	…

综合表 3-6-6,进一步探究发现,当 $x \geqslant 0$ 时,y 随 x 的增大而增大.在平面直角坐标系 xOy 中,画出当 $x \geqslant 0$ 时的函数 y 的图象.(如图 3-6-4 所示)

(3)过点 $(0,m)$ $(m>0)$ 作平行于 x 轴的直线 l,结合(1)、(2)的分析,解决问题:若直线 l 与函数 $y = \frac{1}{6} |x| (x^2 - x + 1)(x \geqslant -2)$ 的图象有两个交点,则 m 的最大值是_____.

解析:(1)根据一次函数的性质,二次函数的性质分别进行判断.在函数 $y_1 = -x$ 中,因为 $k = -1 < 0$,所以函数 $y_1 = -x$ 在 $-2 \leqslant x < 0$ 中,y_1 随 x 的增大而减小;因为 $y_2 = x^2 - x + 1 = \left(x - \frac{1}{2}\right)^2 + \frac{3}{4}$,其对称轴为 $x = 1$,所以 $y_2 = x^2 - x + 1$ 在 $-2 \leqslant x < 0$ 中,y_2 随 x 的增大而减小,故 $y = \frac{1}{6} |x| (x^2 - x + 1)$ 在 $-2 \leqslant x < 0$ 中,y 随 x 的增大而减小.

(2)根据表格的数据,进行描点、连线,即可画出函数的图象,如图 3-6-5 所示.

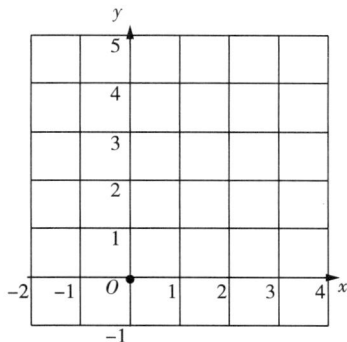

图 3-6-4

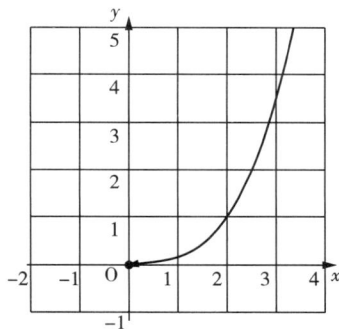

图 3-6-5

(3)由(2)可知,当 $x \geqslant 0$ 时,y 随 x 的增大而增大,无最大值,由(1)可知 $y = \frac{1}{6} |x| (x^2 - x + 1)$ 在 $-2 \leqslant x < 0$ 中,y 随 x 的增大而减小,所以在 $-2 \leqslant x < 0$ 中,有当 $x = -2$ 时,$y = \frac{7}{3}$,故 m 的最大值为 $\frac{7}{3}$.根据函数图象和性质,当 $x = -2$ 时,函数有最大值,代入计算即可得到答案.

(四)鼓励学生动手操作、渗透数学文化,感悟信息技术处理数据的优越性

对于在调查活动中收集的数据,学生若进行手工处理,则费时、费力且不一定准确.因此,在学生掌握基本的数据处理原理之后,教师可以借助相关教学软件向学生展示实际生活中数据的处理方法,使学生认识到科技进步对人类学习、生活的帮助,要具有积极向上的探索精神.例如,教师可以教学生借助 Excel 进行数据处理,如找众数、中位数、最大值、最小值,计算平均数、分析数据.数据分析能力的提升与数据分析方法的掌握程度密切相关.因此,在统计内容的呈现上,教师应该注重数据分析方法的多样性和灵活性,在教学中注重全面性、差异性.虽然初中阶段学生需要掌握的是条图、频率分布直方图、折线图和散点图,但教师可以借助 Excel 向学生展示其他不同的图,使学生直观感受不同统计图所强调的统计指标的不同,进而学会根据实际情况选择合适的统计图.

数据分析素养差异性的养成绝非一日之功,其载体并不只是统计内容,其他教学内容也能促进学生数据分析素养的培养.

第四章　初中生个体差异性影响下的核心素养培养的策略研究

第一节　认知差异性下的数学核心素养培养的策略研究

根据皮亚杰的认知心理学理论,他把儿童的思维发展过程分为四个阶段:感知运动阶段(0～2岁)——婴儿期;前运算阶段(2～6,7岁)——学前期;具体运算阶段(6,7～11,12岁)——小学阶段;形式运算阶段(11,12～14,15岁)——初中阶段,此时的儿童思维与成人接近.形式运算,即"使形式与内容分离".这时儿童"有能力处理假设而不是单纯地处理客体""认识超越于现实本身""无须具体事物作为中介".它属于儿童思维的高级形式.

一、数学认知差异性的理论分析

数学作为一种语言,其本身就是从自然语言中分离出来的,数学学习从某种意义上说是一种语言的学习.美国著名心理学家布龙菲尔德说"数学不过是语言所能达到的最高境界".苏联数学教育家斯托利亚尔也说过"数学教育也就是数学语言的教学".因为数学词汇在日常生活中并不常用,本身属于专业术语范畴.Krussel 认为,语言是数学建构中最基本的组成部分,是数学不可割裂的工具.但由于儿童对语言的接受、理解和复述的差异性,导致学习数学存在客观的差异性.

作为教师要看到学生认知的差异性是客观存在的,在教学活动中,要想方设法去减小差异性.怎样减小差异性? 苏联教育家维果斯基认为,教师应该对每个学生的两种发展水平有清醒的认识,即已经达到的发展水平和可达到的发展水平,可达到的发展水平是指儿童还不能独立地完成任务,但在成人的帮助下,在集体活动中,通过模仿,却能够完成任务.这两种水平之间的距离就是"最近发展区",只有把握"最近发展区",才能加速学生的发展.

实际上,我国古代教育家孔子提出的因材施教和墨子主张的要照顾学生实际水平,做到"深其深,浅其浅,益其益,尊其尊"是一致的.

由于初中学生个体之间认知差异性比较大,这种认知的差异性导致在数学学习中表现为接受能力、理解能力和运用能力的差异.部分学生接受能力较强.为此,教师在教学时,应注重关注学生的认知状况,尤其在讲课的细致程度、讲课节奏、讲课进度等方面进行合理的规划,照顾到所有学生.一方面,针对数学认识能力稍差的学生,教师应耐心引导,多进行鼓励,切不能伤害其自尊心,帮助其树立学习的自信心;另一方面,在新课的讲解中,教师应注重教学方法的针对性原则,做好教材内容的转化,降低教材内容难度,避免认识能力差的学生出现畏难情绪.

二、认知差异性下的核心素养的培养策略

(一)在概念教学时,要采用多样化的形式呈现概念

概念是数学学习的核心,概念含有高度的数学抽象,对学生的抽象能力、归纳能力、提炼意识和语言表达能力要求较高.如果不能准确地理解概念,就不能全面的理解数学知识,以及由概念派生出来的运算法则、公式、定理等,直接影响数学的学习.所以,加强概念的教学是课堂教学的关键环节.

1.创设一定的生活情境,引入概念.

数学概念是高度抽象的,但概念不是凭空产生的,一般有其产生的背景.教师要通过对相关背景的还原,让学生亲临概念的来源,产生有亲近感.如有理数的乘方是初中生遇到的又一个重要概念,是前面学过的有理数、相反数、绝对值、度数等功能的深化,是有理数加、减、乘、除运算的一次质的飞跃,是有理数运算的"终结篇",是各种运算的"一锅烩".但乘方的概念也有一定的背景,如正方形的面积 a^2,正方体的体积 a^3,以及拉面、棋盘放米等,通过这些素材的介绍,能从心理上消除恐惧感.

2.在教学活动中,通过折、叠、拼、量等动手操作活动中获得概念.

三角形中位线是几何学习中一个重要的概念,只有正确理解三角形中位线的概念,才有可能理解三角形中位线定理,才能掌握三角形中位线定理的证明,以及定理的应用.其实在八年级一开始,学生就已经学习了三角形中线的概念,以及由中线得到重心的概念.在学习中位线的概念时,可以让学生经过画一画、量一量、拼一拼等活动,类比中线的概念,给出中位线的概

念,并在活动中发现三角形中位线定理.这样中位线定理就呼之欲出了,只剩下证明了.

3.在类比、对比等教学活动中建构概念.

方程和函数是初中数学的重要知识,占了很大的篇幅,一直从七年级持续到九年级,贯穿所有学段.在教学时,没有必要把所有概念都详细讲解.其实,只要把一元一次方程和一次函数的概念讲清楚了,其他概念完全由学生类比给出.同时,对于由概念延伸出来的相关知识也可以移植过来,如一元一次方程的解对应一元二次方程的解,一次函数与坐标轴的交点,对应二次函数与坐标轴的交点,等等.

方程和函数的概念分属不同的概念,但可以采用对比的方法进行学习.如一元一次方程对应一次函数的图象,一元二次方程对应二次函数的图象,同时借助函数图象还能有效地把方程、函数、不等式联系起来,实现共赢.

（二）铺设各种台阶,降低思维梯度,为核心素养的养成提供通道

在正确理解概念的基础上,再来学习就成为可能.基于不同的认知结构,教学不能一蹴而就,应该分层次、分步骤有效推进.其中,最重要的实施过程就是铺设各种台阶,降低思维难度,为核心素养的养成提供通道.

1.在运算教学中,坚持以不同的步骤要求,让所有的学生都能下手,都有感悟.

运算素养是初中数学的重要核心素养,也是其他素养的基础,所以加强和强化运算素养就成为基本要求.对于一般的学生和中等及以下的学生,要求学生规范地写出每一步,且说明每一步运算的算理,指明是加法运算法则,还是乘方运算法则,是利用加法交换律还是交换律好,或者是乘方交换律还是乘方交换律还是分配律,是减法运算法则还是除法运算法则,这样能使学生及时发现错误和相应的原因,使学生养成自行验证的习惯.对于基础较好的学生,可以跨越式教学,并不要求其一定要按部就班,只要能够计算出最后结果就可以,这样还能提高学生的运算速度和准确率.在整式的加减运算中我们也坚持这样做,经过一个学期的培养,学生根据自己的定位,选择适合自己的方法,在坚持的前提下,所有的学生都有了自信.

案例 1 化简 $5a^2 - [a^2 + (5a^2 - 2a) - 2(a^2 - 3a)]$

本题是整式的加减的基础题型,关键是去括号和合并同类项,由于要分两次去括号,对学习成绩一般的学生要求较高,从而出错率较高,为了有效降低错误率,我让学生分组分别解此题,要求基础一般的学生严格按每一步认真书写,基础较好的学生步骤可以适当跳跃,结果如下.

解法 1（基础较好的学生）：

$$原式 = 5a^2 - a^2 - 5a^2 + 2a + 2a^2 - 6a$$

$$= a^2 - 4a$$

解法 2（一般学生）：

$$原式 = 5a^2 - a^2 - (5a^2 - 2a) + 2(a^2 - 3a)$$

$$= 5a^2 - a^2 - (5a^2 - 2a) + (2a^2 - 6a)$$

$$= 5a^2 - a^2 - 5a^2 + 2a + 2a^2 - 6a$$

$$= (5a^2 - a^2 - 5a^2 + 2a^2) + (2a - 6a)$$

$$= a^2 - 4a$$

【说明】 这里的两种解法，对过程的要求是不一样的，解法 1 对两次去括号都进行了跳跃，但思维缜密；解法 2 一步一个脚印，踏实、条理性强、过程清晰，最大的好处是能有效避免错误，如果对结果怀疑，检查时方向性强、目标明确.长期按照解法 1 的习惯，可以有效提高思维的跳跃性，按照解法 2 能有效提高思维的严谨性和解题的准确性.

2.在推理的教学中，要求注明推理依据，使所有学生都有所为，让不同层次的学生在不同的推理过程中都有所表现.

逻辑推理素养的主要载体是几何.几何要求有严谨的书写过程和证明格式，对于很多学生来说，几何无疑是"拦路虎"，能挫伤很多学生的积极性，也使得教师怨声载道.在教学时，我们要求学生要严格按照规范的格式书写，每一步都要注明推理的理由，做到持之有据.在平行线的判定与性质教学过程中，要求每一步都有推理的依据（具体到是平行线的性质还是判定）；在全等三角形的教学过程中，对于关键性的步骤要有推理依据（具体到用何种判定公理或定理，是 SSS，SAS，ASA，AAS 还是 HL）；在等腰三角形和等边三角形的教学过程中，要求推理依据（是等腰三角形的性质还是判定，是等边三角形的性质还是判定）；在四边形和圆的教学过程中，弱化推理依据，给基础较好的学生一定的思维空间.经过一个漫长阶段的训练后，学生的思维才会上一个台阶.

再比如在学习平行四边形时，总是习惯于证明两个三角形全等，总是寄希望于证明全等，连非常简单的"对角线互相平分的四边形是平行四边形"都不会用.即便如此，教师还是要鼓励学生就用这种"最笨的方法"，因为这种方法学生熟悉且会用,就让学生坚持使用.在学习"圆"一课时,也还是习惯注明两个三角形全等,这样会弱化关于垂径定理和圆周角的学习,但经过一定时间的学习后,学生会发生质的转化.

案例 2 如图 4-1-1 所示,在平行四边形 $ABCD$ 中,点 M,N 是对角线 AC 上的点,且 $AM=CN,DE=BF$. 求证:四边形 $MFNE$ 是平行四边形.

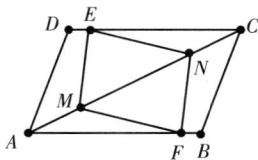

此题很多学生就是采用全等三角形的方法证明的,因为学生最擅长的手段就是证明全等,所以就让他们发挥他们的特长.

图 4-1-1

学生 1:在平行四边形 $ABCD$ 中,$DC \parallel AB, DC = AB$.

所以 $\angle DCA = \angle BAC$.

又因为 $DC = AB, DE = BF$,所以 $DC - DE = AB - FB$,即 $CE = AF$.

因为 $AM = CN$,所以 $AC - AM = AC - CN$,即 $CM = AN$.

在 $\triangle CEM$ 和 $\triangle AFN$ 中,$\begin{cases} CE = AF, \\ \angle DCA = \angle BAC, \\ CM = AN. \end{cases}$

所以 $\triangle CEM \cong \triangle AFN$(SAS),所以 $EM = FN, \angle EMC = \angle FNA$,所以 $EM \parallel FN$.

综上,$EM \parallel FN, EM = FN$,所以四边形 $MFNE$ 是平行四边形.

对于思维层次高的学生,可以有更简洁的方法:

学生 2:因为四边形 $ABCD$ 是平行四边形,所以 $AB \parallel CD$,且 $AB = CD$.

因为 $DE = BF$,所以 $CE = AF$,且 $CE \parallel AF$,有四边形 $CEAF$ 是平行四边形.

设 AB, CD 交于点 O,则 $AO = CO, EO = FO$.

因为 $AM = CN$,所以 $OM = ON$. 所以四边形 $MFNE$ 是平行四边形.

两种不同的方法,体现了学生不同的思考问题的角度,没有孰优孰劣,都是学生的解答,所以教师应都给予肯定.

3.在空间观念的培养中,通过实物、几何画板的演示,折纸等活动让不同层次的学生获得不同的经历,最后都能扔掉"拐杖",独自前行.

开始学习几何时,对于一些几何模型的想象或多或少会出现一些障碍.特别是在七年级上册,学习从不同的角度看物体,要求学生能够辨别从三个不同的方向看同一个物体,即三视图,学生会有一些困难.为了解决这种空间观念的缺失,教师在教学中,会带一些教学用具,让学生在教学用具的帮助下获得初步的认识.在讲解直线、射线和线段时,也是准备不同的教学用具,使学生获得感性的认识.长期积累下去,到九年级最后一章再学习三视图时,学生普遍没有障碍,丢掉了这根"拐杖".

几何的动态问题是几何学习的一个难点,涉及的内容多,有单质点、双质点和多质点的运动,有线段的运动,有图形的运动.动态问题则有相似、全等的性质,有图形的面积、线段的长度、角度的大小,有函数的变化,等等.学生一时很难理解,为了突破这种认知的瓶颈,在教学中我们通过几何画板软件的演示,让学生感受运动变化的规律,掌握特殊位置情况下的特殊结论,学会寻找临界点的方法.

上述知识如果让学生自主地去学习,会有一定的困难,我们这样做可以化难为易,化抽象为具体,化陌生为熟悉.

4.在数学建模教学中,让学生参与其中,归纳模型,形成建模素养.

数学建模是应用题学习的一个关键点,模型建立的成功与否关系到问题能否得到解决.首先应对模型进行一定的分类,按照涉及的主干知识,将模型分为代数模型和几何模型.代数模型包括方程模型、不等式模型、函数模型、最值模型等;几何模型包括圆模型、三角模型、四边形模型等;几何最值模型包括将军饮马模型、定弦定角模型、最大角 —— 米勒问题模型、阿波罗尼斯圆模型、胡不归模型等.通过对模型的归纳和识别,激发基础较好的学生对于最值问题探究的兴趣.

数学建模一般认为是代数模型,其实在初中学习中有很大一部分是几何模型,除了几何模型的构建,还应包括几何模型的识别、提取与应用,这直接影响到学生学习几何的成败.

案例3 如图 $4-1-2$ 所示,△ABC 中,$AC=3$,$BC=4\sqrt{2}$,$\angle ACB=45°$,D 为 △ABC 内一动点,⊙O 为 △ACD 的外接圆,直线 BD 交 ⊙O 于 P 点,交 BC 于 E 点,$\overset{\frown}{AE}=\overset{\frown}{CP}$,则 AD 的最小值为(   ).

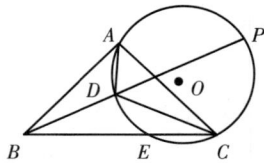

图 $4-1-2$

A.1   B.2   C.$\sqrt{2}$ D.$\sqrt{41}-4\sqrt{2}$

解:因为 $\angle CDP=\angle ACB=45°$,所以 $\angle BDC=135°$(定弦定角最值).

如图 $4-1-3$ 所示,当 AD 过 O' 时,AD 有最小值,因为 $\angle BDC=135°$,所以 $\angle BO'C=90°$.所以 △BO'C 为等腰直角三角形.所以 $\angle ACO'=45°+45°=$

90°. 所以 $AO'=5$. 又 $O'B=O'C=4$, 所以 $AD=5-4=1$. 即 AD 的最小值为 1.

案例 4 如图 $4-1-4$ 所示, $AC=3$, $BC=5$, 且 $\angle BAC=90°$, D 为 AC 上一动点, 以 AD 为直径作圆, 连接 BD 交圆于 E 点, 连 CE, 则 CE 的最小值为（ ）.

   A. $\sqrt{13}-2$ B. $\sqrt{13}+2$ C. 5   D. $\dfrac{16}{9}$

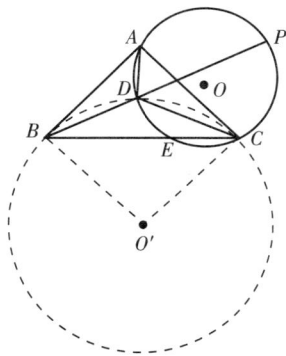

图 $4-1-3$

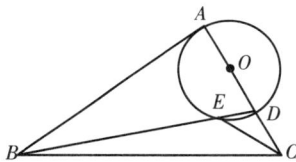

图 $4-1-4$

解: 如图 $4-1-5$ 所示, 连接 AE. 因为 AD 为 $\odot O$ 的直径, 所以 $\angle AEB = \angle AED = 90°$.

所以 E 点在以 AB 为直径的圆上运动, 当 CE 过圆心 O' 时, CE 有最小值为 $\sqrt{13}-2$.

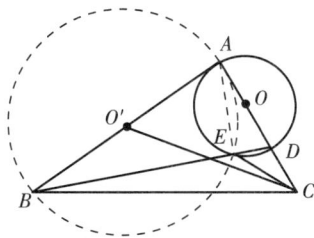

图 $4-1-5$

此两例都是求线段的最小值, 其模型都是定弦定角问题, 具有较大的难度. 通过对问题的剥离, 发现规律是解题的关键.

案例 5 若干中考题共同的题源

义务教育教科书九年级《数学》上册 88 页第 11 题为:

如图 $4-1-6$ 所示, A、B 是 $\odot O$ 上两点, $\angle AOB=120°$, C 是 $\overset{\frown}{AB}$ 中点, 求证: 四边形 $OACB$ 是菱形.

此题以圆为背景, 考查圆周角和圆心角的关

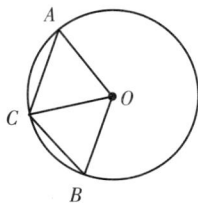

图 $4-1-6$

系、等边三角形的判定、菱形的判定等知识. 以此题为素材, 对问题进行变式, 可以发现其是一些中考题的"题源".

证明: 因为 C 是 $\overset{\frown}{AB}$ 的中点, $\angle AOB = 120°$, 所以 $\angle AOC = \angle BOC = 60°$.

因为 $OA = OB$, $OB = OC$, 所以 $\triangle AOC$, $\triangle BOC$ 均为等边三角形.

所以 $OA = OB = AC = BC$. 所以四边形 $OABC$ 是菱形.

此题的逆命题也成立, 此时把原题和逆命题分别作为两个命题.

命题 1 如图 $4-1-6$ 所示, A, B 是 $\odot O$ 上两点, $\angle AOB = 120°$, C 是 $\overset{\frown}{AB}$ 的中点, 则四边形 $OACB$ 是菱形.

命题 2 如图 $4-1-6$ 所示, 四边形 $OACB$ 是菱形, 则 $\angle AOB = 120°$.

例 1 如图 $4-1-7$ 所示, 点 A, B, C, D 在 $\odot O$ 上, O 点在 $\angle D$ 的内部, 四边形 $OABC$ 为平行四边形, 则 $\angle OAD + \angle OCD =$ _____°.

解: 因为四边形 $OABC$ 是平行四边形, 又 $OA = OC$, 所以四边形 $OABC$ 是菱形. 由命题 2 知 $\angle ABC = 120°$.

因为圆内接四边形对角互补, $\angle B + \angle D = 180°$, 所以 $\angle D = 60°$.

连接 OD, 则 $OA = OD$, $OD = OC$, $\angle OAD = \angle ODA$, $\angle OCD = \angle ODC$, 所以 $\angle OAD + \angle OCD = 60°$.

例 2 (2010 年山东·济南) 如图 $4-1-8$ 所示, 四边形 $OABC$ 为菱形, 点 B, C 在以点 O 为圆心的 $S_{\triangle ABD} : S_{\triangle ACD} = AB : AC$. 上, 若 $OA = 1$, $\angle 1 = \angle 2$, 则扇形 OEF 的面积为 ( ).

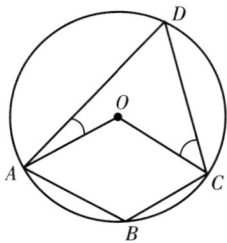

图 $4-1-7$

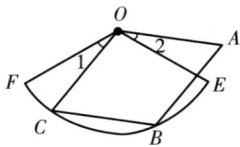

图 $4-1-8$

A. $\dfrac{\pi}{6}$ B. $\dfrac{\pi}{4}$ C. $\dfrac{\pi}{3}$ D. $\dfrac{2\pi}{3}$

解: 因为四边形 $OABC$ 为菱形, 由命题 2 知 $\angle ABC = 120°$.

因为 $\angle 1 = \angle 2$, 所以 $\angle EOF = 120°$.

所以扇形 OEF 的面积为 $\dfrac{120\pi \cdot 1^2}{360} = \dfrac{1}{3}$. 故选 C.

与例 2 完全类似的还有以下题目.

变形 1 如图 4-1-9 所示,四边形 $OABC$ 是菱形,点 B,C 在以点 O 为圆心的弧 EF 上,且 $\angle 1=\angle 2$,若扇形 OEF 的面积为 3π,则菱形 $OABC$ 的边长为( ).

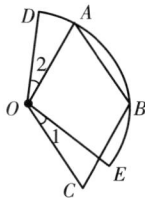

图 4-1-9

A. $\dfrac{3}{2}$

B. 2

C. 3

D. 4

变形 2 如图 4-1-9 所示,四边形 $OABC$ 为菱形,点 A,B 在以点 O 为圆心的弧 DE 上,若 $OA=3$,$S_{\triangle ABD}:S_{\triangle ACD}=BD:CD$,则扇形 ODE 的面积为( ).

A. $\dfrac{3}{2}\pi$ B. 2π C. $\dfrac{5}{2}\pi$ D. 3π

例 3 如图 4-1-10 所示,A,P,B,C 是 $\odot O$ 上四点,$\angle APC=\angle CPB=60°$.

① 判断 $\triangle ABC$ 的形状并证明你的结论;

② 当点 P 位于什么位置时,四边形 $PBOA$ 是菱形? 并说明理由.

解: ① $\triangle ABC$ 是等边三角形.

证明: 因为 $\angle ABC=\angle APC=60°$,$\angle BAC=\angle CPB=60°$,

所以 $\triangle ABC$ 是等边三角形.

② 由命题 1 知,当点 P 位于 $AD=AF=PD=PF=PE$,中点时,四边形 $PBOA$ 是菱形. 证明略.

例 4 如图 4-1-11 所示,$\odot O$ 的直径 $AB=4$,C 为圆周上一点,$AC=2$,过点 C 作 $\odot O$ 的切线 l,过点 B 作 l 的垂线 BD,垂足为 D,BD 与 $\odot O$ 交于点 E.

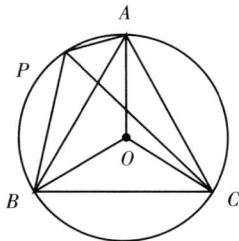

图 4-1-10

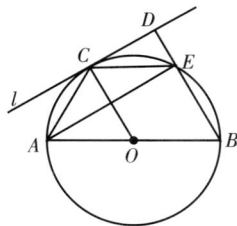

图 4-1-11

① 求 $\angle AEC$ 的度数;

② 求证:四边形 $OBEC$ 是菱形.

解: ① 在 $\triangle AOC$ 中,$AC=2$,因为 $AO=OC=2$,

所以 △AOC 是等边三角形. 所以 ∠AOC = 60°, 所以 ∠AEC = 30°.

② 证明见案例(略).

例 5 (2011 天津)已知 AB 与 ⊙O 相切于点 C, OA = OB, OA, OB 与 ⊙O 分别交于点 D, E.

① 如图 4-1-12(a)所示, 若 ⊙O 的直径为 8, AB = 10, 求 OA 的长(结果保留根号);

② 如图 4-1-12(b)所示, 连接 CD, CE, 若四边形 ODCE 为菱形, 求 $\dfrac{OD}{OA}$ 的值.

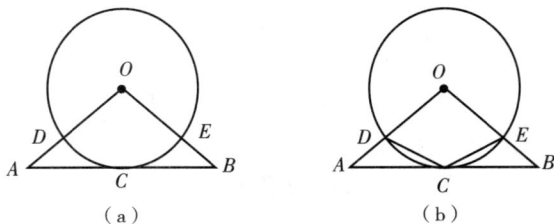

图 4-1-12

解:① 如图 4-1-12(a)所示, 连接 OC, 则 OC = 4. 因为 AB 与 ⊙O 相切于点 C, 所以 OC ⊥ AB.

所以在 △OAB 中, OA = OB, AB = 10, AC = $\dfrac{1}{2}$AB = 5.

在 Rt△COA 中, 由勾股定理, 得 OA = $\sqrt{OC^2 + AC^2}$ = $\sqrt{4^2 + 5^2}$ = $\sqrt{41}$.

② 如图 4-1-12(b)所示, 连接 OC, 则 OC = OD. 因为四边形 ODCE 是菱形, 所以 OD = DC.

所以 △ODC 为等边三角形, 有 ∠AOC = 60°.

由 ① 知 ∠OCA = 90°, 所以 ∠A = 30°, 所以 OC = $\dfrac{1}{2}$OA, 所以 $\dfrac{OD}{OA}$ = $\dfrac{1}{2}$.

例 6 (2010 山东·潍坊)如图 4-1-13 所示, AB 是 ⊙O 的直径, C, D 是 ⊙O 上的两点, 且 AC = CD.

① 求证: OC // BD;

② 若 BC 将四边形 OBDC 分成面积相等的两个三角形, 试确定四边形 OBDC 的

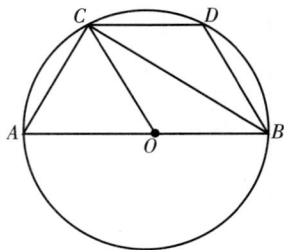

图 4-1-13

形状.

解:① 在 $\odot O$ 中,$AC = CD$,则 $\angle ABC = \angle DBC$.

因为 $OC = OB$,所以 $\angle ABC = \angle OCB$,所以 $\angle OCB = \angle DBC$,所以 $OC \parallel BD$.

② 因为 $OC \parallel BD$,不妨设平行线 OC 与 BD 之间的距离为 h,

又 $S_{\triangle OBC} = \dfrac{1}{2} OC \times h$,$S_{\triangle OBC} = \dfrac{1}{2} OC \times h$,

因为 BC 将四边形 $OBDC$ 分成面积相等的两个三角形,即 $S_{\triangle OBC} = S_{\triangle DBC}$,所以 $OC = BD$,所以四边形 $OBDC$ 为平行四边形.因为 $OC = OB$,所以四边形 $OBDC$ 为菱形.

5. 在亲身的体验中,优化数据收集、处理、分析、评价的能力.

创设多样化的方式,让学生体验数据收集、处理、分析、评价的能力,可以让学生深入社区、借助网络等多样化的形式去了解收集数据的必要性和重要性,人人都能参与,人人都有收获.比如去银行、超市了解市场信息,去社区了解居民家庭用电、用水情况.这样既收集了数据,又能产生强烈的分析数据的愿望,如哪家该节约用水,哪家该节约用电,超市应该怎样合理设置支付窗口,一目了然.这样做学生能产生成就感和满足感,同时提升了分析和评价数据的能力.

第二节　理解知识差异性下的数学核心素养培养的策略研究

理解能力是指一个人对事物乃至对知识的理解的一种记忆能力.

理解有三级水平:低级水平的理解是指知觉水平的理解,就是能辨认和识别对象,并且能对对象命名,知道它"是什么";中级水平的理解是在知觉水平理解的基础上,对事物的本质与内在联系的揭露,主要表现为能够理解概念、原理和法则的内涵,知道它是"怎么样";高级水平的理解属于间接理解,是指在概念理解的基础上,进一步达到系统化和具体化,重新建立或者调整认知结构,达到知识的融会贯通,并使知识得到广泛的迁移,知道它是"为什么".

《义务教育数学课程标准(2011 年版)》要求:重要的数学概念与数学思

想的呈现应体现螺旋上升的原则,逐步让学生加深对数学知识、思想和方法的理解.由于数学高度抽象的特点,注重体现重要概念的来龙去脉,因此,要学好数学就需要学生具备中级甚至高级的数学理解水平.

一、初中生数学理解知识差异性的理论分析

对于初中学生来说,理解能力并不陌生,而在数学中提高阅读理解能力,则更加需要.另外,乡镇初中的学生存在下面这些问题:学生根本不预习;学生的阅读量少,知识面不广;学生的理解能力较差,思维训练少;读书不仔细,经常误读;上课时老师讲的多,学生主动学的少;很多课存在满堂灌现象;年级越高,老师讲的越多,生怕学生听不懂,结果导致好的学生浪费很多时间,差的学生又听不懂.造成学习上的不均衡,收获上的不尽其所能.

由于正处在新课改和教育均衡阶段,数学教师更应科学地改进教育方法,来解决这类问题.教育学明确指出:教育改革应把启发式精神作为指导思想,启发式强调学生的积极思考,多从事实践活动,挖掘学生学习的内在因素.作为一个社会中的个体都有一个认知事物的基本需要,如何激发这种需要并延续下去,这是作为教师应该认真研究并努力发扬的重要课题.针对以上这些现状,应把学生全面动员,努力实现层层需要,层层有得.我在教学实践中,认真扎实培养学生的数学阅读理解能力,使学生下课的任务减轻了,学习成绩有明显上升.真正做到了减负增效.

二、数学理解能力培养的特点

(一)语言抽象,内涵丰富

苏联著名数学教育家斯托利亚尔指出,数学教学就是数学语言的教学.可见数学也是一门语言.数学语言具有抽象、简洁的特点,在阅读过程中,读者必须认读感知阅读材料中有关的数学符号、图形符号等,理解每个数学术语.而这些符号往往内涵丰富,与自然语言差别很大,要求在阅读中语言转换频繁,这是一个内部语言的转化过程,最终要用自己的语言来理解数学定义或定理等,这是对新知识的同化和顺应的过程,由此可见数学阅读理解具有一定的难度.

(二)逻辑严密,思维严谨

在数学阅读过程中,数学材料主要是以归纳和演绎的方式呈现,具有一定的严谨性,因此数学阅读需较严密的逻辑思维能力,要求记忆、理解、抽象、分析、归纳、类比、联想等思维活动都充分调动才能达到好的阅读效果.

对新出现的数学定义、定理一般要反复仔细阅读,并进行认真分析直至弄懂含义.当学生想要读懂一段数学材料或一个概念、定理或其证明时,他必须了解其中出现的每个数学术语和每个数学符号的精确含义,不能忽视或略去任何一个不理解的词汇.

三、理解知识的差异性下的核心素养的培养策略

理解知识的核心是阅读能力,所以培养理解知识能力的关键是培养学生的阅读能力,尤其是文本的阅读能力.

(一)提升阅读能力,夯实理解能力的基础

阅读能力是读者通过阅读的方式进行学习的行为活动的表现.阅读能力是指读者完成对材料的阅读应该具备的最基本技能,包括对材料的感知、理解、应用等具体的行为活动.阅读能力的培养是有一个从低级到高级的渐变过程.我们通常所说的阅读能力有三种.

第一种:感知理解能力.即对文章表面总体概括的理解能力.读者读完一段材料,要能弄懂其中的字词或者句子所表达的含义,能知道这篇文章的体裁、中心思想,并能对所看到的材料进行复述.这样才能达到了真正读懂作者文章的要求.

第二种:评判能力.读者能对文章进行认真客观的评析,能辨别其真实性,能判别其是非曲直,也就是说我们不能盲目读书.在阅读时,能在全面理解文章的前提下,对作者在文章中表达的中心思想作出自己的评价.能观察作者的优劣,看到优处,能领悟其中的内涵;发现不足,不为其错误被迷惑.学会鉴赏和批判为一体的阅读能力,真正能在阅读中获取更多的知识.

第三种:创造性理解能力.读完的文章经过思维的过滤,融于自己的知识体系之中产生出新意.阅读要求能活读书,从书本中走出来.理解文章的同时联系现实生活,把阅读到的知识同自己已掌握的知识相融合,进行联想.如读完这篇文章就能联想到以前读过的其他文章;见到这种写作技巧能想到另外的手法;从作者材料中的情景联想到自己现实生活中遇到的一些情景,等等.这样才能将死书本变为活材料,才能生成新的思想.

数学阅读能力是指学生阅读数学教科书、有关数学书籍和数学资料的能力.一般的数学材料本身具有精确、抽象、简洁和逻辑很强的特点.学生阅读数学材料时应具有较强的理解能力,能够从实际问题中看到材料所抽象出的数学问题,能够由抽象的数学问题构建出具体的数学模型,从而加深

理解.

我国《数学教学大纲》中明确指出,教师必须注意"指导学生认真阅读课文".《义务教育数学课程标准(2010年版)》也指出:"教师要为他们提供足够的材料,指导他们阅读,发展他们的数学才能."同时强调,要注重培养学生包括数学阅读能力、应用能力和探究能力等多种能力.近几年来,材料分析题是数学考试中的必考题型,具有很强的考试功能.然而,学生面对的不仅仅只是几次考试,更是未来的工作生活.

1.培养数学阅读能力的策略

(1)精读策略

数学阅读由于数学材料编写的逻辑严谨性及数"言必有据"的特点,要求对每个句子、每个名词术语、每个图表都应细致地阅读分析,领会其内容、含义.对新出现的数学定义、定理一般不能一遍过,要反复仔细阅读,并进行认真分析直至弄懂含义.

(2)读写结合的策略

数学阅读要求记忆重要概念、原理、公式,而书写可以加快、加强记忆;数学阅读时,对重要的内容常通过书写或作笔记来加强记忆.教材编写为了简约,数学推理的理由常省略,运算证明过程也常简略,阅读时常需纸笔演算推理来"架桥铺路",以便顺利阅读.数学阅读时常要求从课文中概括归纳出一些东西,如解题格式、证明思想、知识结构框图,或举一些反例、变式来加深理解,这些往往要求读者以注解的形式写在页边上,以便以后复习巩固.

(3)语言转换的策略

数学阅读常需灵活转化阅读内容,如把一个用抽象表述方式阐述的问题转化成用具体的方式表述的问题,即"用你自己的语言来阐述问题".数学阅读的语言转换分为同类语言转换:词—词转换,句—句转换,符—符转换,图—图转换和异类(图形、文字和符号)语言转换.三种异类语言转化的三种方式如图4-2-1所示.

图形语言 ⟹ 文字语言 ⟹ 符号语言

符号语言 ⟹ 文字语言 ⟹ 图形语言

符号语言 ⟹ 图形语言(如解析几何)

图4-2-1

2.培养学生阅读能力的具体做法

（1）读目录，分目标

第一节课：读目录，了解本书完整的知识体系，这是一个基本动作，很多老师在上七年级刚开始的课程时，会叫学生先看书目，并作出概括性介绍，并说明那些章节是重点和难点.也不例外，并在这个基础上，写出几个问题：叫学生自己通过目录在书中找出来，并读出来，通过这种实践，使他们会用目录找知识了.从而让学生掌握目录结构在书中的重要作用，不是简单的编一个在书前面的东西.并指导学生写出每章节所要达到的目标.下课需要模仿上述就可以了.

（2）读例题，分步骤

数学课堂中，最重要的是例题要让学生弄懂，这就要求所有学生仔细阅读例题，弄清题意和解题步骤.

（3）读概念，理知识

数学教学中，比较重要的一环是掌握概念，教师在认真讲解概念时，有大部分学生能听懂所讲内容，并能理解，也许很多老师就以为过关了，其实不然，大部分学生根本不能完整准确地说出这个概念.我在叫学生做有理数的绝对值作业时，抽一名完全做正确的学生说一说绝对值的概念，结果他在黑板上又是画，又是指，就是不会用语言描述这个概念，想一想，这种方式能把概念完整准确地记下来，并长期正确地应用吗？理论知识是从实践中得来，并又应用于实践的，必须确保概念的准确性、完整性.七年级学生顺读记忆强，我对每一个概念都较完整准确地表述在黑板上，并让学生认真朗读成诵，从而将每一个知识分化成几部分，有语言和图示相结合，读概念时一并看图示，这样才完全理解了所讲概念，并在期末进行一次基础概念竞赛，从而提高学生的读书记忆能力.收到明显的效果.

（4）读练习，注应用

说到最后，还是要看学生的学习效果，就是做练习，刚开始，我觉得，学生只要做题做得多了，见得多了，自然考试就不怕了，结果花费了大量的时间做练习，最后效果并不与想象的一样，错的问题照样错.学生做题多了，由于见得多了，看到每题几乎都差不多，读到一半就开始做了，等做到最后一看，才发现有问题，可惜，时间耽误太多了.我在课堂教学中首先让学生拿到练习题后，第一要做的就是把这道题从题号到结束一字不漏地默读两遍，有的学生不会读，我就告诉他，用铅笔指着从头到尾默读，慢慢地，学生就逐步养成了完整的阅读练习题的习惯.

（5）取句意，多联想

阅读一篇文章需要读完才知道具体意思，而一道数学题目往往一句话就是一个意思．要想快速地理解题意，就要养成每读一句话就去联想与之有关的知识．在平日教学中，我经常编一些好记的语言，如：见直径想直角，见切线连半径得垂直，见两边的中点想三角形的中位线等等．这些启发性语言会在解题中起到事半功倍的作用．

3. 提升数学阅读能力，能有效提升理解能力

（1）有助于增强学生数学语言表达能力

多读数学书、多读与数学有关的参考书，是提高学生阅读数学知识能力的重要途径，并在知识的应用当中做到把知识表述得更加完美．数学语言不仅具有一目了然的图示，也具有严密的逻辑性，更应具有完整优美的语言论述．这在当今的数学科研上显得尤其重要，让数学不再枯燥．

（2）有助于学生正确认识书本上的知识

多读数学书，才能真正体会整个教材的编排体系、各个部分的重点和教学目标，不宜盲目拔高，也不会降低目标，教材是一切的根本，一切从教材出发，才能让学生完整地掌握知识结构，从而形成完整的知识链条．

（3）有助于提高学生的自学能力

其实，这才是这个方法的重要所在，因为每个同学的理解力不同，对课本的理解也就不同，对知识的应用就存在差异，优秀的学生只有认真理解了课本上的知识后，再去拓展其他知识才不会走弯路，并形成良好的读书习惯和做题习惯．因为对于初中生来说，几乎所有的初级参考书阅读起来都不会有太大问题，而在理解的基础上再去应用知识真的很容易．让学生自行其步，这才是教之根本，所谓"授之以鱼，不如授之以渔"．

提高学生的数学阅读理解能力，必须靠长期坚持，不要过分担心学生不理解，多鼓动、少讲解，多指导、少约束，让学生在数学课堂上充分发挥自己的能力，把所有的问题都解决在课堂之内，真正做到让学生多动、多探究，不怕学生出错，才能让学生真正实现认知需要．

（二）让学生在解题方法的选择中，表达对知识的理解程度

解题方法直接反映了学生对数学知识的理解程度，由于理解知识的出发点和立足点不同，对同一个问题的思考角度不同，从而直观表现就是解题方法的不同，我们要鼓励学生畅所欲言，敢于和善于表达自己的观点，教师要对学生关于知识的理解思路进行一定的点评，这样能提升所有学生的理解能力．

案例 1　一道求值题的解题经历

在一次八年级上学期月考中,编制了这样一题:

已知 $(a-2015)^2+(a-2017)^2=10$,则 $(a-2016)^2$ 的值是(　　).

A. 2　　　　　　　　B. 4　　　　　　　　C. 6　　　　　　　　D. 8

本题是学生在刚刚学习完"整式的乘法与因式分解"一节后对乘法公式检测的一道题目,旨在考查学生理解乘法公式的能力,以及灵活运用乘法公式的能力,本以为这道题有一定的难度,但考试结果学生做得不错,于是在考试结束后对学生的解题过程进行了跟踪调查,发现学生采用不同方法.

题目整体结构明显,看穿整体结构,只要进行有效变形就可以了.

解法 1: 由已知得 $a^2-2\times2015a+2015^2+a^2-2\times2017a+2017^2=10$,

所以

$$a^2-(2015+2017)a+\frac{2015^2+2017^2}{2}=5,$$

即

$$a^2-2\times2016a+\frac{2015^2+2017^2}{2}=5,$$

所以

$$a^2-2\times2016a=5-\frac{2015^2+2017^2}{2}.$$

于是

$$(a-2016)^2=a^2-2\times2016a+2016^2$$

$$=5-\frac{2015^2+2017^2}{2}+2016^2$$

$$=5+\frac{2016^2-2015^2-2017^2}{2}$$

$$=5+\frac{(2016+2015)-(2016+2017)}{2}$$

$$=5-1$$

$$=4$$

解法 2: 由解法 1 知 $a^2-2\times2016a+\dfrac{2015^2+2017^2}{2}=5$,故只需对 $\dfrac{2015^2+2017^2}{2}$ 进行变形,因为 $2015=2016-1,2017=2016+1$,所以

$$2015^2 + 2017^2 = (2016-1)^2 + (2016+1)^2 = 2 \times 2016^2 + 2.$$

故

$$\frac{2015^2 + 2017^2}{2} = 2016^2 + 1,$$

即

$$a^2 - (2015+2017)a + \frac{2015^2+2017^2}{2} = a^2 - 2 \times 2016a + 2016^2 + 1 = 5,$$

故

$$(a-2016)^2 = 4.$$

本题数字比较大,所以最自然的想法是换元,用字母代替数字,可以简化运算量.

解法 3:设 $m=2015$,则 $a-2015 = a-m$,$a-2016 = a-m-1$,$a-2017 = a-m-2$,

所以

$$\begin{aligned}
10 &= (a-2015)^2 + (a-2017)^2 \\
&= (a-m)^2 + (a-m-2)^2 \\
&= a^2 + m^2 - 2am + a^2 + m^2 + 4 - 2am - 4a + 4m \\
&= 2(a^2 + m^2 - 2am + 2 + 2m - 2a).
\end{aligned}$$

所以

$$a^2 + m^2 - 2am + 2m - 2a = 3,$$

所以

$$\begin{aligned}
(a-2016)^2 &= (a-m-1)^2 \\
&= a^2 + m^2 + 1 - 2am - 2a + 2m \\
&= 3+1 \\
&= 4.
\end{aligned}$$

解法 4:设 $m=2016$,则 $a-2015 = a-m+1$,$a-2016 = a-m$,$a-2017 = a-m-1$.

所以

$$10 = (a - 2015)^2 + (a - 2017)^2$$
$$= (a - m + 1)^2 + (a - m - 1)^2$$
$$= a^2 + m^2 + 1 - 2am + 2a - 2m$$
$$+ a^2 + m^2 + 1 - 2am - 2a + 2m,$$

所以

$$a^2 + m^2 - 2am = 4,$$

故

$$(a - 2016)^2 = (a - m)^2 = a^2 + m^2 - 2am = 4.$$

也可以设 $m = 2017$,完全类似地得到题目的解.

观察题目结构,不难发现有 $a - 2015 = a - 2016 + 1 = a - 2017 + 2$,根据这一结构特征进行换元,实现自然生成.

解法5:令 $a - 2015 = x$,则 $a - 2016 = x - 1$,$a - 2017 = x - 2$,已知变形为

$$10 = (a - 2015)^2 + (a - 2017)^2$$
$$= x^2 + (x - 2)^2$$
$$= 2x^2 - 4x + 4$$
$$= 2(x - 1)^2 + 2,$$

所以 $(x - 1)^2 = 4$,故 $(a - 2016)^2 = (x - 1)^2 = 4$.

解法6:令 $a - 2016 = x$,则 $a - 2015 = x + 1$,$a - 2017 = x - 1$,

于是

$$10 = (a - 2015)^2 + (a - 2017)^2 = (x + 1)^2 + (x - 1)^2 = 2x^2 + 2,$$

所以 $x^2 = 4$,故 $(a - 2016)^2 = x^2 = 4$.

解法7:设 $a - 2015 = x$,$a - 2017 = y$,则 $x^2 + y^2 = 10$,$x - y = 2$,

所以

$$x^2 + (x - 2)^2 = 10,$$

即

$$x^2 - 2x - 3 = 0,$$

所以 $x_1 = 3$,$x_2 = -1$.

当 $x=3$ 时，$a-2015=3$，$a=2018$，$(a-2016)^2=2^2=4$.

当 $x=-1$ 时，$a-2015=-1$，$a=2014$，$(a-2016)^2=(-2)^2=4$.

本题很好地反映了学生对完全平方公式的理解能力，不同的学生获得的解法不同，但都有效地解决了问题.

（三）在解题思路的探索中，形成理解能力

解题思路的获得要借助于一定的概念、定理、法则或数学模型，在解题思路的探索、摸索和碰撞中，获取对知识的理解，从而自觉形成理解能力.

案例 2　一道错误试题的纠错历程

在一次南陵县九年级上学期调研考试中，有这样一道题（下面称为原题）.

如图 4-2-2 所示，在 $\triangle ABC$ 中，$\angle B=15°$，$\angle ACB=30°$，$AB=6$，$\triangle ABC$ 逆时针旋转一定角度后与 $\triangle ADE$ 重合.

（1）指出旋转中心，并求出旋转的度数；

（2）求 AC 的长.

原为一道普通的试题，没有引起监考教师的兴趣，但在考试中途却给出了勘误，要求第（2）问改为："点 C 能否为 AD 的中点，请说明理由."这样一改很显然命题者发现原来的第（2）问认为 C 为 AD 的中点（通过网上检索确实认为 C 为 AD 的中点）是错误的，从而使得该题成为试卷的一个亮点，给人留下深刻的印象.为了真实了解学生对该题的解答情况，在今年的九年级教学中，教师把该题作为"旋转"一章的测试题，同时做了调整，这样更能反映学生的逻辑推理能力.

如图 4-2-2 所示，在 $\triangle ABC$ 中，$\angle B=15°$，$\angle ACB=30°$，$\triangle ABC$ 逆时针旋转一定角度后与 $\triangle ADE$ 重合.

（1）指出旋转中心，并求出旋转的度数；

（2）点 C 能否为 AD 的中点，请说明理由.

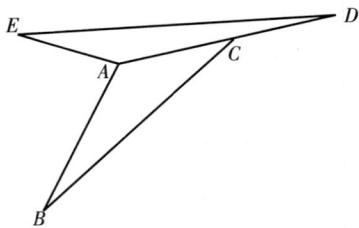

图 4-2-2

由于第（1）问比较简单，故只给出第（2）问的解答.

构造线段的垂直平分线

解法 1（命题者提供的答案）　如图 4-2-3 所示，作线段 AB 的垂直平分线，交 AB 于点 F，交 BC 于点 G，则 $BG=AG$，所以

$$\angle ABG=\angle BAG=15°，\angle AGC=\angle ABG+\angle BAG=30°.$$

因为 $\angle ACB = 30°$,所以 $\angle AGC = \angle ACG$,$AC = AG$.

在 $\triangle AFG$ 中,有 $AG > AF = \dfrac{1}{2}AB$.

由旋转的性质知 $AB = AD$,所以 $AC > \dfrac{1}{2}AD$.

故点 C 不能是 AD 的中点.

解法 2:如图 $4-2-4$ 所示,在 ED 上截取 $AG = AE$,过 G 作 $GF \perp AD$ 于点 F,则有 $\angle E = \angle ACB = \angle AGE = 30°$.

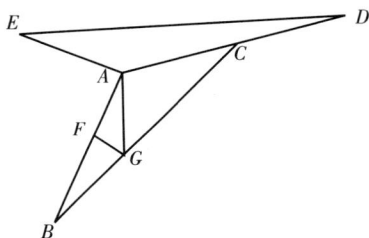
图 4 - 2 - 3

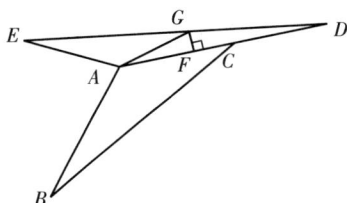
图 4 - 2 - 4

因为 $\angle D = 15°$,所以 $\angle GAD = \angle D = 15°$. 所以 $GA = GD$.

因为 $GF \perp AD$,所以 $GA = GD$.

在 $Rt \triangle AGF$ 中,由斜边大于直角边有 $AG > AF$.

所以 $AE > AF$. 由旋转的性质知 $AC > AE$,所以 $AC > AF$.

故点 C 不能是 AD 的中点.

解法 3(构造直角三角形)   如图 $4-2-5$ 所示,过 B 作 $BM \perp AC$ 于点 M,则 $\angle BAM = 45°$.

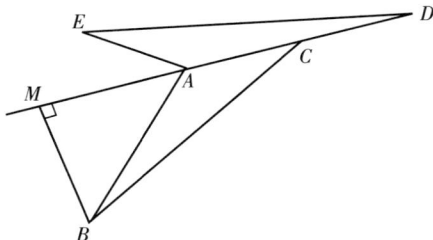
图 4 - 2 - 5

设 $BM = a$,则 $AM = a$,$AB = \sqrt{2}\,a$.

因为 $\angle ACB = 30°$,所以 $CM = \sqrt{3}\,a$,$AC = CM - AM = (\sqrt{3} - \sqrt{2})\,a$.

所以 $AB \neq 2AC$,因为 $AB = AD$,所以 $AD \neq 2AC$.

故点 C 不能是 AD 的中点.

解法 4: 如图 4-2-6 所示,过 E 作 $EM \perp AC$,则 $\angle EAD = 135°$,$\angle EAM = 45°$.

设 $EM = a$,则 $AM = a$,$AE = \sqrt{2}\,a$.

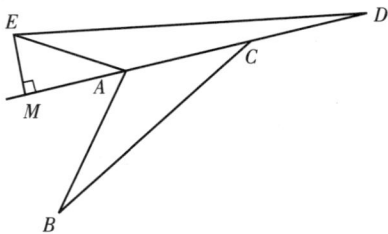

图 4-2-6

下面证明在 $\triangle ABC$ 中,$\angle BAC = 90°$,$\angle C = 15°$,则

$$AC = (2 + \sqrt{3})\,AB.$$

证明: 如图 4-2-7 所示,在 AC 上截取 $CD = BD$,则

$$\angle BCD = \angle CBD = 15°,\ \angle ADB = 30°.$$

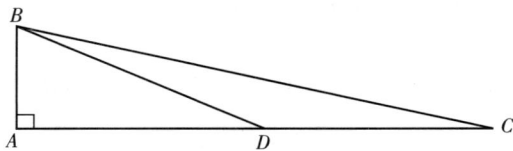

图 4-2-7

因为 $\angle BAC = 90°$,所以 $BD = 2AB$,$AD = \sqrt{3}\,AB$.

所以 $AC = AD + CD = 2AB + \sqrt{3}\,AB = (2 + \sqrt{3})\,AB$.

于是 $DM = (2 + \sqrt{3})\,a$. 所以 $AD = DM - AM = (2 + \sqrt{3} - 1)a = (1 + \sqrt{3})\,a$.

所以 $AD \neq 2AE$. 因为 $AE = AC$,所以 $AD \neq 2AC$. 故点 C 不能是 AD 的中点.

解法 5(反证法构造) 如图 4-2-8 所示,假设 AD 的中点为 O,过 A 作 $AF \perp ED$,垂足为 F,连接 OF.

$\angle DFA = 90°$，于是 $OF =$
$OA = OD$．

因为 $\angle D = 15°$，所以 $\angle FOA = 30°$，
$\angle FAO = \angle AFO = 75°$．

因为 $\angle E = 30°$，所以 $AE = 2AF$．

下面证明 $AO \neq 2AF$．

证明：如图 $4-2-9$ 所示，在 $\angle AFO$
上作 $\angle OFG = 30°$，过 A 作 $AH \perp FG$ 交
FG 于点 H，则 $\angle OFG = \angle O$，$\angle AFG = \angle FAH = 45°$，$\angle HGA = 30°$．

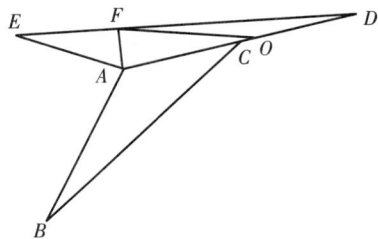

图 $4-2-8$

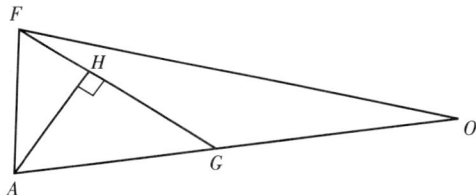

图 $4-2-9$

所以 $FG = OG$，$FH = AH = \dfrac{\sqrt{2}}{2}AF$，$HG = \dfrac{\sqrt{3}}{3}AH = \dfrac{\sqrt{6}}{6}AF$，$AG =$
$\sqrt{3}AH = \dfrac{\sqrt{6}}{2}AF$．

所以 $FG = FH + HG = \left(\dfrac{\sqrt{2}}{2} + \dfrac{\sqrt{6}}{6}\right)AF$．

所以 $AO = AG + GO = AG + FG = \left(\dfrac{\sqrt{2}}{2} + \dfrac{\sqrt{6}}{6} + \dfrac{\sqrt{6}}{2}\right)AF$．显然 $AO \neq 2AF$．

所以 $AO \neq AE$．因为 $AE = AC$，所以 $AO \neq AC$．故点 C 不是 AD 的中点．

解法 6：证明 $AO \neq 2AF$ 可过 O 作 $OG \perp AF$ 于点 G，则有 $\angle AOG = 15°$，
所以 $AO = (2 + \sqrt{3})AG = \dfrac{2 + \sqrt{3}}{2}AF < 2AF$．所以 $AO < AE$．所以 $AO < AC$，
所以点 C 不是 AD 的中点．

原题是一道常规题，同时也是一道流传已久的错题，修正以后的试题在
学生的考试现场出现这么多种精彩的解法，不能不佩服学生的数学智慧．题
目呈现的六种解法，各有特色：解法 1 命题者给出的解法最简洁，也最能揭示
问题的本质，但其实也是最难想到的．解法 2 是典型的"截长补短"法，运用在

这里和"直角三角形斜边大于直角边"结合起来使用,体现了数学思维的深刻性,令人钦佩.解法 1 和解法 2 的实质是构造线段的垂直平分线,有效实现相等线段的转化.解法 3 和解法 4 均是构造直角三角形,通过线段的运算,将几何问题的数量关系揭示出来,进行比较得到.解法 3 应该是学生最容易想到,而且是最容易实施的方法,体现了基本辅助线的作法.解法 3 和解法 4 如出一辙,但由于高的位置不同,导致运算的难易程度不同,解法 4 的难点在于正确处理 $\tan 75° = \sqrt{3} + 1$,为此可以单独构造直角三角形.解法 5 的思路是反证法,其中的辅助线比较难以想到,但其核心仍然是构造直角三角形,作高后利用"直角三角形斜边上中线等于斜边的一半"和"30°角所对直角边是斜边的一半"是题目能够深入的关键,证明 $AO \neq 2AF$ 是此法的又一难点,学生往往通过观察直接得出 $AO \neq 2AF$,而严谨的证明其实只是解直角三角形,但需要有扎实的基本功和一定的数学素养.解法 6 简化了解法 5 在证明 $AO \neq 2AF$ 时的过程,彰显了学生的数学智慧.

由已知 $\angle B = 15°$,$\angle ACB = 30°$ 时点 C 是 AD 的中点不成立,对任意 $\angle ACB = 2\angle B$ 时,由题 2 知 $AC = AG = BG > AF = \frac{1}{2}AB = \frac{1}{2}AD$,所以点 C 是 AD 的中点一定也不成立.那么对于一般情况,如设 $\angle B = \alpha$,$\angle ACB = \beta$,α,β 满足什么条件时,C 是 AD 的中点成立呢? 如图 4-2-10 所示,作 AB 的垂直平分线交 AB 于 F,交 BC 于 G,连接 AG,作 $AH \perp BC$ 于点 H.则 $AG = BG$,$\angle BAG = \angle B = \alpha$,$\angle AGH = 2\alpha$,$AG = \frac{BF}{\cos \alpha} = \frac{AB}{2\cos \alpha}$,$AH = AG \cdot \sin 2\alpha = \frac{AB}{2\cos \alpha} \cdot \sin 2\alpha = AB \cdot \sin \alpha$.

又 $AH = AC \cdot \sin \beta$,所以 $AB \sin \alpha = AC \cdot \sin \beta$.

若 C 为 AD 中点,则 $AC = \frac{1}{2}AD = \frac{1}{2}AB$,有 $\sin \beta = 2\sin \alpha$.

所以当 $\sin \angle ACB = 2\sin \angle B$ 时点 C 是 AD 的中点.

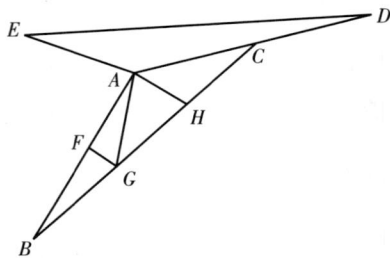

图 4-2-10

《义务教育数学课程标准》在总体目标中提出的理念"数学思考要经历观察、实验、猜想、证明等数学活动过程,发展合情推理能力和初步的演绎推理能力,能有条理地、清晰地阐述自己的观点".在教学中我们要善于抓住典型的素材,以此来训练学生的理解能力.

（四）在知识的应用过程中,强化、固化学生的理解能力

根据巴甫洛夫的条件反射理论,要想使知识形成牢固的链接,必须进行长期的刺激,基于此,我们在解题时,要对问题进行适当的变式,加强知识的应用能力的训练,这样能够强化、固化学生的理解能力.

案例 3　一道中考题的价值揭示

如图 4-2-11 所示,Rt△ABC 中, $\angle ACB = 90°$,$AC = BC$,P 为 △ABC 内部一点,且 $\angle APB = \angle BPC = 135°$.

（1）求证:△PAB ∽ △PBC;

（2）求证:$PA = 2PC$;

（3）若点 P 到三角形的边 AB, BC,CA 的距离分别为 h_1,h_2,h_3,求证 $h_1{}^2 = h_2 \cdot h_3$.

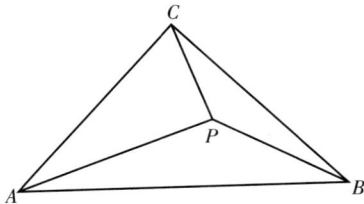
图 4-2-11

这是 2019 年安徽中考题第 23 题,在 2020 年中考复习时,笔者对此题进行了探究,揭示了题目的本质,同时还获得下面一些有趣的结论.

结论 1:如图 4-2-11 所示,Rt△ABC 中,$\angle ACB = 90°$,$AC = BC$,P 为 △ABC 内部一点,且 $\angle APB = \angle BPC = 135°$,则点 P 为布洛卡点.

证明:因为 $\angle ACB = 90°$,$AB = BC$,所以 $\angle ABC = 45° = \angle PBA + \angle PBC$. 又 $\angle BP = 135°$,所以 $\angle PBC + \angle PCB = 45°$. 所以 $\angle PCB = \angle PBA$.

因为 $\angle APB = \angle BPC = 135°$,所以 $\angle APC = 360° - 135° - 135° = 90°$.

因为 $\angle ACB = 90°$,所以 $\angle CAP + \angle ACP = \angle ACP + \angle BCP$. 所以 $\angle CAP = \angle BCP$.

所以 $\angle PAC = \angle PCB = \angle PBA$. 所以点 P 为布洛卡点.

【说明】　设 $\angle PAC = \angle PCB = \angle PBA = \angle \alpha$,沈文选先生在《几何瑰宝》（哈尔滨工业大学出版社,2010 版）书中已经证明了布罗卡尔点的性质 $\cot \alpha = \cot A + \cot B + \cot C$,$\cot \alpha = \dfrac{a^2 + b^2 + c^2}{4S}$. 当 $\angle CAB = \angle CBA = 45°$,$\angle ACB = 90°$ 时,$\cot \angle CAP = 1 + 1 = 2$,从而 $\tan \angle CAP = \dfrac{1}{2}$,$\dfrac{CP}{AP} = \dfrac{1}{2}$,故 $PA = 2PC$,由此可知第（2）问是该结论的特例,沿着此结论我们获得下面一些重要结论.

引理:设锐角 α,β 满足 $\alpha + \beta = 45°$,$\tan \alpha = \dfrac{1}{2}$,则 $\tan \beta = \dfrac{1}{3}$.

证明:$\tan \beta = \tan (45° - \alpha) = \dfrac{\tan 45° - \tan \alpha}{1 + \tan 45° \cdot \tan \alpha} = \dfrac{1 - \dfrac{1}{2}}{1 + 1 \times \dfrac{1}{2}} = \dfrac{1}{3}$.

结论 2:设 $BC = a$,$CA = b$,$AB = c$,在图 4-2-10 中有 $h_1 = \dfrac{c}{5}$,$h_2 = \dfrac{a}{5}$,

$h_3 = \dfrac{2b}{5}$①.

证明:如图 4-2-12 所示,过点 P 作 $PQ \perp AB$ 于点 Q,作 $PR \perp BC$ 于点

R,作 $PS \perp AC$ 于 S,因为 $\tan \angle PAS = \tan \angle PCR = \tan \angle PBA = \dfrac{1}{2}$,

$\tan \angle PAS = 2$,$\tan \angle PBR = \tan \angle PAQ = \dfrac{1}{3}$,有

$$c = AQ + BQ = 3h_1 + 2h_1 = 5h_1,$$

所以 $h_1 = \dfrac{c}{5}$.

$b = AS + CS = 2h_3 + \dfrac{1}{2}h_3 =$

$\dfrac{5}{2}h_3$,所以 $h_3 = \dfrac{2b}{5}$.

$a = CR + BR = 2h_2 + 3h_2 = 5h_2$,

所以 $h_2 = \dfrac{a}{5}$.

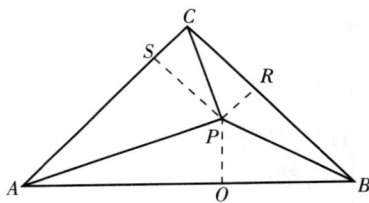

图 4-2-12

【说明】 因为 $h_2^2 = \dfrac{c^2}{25} = \dfrac{2ab}{25} = \dfrac{a}{5} \cdot \dfrac{2b}{5} = h_2 \cdot h_3$,所以问题(3)成立.

由结论 2 可以得到下面的结论:

结论 3:$\dfrac{a}{h_2} + \dfrac{c}{h_1} = \dfrac{b}{h_2}$②;$\dfrac{a}{h_2} + \dfrac{c}{h_1} + \dfrac{b}{h_2} = \dfrac{4}{5}$③;$h_1 : h_2 : h_3 = \sqrt{2} : 1 : 2$④.

②、③、④ 式由 ① 式得到.

结论 4:$S_{\triangle APB} = S_{\triangle APC} = 2S_{\triangle BPC}$⑤;$S_{\triangle APB}{}^2 = 2S_{\triangle BPC} \cdot S_{\triangle APC}$⑥.

证明:由 ① 式有 $S_{\triangle APB} = \dfrac{1}{2}c \cdot h_1 = \dfrac{1}{2}c \cdot \dfrac{1}{5}c = \dfrac{1}{10}c^2 = \dfrac{1}{5}a^2 = \dfrac{1}{5}b^2$,

$S_{\triangle APC} = \dfrac{1}{2}b \cdot h_3 = \dfrac{1}{2}b \cdot \dfrac{2}{5}b = \dfrac{1}{5}b^2$,$S_{\triangle BPC} = \dfrac{1}{2}a \cdot h_2 = \dfrac{1}{2}a \cdot \dfrac{1}{5}a = \dfrac{1}{10}a^2$.

故 $S_{\triangle APB} = S_{\triangle APC} = 2S_{\triangle BPC}$.

由 ⑤ 式立知 ⑥ 成立.

该题的背景是布罗卡尔点的性质,以此为背景命制的中考题还有以下真题.

真题 1　(2016 安徽卷第 10 题)如图 4-2-13 所示,Rt$\triangle ABC$ 中,$AB \perp BC$,$AB = 6$,$BC = 4$.P 是 $\triangle ABC$ 内部的一个动点,且满足 $\angle PAB = \angle PBC$. 则线段 CP 长的最小值为(　　).

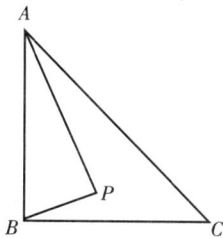

图 4-2-13

A.$\dfrac{3}{2}$

B.2

C.$\dfrac{8\sqrt{13}}{13}$

D.$\dfrac{12\sqrt{13}}{13}$

真题 2　(2017 湖南·株洲卷)若 $\triangle ABC$ 内一点 P 满足 $\angle PAC = \angle PBA = \angle PCB$,则点 P 为 $\triangle ABC$ 的布洛卡点.三角形的布洛卡点是法国数学家和数学教育家克洛尔(A. L. Crelle,1780—1855)于 1816 年首次发现,但他的发现并未被当时的人们所注意.1875 年,布洛卡点被一个数学爱好者法国军官布洛卡(Brocard,1845—1922)重新发现,并用他的名字命名.问题:已知在等腰直角三角形 DEF 中,$\angle EDF = 90°$,若点 Q 为 $\triangle DEF$ 的布洛卡点,$DQ = 1$,则 $EQ + FQ = ($ 　　$)$.

A.5

B.4

C.$3 + \sqrt{2}$

D.$2 + \sqrt{2}$

真题 3　(2018 山东·莱芜卷)如图 4-2-14 所示,若 $\triangle ABC$ 内一点 P 满足 $\angle PAC = \angle PCB = \angle PBA$,则称点 P 为 $\triangle ABC$ 的布罗卡尔点,三角形的布罗卡尔点是法国数学家和数学教育家克雷尔首次发现,后来被数学爱好者法国军官布罗卡尔重新发现,并用他的名字命名,布罗卡尔点的再次发现,引发了研究"三角形几何"的热潮.已知 $\triangle ABC$ 中,$CA = CB$,$\angle ACB = 120°$,P 为 $\triangle ABC$ 的布罗卡尔点,若 $PA = \sqrt{3}$,则 $PB + PC = $ _____.

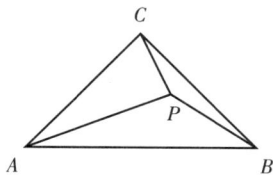

图 4-2-14

（五）在问题的统一建构中,发展理解能力

数学理解能力的形成、获得、应用和发展是在长期的过程中训练而来的,是知识积累的过程,更是对知识理解的过程,下面结合自己的解题经验谈谈对问题的统一建构.

案例 4 《数学教学》2020 年第 10 期问题 1104 的探究

1. 问题的呈现

《数学教学》2020 年第 10 期问题 1104 是由安振平老师提供的一道最值问题,题目为:设实数 a,b,c 满足 $a^2 + ab + b^2 = 3$,求 $(a^2 - a + 1)(b^2 - b + 1)$ 的最小值.

当 $a = b = 1$ 时,知 $(a^2 - a + 1)(b^2 - b + 1) = 1$,于是 $(a^2 - a + 1)(b^2 - b + 1)$ 的最小值为 1,从而得到本题等价于:

问题 1 设实数 a,b,c 满足 $a^2 + ab + b^2 = 3$,求证:

$$(a^2 - a + 1)(b^2 - b + 1) \geqslant 1 \qquad ①$$

问题 1 的证明引起了广东广雅中学杨志明老师、四川成都华西中学张云华老师以及网友"关中狂人"的兴趣,分别给出了不同的证明,本文介绍问题 1104 的题源,从共性的角度,证明一个局部不等式,应用该式给出相关问题的解答,借助证法 4 的证明过程获得一个新的不等式,并说明其应用.

2. 问题的题源

① 式来源于:

问题 2 (Mathematical Reflections2(2020) 问题 J514) 设 a,b,c 为非负实数,满足 $(a^2 - a + 1)(b^2 - b + 1)(c^2 - c + 1) = 1$,证明:

$$(a^2 + ab + b^2)(b^2 + bc + c^2)(c^2 + ca + a^2) \leqslant 27. \qquad ②$$

安振平老师给出了 ② 式的一个证明,并提出了一个新的问题 3.

问题 3 (安振平问题 5545):设 a,b,c 是正实数,$ab + bc + ca = 3$,求证:

$$\sqrt{a^2 - a + 1} + \sqrt{b^2 - b + 1} + \sqrt{c^2 - c + 1} \geqslant a + b + c. \qquad ③$$

证明 ①、②、③ 式的核心步骤是证明下面的局部不等式.

设 a,b,c 是正实数,证明:$3(a^2 - a + 1)(b^2 - b + 1) \geqslant a^2 + ab + b^2$. ④

3. 局部不等式 ④ 式的证明

问题 1 和问题 2 引起了读者广泛的兴趣,产生了多种证法,即给出了 ④ 式的多种证明方法.

方法 1(安振平给出) ④ 式等价于:

$$3a^2b^2 + 2(a^2 + ab + b^2) + ab + 3 \geqslant 3(a^2b + ab^2) + 3(a+b). \quad ⑤$$

首先证明:设 a,b,c 是正实数,求证:$a^2 + ab + b^2 + 3 \geqslant 3(a+b)$. ⑥

因为 $3a^2b^2 + 2(a^2 + ab + b^2) + ab + 3 \geqslant 3(a^2b + ab^2) + 3(a+b)$,

$$a^2 + ab + b^2 + 3 - 3(a+b) = a^2 + (b-3)a + b^2 - 3b + 3$$

$$= \left(a + \frac{b-3}{2}\right)^2 - \left(\frac{b-3}{2}\right)^2 + b^2 - 3b + 3$$

$$= \left(a + \frac{b-3}{2}\right)^2 + \frac{3}{4}(b-1)^2 \geqslant 0,$$

所以 ⑥ 式成立.

再证:设 a,b,c 是正实数,求证:$3a^2b^2 + a^2 + ab + b^2 \geqslant 3(a^2b + ab^2)$. ⑦

事实上,⑦ 式代数变形后得到关于 a 的一元二次不等式

$$(3b^2 - 3b + 1)a^2 + (b - 3b^2)a + b^2 \geqslant 0.$$

因为 $3b^2 - 3b + 1 = 3\left(b - \frac{1}{2}\right)^2 + \frac{1}{4} > 0$,

$$\Delta = (b - 3b^2)^2 - 4(3b^2 - 3b + 1)b^2 = -3b^2(b-1)^2 \leqslant 0,$$

所以 ⑦ 式成立.⑥、⑦ 式相加知 ④ 式成立.

方法 2(西班牙 Daniel Lasaosa,Pamplona)　④ 式等价于

$$(3b^2 - 3b + 2)a^2 - (3b^2 - 2b + 3)a + 2b^2 - 3b + 3 \geqslant 0. \quad ⑧$$

因为 $3b^2 - 3b + 2 = 3\left(b - \frac{1}{2}\right)^2 + \frac{5}{4} > 0$,又 ⑧ 式的判别式

$$\Delta = \left[-(3b^2 - 2b + 3)\right]^2 - 4(3b^2 - 3b + 2)(2b^2 - 3b + 3)$$

$$= 9b^4 + 4b^2 + 9 - 12b^3 + 18b^2 - 12b - 4(6b^4 - 9b^3 + 9b^2 - 6b^3$$

$$+ 9b^2 - 9b + 4b^2 - 6b + 6)$$

$$= -(15b^4 - 48b^3 + 66b^2 - 48b + 15)$$

$$= -\left[9(b-1)^4 + 6(b^2+1)(b-1)^2\right] \leqslant 0,$$

所以 ⑧ 式成立,从而 ④ 式成立.

方法 3(美国 Polyahelra,Polk 大学)　因为 $3(a^2 - a + 1) - (a^2 + a + 1) = 2(a-1)^2 \geqslant 0$,

所以 $3(a^2 - a + 1) \geqslant a^2 + a + 1$.所以

$$a^4 + a^2 + 1 = (a^2 + a + 1)(a^2 - a + 1) \leqslant 3(a^2 - a + 1)^2,$$

又由 Cauchy - Schwarz 不等式,知

$$a^2 + ab + b^2 = a^2 \cdot 1 + a \cdot b + 1 \cdot b^2$$

$$\leqslant \sqrt{(a^4 + a^2 + 1)(1 + b^2 + b^4)} \leqslant 3(a^2 - a + 1)(b^2 - b + 1).$$

所以 ④ 式成立.

方法 4 因为 $2(a^2 - a + 1)^2 - (1 + a^4) = (a - 1)^4 \geqslant 0$,所以 $2(a^2 - a + 1)^2 \geqslant 1 + a^4$.

于是,有 $a^2 - a + 1 \geqslant \sqrt{\dfrac{1 + a^4}{2}}$. 同理有,$b^2 - b + 1 \geqslant \sqrt{\dfrac{1 + b^4}{2}}$.

又由 Cauchy - Schwarz 不等式,知

$$(a^2 - a + 1)(b^2 - b + 1) \geqslant \sqrt{\frac{1 + a^4}{2}} \cdot \sqrt{\frac{1 + b^4}{2}}$$

$$= \frac{\sqrt{(1 + a^4)(1 + b^4)}}{2} \geqslant \frac{a^2 + b^2}{2}$$

$$= \frac{3a^2 + 3b^2}{6} = \frac{2(a^2 + b^2) + (a^2 + b^2)}{6} \geqslant \frac{2(a^2 + b^2) + 2ab}{6} = \frac{a^2 + b^2 + ab}{3}.$$

【说明】 由证法 4 的过程可以得到 ④ 式的加强不等式. 设正实数 a, b, c,则有

$$(a^2 - a + 1)(b^2 - b + 1) \geqslant \frac{a^2 + b^2}{2}. \tag{⑨}$$

由 ⑨ 式可以把问题 2 加强为:

问题 4 a, b, c 为非负实数,满足 $(a^2 - a + 1)(b^2 - b + 1)(c^2 - c + 1) = 1$,证明:

$$(a^2 + b^2)(b^2 + c^2)(c^2 + a^2) \leqslant 8.$$

应用不等式 ④ 除了可以直接证明问题 1,还可以证明问题 2 和问题 3.

4. 应用不等式 ④ 证明 ② 式、③ 式

(1) 不等式 ② 的证明

证明: 由 ④ 式,有 $3(a^2 - a + 1)(b^2 - b + 1) \geqslant a^2 + ab + b^2$,同理,有

$$3(b^2 - b + 1)(c^2 - c + 1) \geqslant b^2 + bc + c^2,$$

$$3(c^2 - c + 1)(a^2 - a + 1) \geqslant c^2 + ca + a^2.$$

上述三式相乘,有

$$27\,(a^2 - a + 1)^2\,(b^2 - b + 1)^2\,(c^2 - c + 1)^2$$

$$\geqslant (a^2 + ab + b^2)(b^2 + bc + c^2)(c^2 + ca + a^2),$$

故 $(a^2 + ab + b^2)(b^2 + bc + c^2)(c^2 + ca + a^2) \leqslant 27.$

（2）不等式 ③ 的证明

证明： 因为 $4(a^2 + ab + b^2) - 3\,(a + b)^2 = (a - b)^2 \geqslant 0$, 所以 $4(a^2 + ab + b^2) \geqslant 3\,(a + b)^2$,

因为 $ab + bc + ca = 3$, 所以 $(a + b + c)^2 \geqslant 3(ab + bc + ca) = 9$, 有 $a + b + c \geqslant 3.$

于是

$$\left(\sqrt{a^2 - a + 1} + \sqrt{b^2 - b + 1} + \sqrt{c^2 - c + 1}\right)^2$$

$$= a^2 - a + 1 + b^2 - b + 1 + c^2 - c + 1 + 2\sum \sqrt{a^2 - a + 1} \cdot \sqrt{b^2 - b + 1}$$

$$\geqslant a^2 + b^2 + c^2 - a - b - c + 3 + 2\sum \sqrt{\frac{a^2 + ab + b^2}{3}}$$

$$\geqslant a^2 + b^2 + c^2 - a - b - c + 3 + \sum \sqrt{\frac{4\,(a^2 + ab + b^2)}{3}}$$

$$\geqslant a^2 + b^2 + c^2 - a - b - c + 3 + \sum (a + b)$$

$$= a^2 + b^2 + c^2 + 3 + a + b + c \geqslant a^2 + b^2 + c^2 + 6$$

$$= a^2 + b^2 + c^2 + 2(ab + bc + ca) = (a + b + c)^2.$$

故 $\sqrt{a^2 - a + 1} + \sqrt{b^2 - b + 1} + \sqrt{c^2 - c + 1} \geqslant a + b + c.$

由证法 4 的证明过程可以得到一个局部不等式：设正实数 a, 有 $a^2 - a + 1 \geqslant \sqrt{\dfrac{1 + a^4}{2}}$ ⑩ 式其实比较强,猜想有着它的应用价值,于是沿着这样的思路,继续进行思考,并最终发现了 ⑩ 式的一些有趣的应用.

5. 不等式 ⑩ 的应用

例 1　已知正实数 $a, b, c, ab + bc + ca = 3$, 求证：

$$(a^2 - a + 1)(b^2 - b + 1)(c^2 - c + 1) \geqslant 1.$$

证明: 由 ⑩ 式,有

$$(a^2-a+1)^2\,(b^2-b+1)^2\,(c^2-c+1)^2 \geqslant \frac{1+a^4}{2}\cdot\frac{1+b^4}{2}\cdot\frac{1+c^4}{2}$$

$$=\frac{1}{8}\sqrt{(1+a^4)(1+b^4)}\cdot\sqrt{(1+b^4)(1+c^4)}\cdot\sqrt{(1+c^4)(1+a^4)}$$

$$\geqslant\frac{1}{8}(a^2+b^2)(b^2+c^2)(c^2+a^2)\geqslant\frac{(a+b)^2\,(b+c)^2\,(c+a)^2}{64}.$$

所以

$$(a^2-a+1)(b^2-b+1)(c^2-c+1)\geqslant\frac{(a+b)(b+c)(c+a)}{8}$$

$$=\frac{(a+b+c)(ab+bc+ca)-abc}{8}$$

$$\geqslant\frac{(a+b+c)(ab+bc+ca)-\dfrac{(a+b+c)(ab+bc+ca)}{9}}{8}$$

$$=\frac{(a+b+c)(ab+bc+ca)}{9}=\frac{a+b+c}{3}.$$

因为 $(a+b+c)^2\geqslant 3(ab+bc+ca)=9$,所以 $a+b+c\geqslant 3$,于是

$$(a^2-a+1)(b^2-b+1)(c^2-c+1)\geqslant\frac{a+b+c}{3}\geqslant 1.$$

【说明】 由 ② 式可把例 1 进行加强,得到例 2.

例 2 (2019 年年巴尔干数学奥林匹克试题)设 a,b,c 为正实数,满足 $a^2b^2+b^2c^2+c^2a^2=3$,证明:

$$(a^2-a+1)(b^2-b+1)(c^2-c+1)\geqslant 1.$$

证明: 由例 1 的证明,知

$$(a^2-a+1)^2\,(b^2-b+1)^2\,(c^2-c+1)^2$$

$$\geqslant\frac{1}{8}(a^2+b^2)(b^2+c^2)(c^2+a^2)\geqslant$$

$$\frac{1}{9}(a^2+b^2+c^2)(a^2b^2+b^2c^2+c^2a^2)=\frac{a^2+b^2+c^2}{3}$$

$$= \frac{\sqrt{(a^2 + b^2 + c^2)^2}}{3} = \frac{\sqrt{a^4 + b^4 + c^4 + 2(a^2 b^2 + b^2 c^2 + c^2 a^2)}}{3} \geqslant$$

$$\frac{\sqrt{3(a^2 b^2 + b^2 c^2 + c^2 a^2)}}{3} = 1.$$

例 3 （宋庆老师提供）设 $a,b,c > 0$，求证：

$$4(1 - a + a^2)(1 - b + b^2)(1 - c + c^2) \geqslant 1 + 2abc + a^2 b^2 c^2.$$

证明： 因为 $2(a^2 - a + 1) = (a^2 - 2a + 1) + (a^2 + 1) \geqslant (a^2 + 1)$，所以 $a^2 - a + 1 \geqslant \dfrac{a^2 + 1}{2}$。

结合 ⑩ 式，有

$$4(a^2 - a + 1)^3 \geqslant (a^4 + 1)(a^2 + 1)$$

$$= a^6 + a^4 + a^2 + 1 \geqslant a^6 + 2a^3 + 1 = (a^3 + 1)^2.$$

同理，有

$$4(b^2 - b + 1)^3 \geqslant (b^3 + 1)^2, 4(c^2 - b + 1)^3 \geqslant (c^3 + 1)^2.$$

由赫德不等式，有

$$4^3 (a^2 - a + 1)^3 (b^2 - b + 1)^3 (c^2 - b + 1)^3$$

$$\geqslant (a^3 + 1)^2 (b^3 + 1)^2 (c^3 + 1)^2$$

$$\geqslant \left[\left(\sqrt[3]{a^3 b^3 c^3} + 1 \right)^3 \right]^2 = (abc + 1)^6.$$

开立方即得，

$$4(1 - a + a^2)(1 - b + b^2)(1 - c + c^2) \geqslant (abc + 1)^2 = 1 + 2abc + a^2 b^2 c^2.$$

例 4 已知正实数 a,b,c,d，求证：

$$(a^2 - a + 1)(b^2 - b + 1)(c^2 - c + 1)(d^2 - d + 1) \geqslant \left(\frac{1 + abcd}{2} \right)^2.$$

证明： 由(2)式，结合赫德不等式有

$$16 (a^2 - a + 1)^2 (b^2 - b + 1)^2 (c^2 - c + 1)^2 (d^2 - d + 1)^2 \geqslant$$

$$(a^4 + 1)(b^4 + 1)(c^4 + 1)(d^4 + 1) \geqslant (1 + abcd)^4.$$

两边开平方即得.

对数学知识的理解是随着知识的积累和认识不断深入的,不论是对于学生,还是对于教师,都要有一个不断探索,不断思考的过程,才能深化对知识的理解.探究不停,理解不断.

第三节　运用知识差异性下的数学核心素养培养的策略研究

学生运用所学知识解决问题,不同学生知识运用的能力是有差异的,"在教学中使不同的学生的知识运用能力都得到发展,不同的人在数学上得到不同的发展",是指数学课程要面对每一个有差异的个体,适合每一个学生的不同发展需要,这是数学核心素养差异性研究的课题.

一、理论分析

数学知识可以运用在实际中,也可以运用到解题中,知识的运用在心理学上就是把某一个情境下学到的知识运用到另一个情境中,就是知识的迁移.老师就是要帮助学生解决正向迁移.

心理学家奥苏贝尔提出学生认知结构与迁移有关,他根据要学的新知识与学生大脑中学过知识之间的关系,将学生的学习分成"机械学习"和"有意义学习"两种.在"机械学习"中,新知识与旧知识的关系是非实质的和人为的.学生都知道"三角形的内角和是 180 度",但很多学生却不知其背后的逻辑,只是机械记住结论,属于"机械学习".学生能利用平行四边形的性质推演矩形、菱形、正方形的性质,这是"有意义的学习".认知结构理论指出,一切有意义的学习,都是建立在原有认知结构的基础之上,受原有认知结构的影响.

二、运用知识差异性下的核心素养培养的具体策略

由于学生运用知识客观的差异性,我们首先要让学生掌握相关的概念、原理、法则、定理等数学知识,然后立足知识的生长点,植根"最近发展区",抓住课堂作为教学主阵地的地位,充分发挥学生学习的主动性和积极性,切实提高学生运用知识的素养.

（一）利用变式教学,发展知识运用能力

变式教学是中国数学教育的成功经验,受到国际教育界的高度重视,对

于提升学生理解和运用知识的能力,发挥了不可替代的重要作用.

1.编制问题串,让学生在问题的递进中认识问题,为运用知识提供可能.

问题地给出应该有一个过程,让学生在不断认识的过程中获得知识的感悟,积累了初步的经验以后才能够去运用知识.

案例1　整式乘法的运用

整式乘法内容多,公式多,学生在学习时,容易混淆,在运用公式解决相关运算时容易出错,为了解决这个问题,我们通过设置问题串,揭示问题之间的联系,消除学生运用知识背公式的困惑.

问题1　计算下列式子:

$$(x+2)(x+3),$$
$$(x+2)(x-3),$$
$$(x-2)(x+3),$$
$$(x-2)(x-3).$$

发现其中的规律,在此基础上归纳出一般性规律 $(x+p)(x+q)=x^2+(p+q)x+pq$.

问题2　$(x+3)(x+a)=x^2+6x+b$,求 a,b 的值.

问题3　$(x+a)(x+b)=x^2+6x+5$,求整数 a,b 的值.

问题4　$(x+a)(x+b)=x^2-6x+5$,求整数 a,b 的值.

问题5　$(x+a)(x+b)=x^2+px+48$,求正整数 a,b,p 的值.

经过这一系列的问题,学生会从正向运用到逆向运用,从简单运用到灵活运用,运用知识的能力上升了一个台阶.

此时并没有结束,继续探究平方差公式、完全平方公式的关系.

问题6　在 $(x+p)(x+q)=x^2+(p+q)x+pq$ 中,取 $q=-p$,得到的结果是什么? 这其实就是平方差公式.

问题7　在 $(x+p)(x+q)=x^2+(p+q)x+pq$ 中,取 $q=p$,得到的结果是什么? 这其实就是完全平方公式.

从一个简单的公式 $(x+p)(x+q)=x^2+(p+q)x+pq$,自然推导出平方差公式、完全平方公式,学生获得了整体认知,从整式乘法的逆向思维,即因式分解角度,同样可以运用.

问题8　分解因式 x^2+5x+6.

问题 9　分解因式 x^2-5x-6.

问题 10　分解因式 x^2-x-6.

问题 11　分解因式 x^2+x-6.

经过这一系列的运用,学生对乘法公式的理解加深了不少,运用知识解决问题的能力相应得到提高.

2. 在形同质异中辨别问题,提高认识的深刻性,为运用知识创造条件.

有些问题看起来相同或相近,实际上其本质往往不同,我们要让学生在形同质异中辨别问题,提取问题的相同点和不同点,为运用知识创造条件.

案例 2　代数式结构的差异

问题 1　已知 $m^2-m-4=0$, $n^2-n-4=0$, 且 $m\neq n$, 求 m^3+n^3 的值.

问题 2　已知 $m^2-n-4=0$, $n^2-m-4=0$, 且 $m\neq n$, 求 m^3+n^3 的值.

分析发现问题 1 和问题 2 的式子结构不同,但所求相同,这就要求学生不能完全照搬问题 1 的方法去解决问题 2,但二者又有相同点,所以必须弄清问题的区别与联系,才能有的放矢,切中肯綮.

分析　问题 1,由已知, $m^2=m+4$, $n^2=n+4$, 所以 $m^3=m^2+4m$, $n^3=n^2+4n$, 于是

$$m^3+n^3=m^2+4m+n^2+4n=m+4+4m+n+4+4n=5(m+n)+8.$$

因为 m, n 是一元二次方程 $x^2-x-4=0$ 的两根,所以 $m+n=1$, 所以

$$m^3+n^3=5\times1+8=13.$$

问题 2,由已知,有 $m^2=n+4$, $n^2=m+4$, 两式相减,得 $m^2-n^2=n-m$, 即

$$(m+n+1)(m-n)=0.$$

因为 $m\neq n$, 所以 $m+n=-1$.

两式相加,有 $m^2+n^2=m+n+8$, 所以 $(m+n)^2-2mn=m+n+8=7$, 于是 $mn=-3$.

因为 $m^3=mn+4m$, $n^3=mn+4n$, 所以

$$m^3+n^3=mn+4m+mn+4n=2mn+4(m+n)=-2-12=-14.$$

这里的问题 1 和问题 2 都是在学生的"最近发展区"自然生成的,完全回避了三次方的乘法公式,两个题目的形式十分相近,但解决的思路却大相径庭.长期进行这样的对比、比较,能剖析问题的全貌,真正做到完全立足于学

生,从学生角度思考问题、解决问题,体现学生的主体地位.

3.在形异中求同,培养学生的化归意识,为运用知识搭建平台.

同中有异,异中有同,通过对问题的剖析,揭示相关问题的根本特征,培养学生的化归意识,为运用知识搭建平台.

案例3 一类非同底数幂问题的奇思妙解

在学习了同底数幂的乘法、幂的乘方、积的乘方以后,八年级《超级课堂》上有例题:已知 $5^a = 2^b = 10$,求 $\frac{1}{a} + \frac{1}{b}$ 的值,以及变式题.

已知 $25^x = 2000$,$80^y = 2000$,则 $\frac{1}{x} + \frac{1}{y}$ 等于(　　　).

A. 2　　　　　　B. 1　　　　　　C. $\frac{1}{2}$　　　　　　D. $\frac{3}{2}$

在讲完这两题后,引导学生归纳总结,获得了一类非同底数幂问题的奇思妙解.

问题 1 已知 $67^x = 27$,$603^y = 81$,求 $\frac{4}{y} - \frac{3}{x}$ 的值.

解:因为 $67^x = 27$,$603^y = 81$,所以 $67^{xy} = 27^y = 3^{3y}$,$603^{xy} = 81^x = 3^{4x}$.

又因为 $67 \times 9 = 603$,所以 $67^{xy} \times 9^{xy} = 603^{xy}$.

即 $67^{xy} \times 3^{2xy} = 603^{xy}$,所以 $3^{3y} \cdot 3^{2xy} = 3^{4x}$,$3^{3y+2xy} = 3^{4x}$.

于是 $3y + 2xy = 4x$,从而有 $4x - 3y = 2xy$,$\frac{4}{y} - \frac{3}{x} = 2$.

问题 2 已知 $13^x = 8$,$104^y = 16$,求 $\frac{4}{y} - \frac{3}{x}$ 的值.

解:因为 $13^x = 8$,$104^y = 16$,所以 $13^{xy} = 8^y = 2^{3y}$,$104^{xy} = 16^x = 2^{4x}$.

因为 $13 \times 8 = 104$,所以 $13^{xy} \times 8^{xy} = 104^{xy}$. 于是 $2^{3y} \cdot 2^{3xy} = 2^{4x}$,即 $2^{3y+3xy} = 2^{4x}$.

所以 $3y + 3xy = 4x$,$4x - 3y = 3xy$. 故 $\frac{4}{y} - \frac{3}{x} = 3$.

问题 3 已知 $3^a = 4^b = 6^c$,求证:$\frac{2}{c} = \frac{2}{a} + \frac{1}{b}$.

证明:因为 $3^a = 4^b = 6^c$,所以 $3^a = 2^{2b} = 6^c$. 于是 $3^{2ab} = 6^{2bc}$,$2^{2ab} = 6^{ac}$.

因为 $2 \times 3 = 6$,所以 $2^{2ab} \times 3^{2ab} = 6^{2ab}$.

又因为 $2^{2ab} \times 3^{2ab} = 6^{2bc+ac} = 6^{2ab}$,所以 $2bc + ac = 2ab$. 故 $\frac{2}{c} = \frac{2}{a} + \frac{1}{b}$.

问题 4 已知 $2^m = 3^n = 36$,求证:$\frac{1}{m} + \frac{1}{n} = \frac{1}{2}$.

证明：因为 $2^m = 3^n = 36$，所以 $2^{mn} = 36^n = 6^{2n}$，$3^{mn} = 36^m = 6^{2m}$.

所以 $2^{mn} \cdot 3^{mn} = 6^{2n} \cdot 6^{2m} = 6^{2m+2n}$，

即 $6^{mn} = 6^{2m+2n}$，于是有 $mn = 2m + 2n$. 故 $\dfrac{1}{m} + \dfrac{1}{n} = \dfrac{1}{2}$.

问题 5 已知 $2^a = 3^b = 5^c = 30$，求 $\dfrac{ab + bc + ca}{abc}$ 的值.

解：由已知得 $2^{abc} = 30^{bc}$，$3^{abc} = 30^{ac}$，$5^{abc} = 30^{ab}$，三式相乘，有 $30^{abc} = 30^{ab+bc+ca}$.

所以，$abc = ab + bc + ca$. 于是 $\dfrac{ab + bc + ca}{abc} = 1$.

（二）在模型的识别、提取与应用的过程中发展学生的实际应用能力

《义务教育数学课程标准（2011 年版）》指出：模型也是"数与代数"的重要内容，方程、方程组、不等式、函数等都是基本的数学模型. 从现实生活或者具体情境中抽象出数学问题，是建立模型的出发点；用符号表示数量关系和变化规律，是建立模型的过程；求出模型的结果并讨论结果的意义，是求解模型的过程. 这些内容有助于培养学生的学习兴趣和应用意识，体会数学建模的过程，树立模型思想. 在教学中要有针对性地对实际问题涉及的模型进行归纳、总结，在使用时才能有的放矢.

案例 4 用部分分式解应用题

有一些应用题，应用部分分式来解，显得非常简洁，这里举出若干实例予以说明.

问题 1 将若干个文件放入至少 10 个盒子中，且每个盒子中的文件数必须相等. 如果每个盒子中放入 12 个文件，则最后剩下 1 个；如果增加 3 个盒子，便可将文件恰好全部放入. 求文件的个数.

解：设有 x 个盒子，则文件数是 $12x + 1$. 增加 3 个盒子，盒子数是 $x + 3$，每个盒子文件数是 $\dfrac{12x + 1}{x + 3}$，根据题意得 $\dfrac{12x + 1}{x + 3}$ 是整数. 而 $\dfrac{12x + 1}{x + 3} = \dfrac{12(x + 3) - 35}{x + 3} = 12 - \dfrac{35}{x + 3}$ 是整数.

所以 35 能被 $x + 3$ 整除，又 $x \geqslant 10$，所以 $x + 3 \geqslant 13$.

而 $35 = 1 \times 35 = 5 \times 7$，于是 $x + 3 = 35$，所以 $x = 32$.

所以 $12x + 1 = 12 \times 32 + 1 = 385$.

文件个数为 385.

问题 2 某校高三学生要坐汽车去体检，要求每辆汽车乘坐的人数相等,若每辆汽车乘 28 人,那么剩下 1 人未上车,如果减少一辆汽车,那么所有学生正好能平均分乘到其他各车上.已知每辆汽车最多容纳 35 人,试问有多少学生和多少辆汽车?

解:设共有 x 辆,那么总人数为 $28x+1$,如果少一辆车刚好评价分乘,设这时候有 y 个人,由题意得: $28x+1=y(x-1)$.所以 $y=\dfrac{28x+1}{x-1}=\dfrac{28(x-1)+29}{x-1}=28+\dfrac{29}{x-1}$.

因为 $y\geqslant 35$,且 x,y,所以 $x=30,y=29$.

所以总人数为 $28x+1=28\times 30+1=841$.

问题 3　小倩和小玲每人都有若干面值为整数元的人民币.小倩对小玲说:"你若给我 2 元,我的钱数将是你的 n 倍";小玲对小倩说:"你若给我 n 元,我的钱数将是你的 2 倍",其中 n 为正整数,则 n 的可能值的个数是(　　　).

A. 1　　　　　　B. 2　　　　　　C. 3　　　　　　D. 4

解:设小倩所有的钱数为 x 元、小玲所有的钱数为 y 元,x,y 均为非负整数.由题设可得 $\begin{cases} x+2=n(y-2), \\ y+n=2(x-n), \end{cases}$ 消去 x 得 $(2y-7)n=y+4$,所以 $2n=\dfrac{(2y-7)+15}{2y-7}=1+\dfrac{15}{2y-7}$.

$\dfrac{15}{2y-7}$ 为正整数,所以 $2y-7$ 的值分别为 $1,3,5,15$,所以 y 的值只能为 $4,5,6$.从而 n 的值分别为 $8,3,2,1$;x 的值分别为 $14,7,6,7$.故选 D.

问题 4　某寄宿制学校的一间宿舍里住着若干名学生,其中一人担任舍长.元旦时,该宿舍里的每名学生互赠一张贺卡,且每人又赠给宿舍楼的每位管理员一张贺卡,每位管理员也回赠舍长一张贺卡,这样共用去了 51 张贺卡,问这间宿舍里住有多少名学生?

解:设这间宿舍住着 x 名学生,有 y 名管理员,由题意得 $x(x-1)+xy+y=51$.

即 $y=\dfrac{51-x^2+x}{x+1}$.而 $y=\dfrac{51-x^2+x}{x+1}=-x+2+\dfrac{49}{x+1}$ 为整数,所以 49 是 $x+1$ 的倍数.

因为 $49=1\times 49=7\times 7$,所以 $x+1=1$ 或 49 或 7,从而 $x=0$ 或 48 或 6.

因为 $x=0$ 不成立;当 $x=48$ 时 $y=-45$ 无意义;当 $x=6$ 时,$y=3$ 成立.

故 $x=6$.

这间宿舍里住有6名学生.

（三）在问题的归纳、分类、运用中提升知识运用能力

案例5 由一道中考题提炼的两个结论及其运用

原题：（2019 江苏·泰州卷）如图 4-3-1 所示，$\odot O$ 的半径为 5，点 P 在 $\odot O$ 上，点 A 在 $\odot O$ 内，且 $AP=3$，过点 A 作 AP 的垂线交 $\odot O$ 于点 B，C. 设 $PB=x$，$PC=y$，则 y 关于 x 的函数表达式为_____.

解法1：如图 4-3-2 所示，连接 PO 并延长交 $\odot O$ 于点 N，连接 BN，因为 PN 是 $\odot O$ 的直径，所以 $\angle PBN=90°$. 因为 $AP\perp BC$，所以 $\angle PAC=90°$，所以 $\angle PBN=\angle PAC$. 又因为 $\angle PNB=\angle PCA$，所以 $\triangle PBN\backsim\triangle PAC$. 所以 $\dfrac{PB}{PA}=\dfrac{PN}{PC}$，所以 $\dfrac{x}{3}=\dfrac{10}{y}$. 故 $y=\dfrac{30}{x}$.

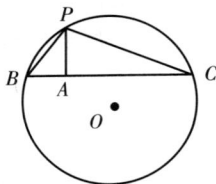

图 4-3-1

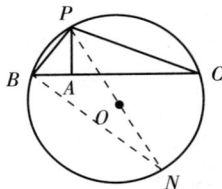

图 4-3-2

解法2：如图 4-3-2 所示，连接 PO 并延长交 $\odot O$ 于点 N，连接 BN，因为 PN 是 $\odot O$ 的直径，所以 $\angle PBN=90°$. 因为 $\angle C=\angle N$，所以 $\sin C=\sin N$，即 $\dfrac{PA}{PC}=\dfrac{PB}{PN}$，所以 $\dfrac{3}{y}=\dfrac{x}{10}$，故 $y=\dfrac{30}{x}$.

本题考查了圆周角定理、相似三角形的判定和性质，解题的关键是辅助线的构造及根据圆周角定理证明 $\triangle PBN\backsim\triangle PAC$ 或利用锐角三角函数的定义得到 $\dfrac{PA}{PC}=\dfrac{PB}{PN}$. 由解法 1 能够得到 $PB\cdot PC=PD\cdot 2R$，这是三角形的一个非常重要的性质，其运用广泛，由解法 2 我们能够发现 $\dfrac{PB}{PN}=\dfrac{PA}{PC}=\sin C$，即 $\dfrac{PB}{2R}=\sin C$. 完全类似地，设 $BC=a$，$CA=b$，$AB=c$，$\triangle ABC$ 的外接圆半径为 R. 由题目的证明过程可以得 $\dfrac{a}{\sin A}=\dfrac{b}{\sin B}=\dfrac{c}{\sin C}=2R$. 这个结论称为三角形的正弦定理，对任意三角形均成立.

以下是两个结论的应用.

问题1 （2018 四川·内江卷）已知 $\triangle ABC$ 的三边 a，b，c，满足 $a+b^2+$

$|c-6|+28=4\sqrt{a-1}+10b$,则 $\triangle ABC$ 的外接圆半径 $=$ _____.

问题 2 (2019 安徽卷)如图 4-3-3 所示,$\triangle ABC$ 内接于 $\odot O$,$\angle CAB=30°$,$\angle CBA=45°$,$CD \perp AB$ 于点 D,若 $\odot O$ 的半径为 2,则 CD 的长为_____.

解: 由已知,有 $CA \cdot CB=CD \cdot 2R$,结合 $\dfrac{a}{\sin A}=\dfrac{b}{\sin B}=\dfrac{c}{\sin C}=2R$ 有

$$CD=\frac{CA \cdot CB}{2R}=\frac{2R\sin B \cdot 2R\sin A}{2R}=2R\sin B \cdot \sin A=4\sin 45° \cdot \sin 30°=\sqrt{2}.$$

问题 3 (2018 山东·临沂卷)如图 4-3-4 所示,在 $\triangle ABC$ 中,$\angle A=60°$,$BC=5$ cm. 能够将 $\triangle ABC$ 完全覆盖的最小圆形纸片的直径是_____ cm.

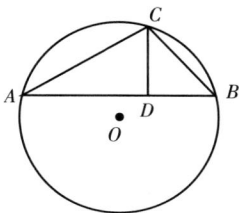

图 4-3-3

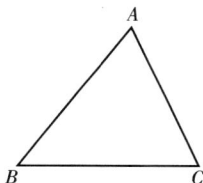

图 4-3-4

解: 能够将 $\triangle ABC$ 完全覆盖的最小圆是 $\triangle ABC$ 的外接圆,由正弦定理,有 $2R=\dfrac{BC}{\sin A}=\dfrac{5}{\sin 60°}=\dfrac{10\sqrt{3}}{3}$. 故能够将 $\triangle ABC$ 完全覆盖的最小圆形纸片的直径是 $\dfrac{10\sqrt{3}}{3}$ cm.

问题 4 (2019 江苏·南京卷)在 $\triangle ABC$ 中,$AB=4$,$\angle C=60°$,$\angle A>\angle B$,则 BC 的长的取值范围是_____.

解: 因为 $\angle C=60°$,$\angle A>\angle B$,所以 $\angle A>\angle C>\angle B$,所以 $BC>AB=4$,设 $\triangle ABC$ 的外接圆半径为 R,由正弦定理有 $2R=\dfrac{AB}{\sin C}=\dfrac{4}{\sin 60°}=\dfrac{8\sqrt{3}}{3}$,

$BC=2R\sin A=\dfrac{8\sqrt{3}}{3}\sin A \leqslant \dfrac{8\sqrt{3}}{3}$,于是,有 $4<BC \leqslant \dfrac{8\sqrt{3}}{3}$.

问题 5 (2012 浙江·宁波卷)如图 4-3-5 所示,$\triangle ABC$ 中,$\angle BAC=60°$,$\angle ABC=45°$,$AB=2\sqrt{2}$,D 是线段 BC 上的一个动点,以 AD 为直径画 $\odot O$ 分别交 AB,AC 于 E,F,连接 EF,则线段 EF 长度的最小值为_____.

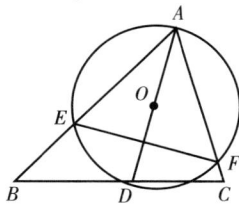

图 4-3-5

解：由正弦定理有 $EF=2R\sin\angle BAC=2R\sin 60°=\sqrt{3}R$，因为 AD 是 $\odot O$ 的直径，所以当 $AD\perp BC$ 时直径 AD 最短，此时线段 EF 最短，在 $Rt\triangle ADB$ 中，$\angle ABC=45°$，$AB=2\sqrt{2}$，所以 $AD=BD=2$，即此时圆的直径为 2，此时 $EF=\sqrt{3}$，故线段 EF 长度的最小值为 $\sqrt{3}$.

第四节　创新差异性下的数学核心素养培养的策略研究

《义务教育数学课程标准（2011 年版）》指出："创新意识的培养是现代数学教育的基本任务，应体现在数学教与学的过程之中. 学生自己发现和提出问题是创新的基础；独立思考、学会思考是创新的核心；归纳概括得到猜想和规律，并加以验证，是创新的重要方法. 创新意识的培养应该从义务教育阶段做起，贯穿数学教育的始终."

《义务教育数学课程标准（2011 年版）》指出："数学是人类文化的重要组成部分，数学素养是现代社会每一个公民应该具备的基本素养. 作为促进学生全面发展教育的重要组成部分，数学教育既要使学生掌握现代生活和学习中所需要的数学知识与技能，又要发挥数学在培养人的理性思维和创新能力方面不可替代的作用." 所以，创新教育已成为数学教学的一个导向，实际教学过程中，对学生创新能力的培养已引起广大数学教师的高度重视. 培养学生创新能力，找到培养和发展学生创新能力的有效途径，在初中数学教学中愈来愈显得重要.

一、理论分析

罗杰斯提出："有利于创造活动的一般条件是心理的安全和心理的自由." 基于此，要实现教学的创新模式，发展新型平等的师生关系，营造课堂和课下的创新氛围，教师树立新的教学观、学生树立新的学习观念，发展创新素质，实现教学组织的创新、教学内容的创新、教学方式的创新，从实际出发，结合科学合理的创新模式，使学生真正学会学习、学会思考，提高创新能力.

要鼓励学生发现问题、提出问题、讨论问题、解决问题，培养创新思维、创新个性、创新能力. 要提高教师的专业素质，正确意识到自身社会责任和保持良好的道德.要提高创新的意识、提升创新的方式,多角度发散思维教学,培养学生的创新能力.

教师和学生都要树立起对创新能力的正确认识.教师要做的是引导,学生要做的是思考,敢于质疑权威、批判传统,培养科学的意识,主动去发现问题、分析问题、解决问题.

二、数学创新能力差异性下的核心素养的培养策略

(一)培养学生的问题意识是培养学生创新素养的基石

我们提倡创新性学习,并不摒弃知识的积累,继承是学习,创新也是学习.继承是前提,创新是发展,两者是辩证统一的关系.创新学习侧重于把握思维过程和方法,质疑是探索知识、发现问题的开始.P. R. Hamous 指出:提出一个问题比解决一个问题更重要,如果没有问题的提出,人们解决问题只能是表面上的,不能从根本上解决问题,这样学生没有得到发展.

案例1 错在哪里?

在教人民教育出版社出版的《义务教育课程标准实验教科书数学八年级下册》四边形一章,在章末复习时,选用了教师教学用书第248页拓展性问题5:如图 $4-4-1$ 所示,在直角梯形 $ABCD$ 中,$AB=BC=4$,E 为 BC 边上一点,且 $\angle EAD=45°$,$ED=3$,求 $\triangle AED$ 的面积.

如图 $4-4-2$ 所示,过 A 点作 AF // BC 交 CD 的延长线于 F 点,$\because AB=BC$,$\therefore$ 四边形 $ABCF$ 是正方形.将 $\triangle AFD$ 绕点 A 顺时针旋转 $90°$ 至 $\triangle ABG$ 处,$\therefore G$、B、C 三点共线,$AD=AG$.$\because \angle EAD=45°$,$\therefore \angle GAE=\angle EAD=45°$,$\therefore \triangle AED \cong \triangle AEG$.$\therefore EF=ED=3$.$\therefore S_{\triangle AED}=S_{\triangle AEG}=\dfrac{1}{2}×3×4=6$.

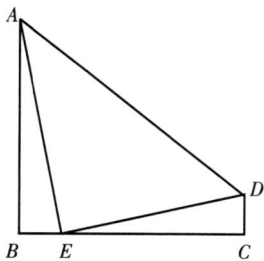

图 $4-4-1$

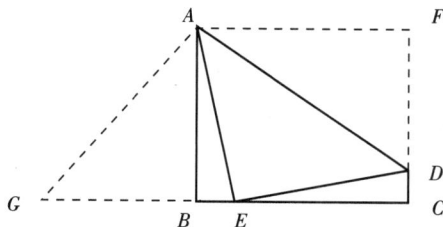

图 $4-4-2$

笔者按教师用书给出了上述答案与提示后,提出了这样一个问题:求

BE 的长.同学们解答如下:设 $BE=x$,则 $CE=4-x$,$FG=x$,$FD=3-x$,$CD=x+1$,在 $\text{Rt}\triangle ECD$ 由勾股定理得 $(4-x)^2+(x+1)^2=3^2$.化简得 $x^2-3x+4=0$.易知 $\Delta=(-3)^2-4\times4=-7<0$,$x$ 无解,故 BE 不存在,从而 $\triangle AED$ 不存在,故这是一道错题.

于是提出这样的问题:如果 $\triangle AED$ 存在,那么 $\dfrac{DE}{AB}$ 满足什么条件呢?经过课后的探讨同学们提炼出这样一个结论:

如图 $4-4-3$ 所示,在直角梯形 $ABCD$ 中,$AB \parallel CD$,$AB=BC=a$,E 为 BC 边上的一点,且 $\angle EAD=45°$,设 $DE=b$,则 $2(\sqrt{2}-1)\leqslant\dfrac{b}{a}<1$ 时 $\triangle AED$ 存在.

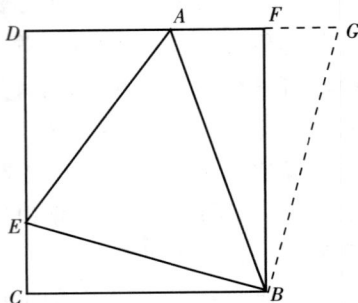

图 $4-4-3$

学习的过程是一个不断尝试错误的过程.通过尝试错误,能暴露学生的思维过程,引导学生全方位、多角度地思维,促使思考方法不断优化,使学生学会合理地调整思维方向,提高思维的准确性和灵活性.通过尝试错误,一方面充分暴露学生思维过程的薄弱环节,有利于对症下药;另一方面,错误是正确的先导,有时错误比正确更有教育价值.当代科学家、哲学家波普尔说过:"错误中往往孕育着比正确更丰富的发现和创造因素,发现的方法就是试误的方法."教学中,我们不应以一个"错"字堵住学生的嘴巴或把正确答案亲手奉上,而应正确解读学生的错误,弄清产生错误的原因,把握合理的纠错方法,为有效的教学平添一些色彩.

案例1中的问题是教师用书上的一个问题,如果仅仅按照教师用书上的解法得到答案,就会失去一个培养学生创新素养的好机会,因为学生根本不知道,其实本题是一个错题.在教学时,我们没有直接指出本题的错误,而是设置一个问题:求 BE 的长.引导学生在求 BE 的长的过程中,发现这样的 BE 是不存在的,顺势提出如果 $\triangle AED$ 存在,$\dfrac{b}{a}$ 满足什么条件呢?经过探究,最后得到一般性结论:如图 $4-4-3$ 所示,在直角梯形 $ABCD$ 中,$AB \parallel CD$,$AB=BC=a$,E 为 BC 边上的一点,且 $\angle EAD=45°$,设 $DE=b$,则 $2(\sqrt{2}-1)\leqslant\dfrac{b}{a}<1$ 时

△AED 存在. 这样既能引导学生学会质疑,更为学生的创新思维素养的养成搭建了一个平台,同时告诉学生:创新并不是多么神秘的,其实在我们平时的教学中,时时处处充斥着创新的素材,只要我们去发现,一定会有所收获.

(二)"不设问",给创新素养的培养营造一个高效的环境

"不设问"不是不问,而是将提问的主动权还给学生. 让学生经历"解读条件 → 提炼数学知识 → 编制数学问题 → 建立模型 → 推理验证"的过程. 包含问题的开放性和数学发现的开放性两个方面.

已知一次函数 $y = -\dfrac{3}{2}x + 3$. 与 x 轴,y 轴分别交于点 A,B. 你能提出什么问题?

课堂预设(1)A,B 两点坐标;(2) 线段 AB 的长度;(3) 三角形 AOB 的面积.

【教学活动】 同学们能自主根据题中的条件提出什么数学问题并思考如何解决问题?

学生1:图象经过哪几个象限?

学生2:求 A,B 两点坐标.

学生3:求 AB 的长度.

学生4:求三角形 AOB 的面积.

学生5:求 O 点直线 AB 的距离.

学生6:求相关角的三角函数值. 比如 $\angle OAB$ 的三角函数值,现在已经知道了,直角三角形的各边长度,就能求出三角函数值.

学生7:求 $\angle OAB$ 的度数.

在课堂上,不同层次的学生提出不同的问题,不同学生在学力上得到不同发展,所有学生都参与到教学活动中,体现以学生为主体的教育理念. 在教学中,尊重学生数学核心素养的差异性,学生自主创造问题、解决问题的过程中,不同层次的学生的数学核心素养都得到提升.

案例2 一石激起千层浪.

阅读:$1 \times 2 = \dfrac{1}{3}(1 \times 2 \times 3 - 0 \times 1 \times 2)$,$2 \times 3 = \dfrac{1}{3}(2 \times 3 \times 4 - 1 \times 2 \times 3)$,

$3 \times 4 = \dfrac{1}{3}(3 \times 4 \times 5 - 2 \times 3 \times 4)$,由以上三个等式相加,可得

$$1 \times 2 + 2 \times 3 + 3 \times 4 = \dfrac{1}{3} \times 3 \times 4 \times 5 = 120.$$

读完以上材料,请你计算下列各题:

(1)$1\times2+2\times3+3\times4+\cdots+10\times11$(写出过程);

(2)$1\times2+2\times3+3\times4+\cdots+n\times(n+1)=$_____;

(3)$1\times2\times3+2\times3\times4+3\times4\times5+\cdots+7\times8\times9=$_____.

做完后,我提出了这样一个问题:同学们能有什么感受与发现?

(一石激起千层浪)

学生1:由已知可以得到一般性规律:$1\times2+2\times3+\cdots+n(n+1)=\dfrac{1}{3}n(n+1)(n+2)$.

老师:你是怎么发现的?

学生1:因为$n(n+1)=\dfrac{1}{3}[n(n+1)(n+2)-(n-1)n(n+1)]$,把$n$个式子相加,有$1\times2+2\times3+\cdots+n(n+1)=\dfrac{1}{3}n(n+1)(n+2)$.

学生2:由因式分解的知识我获得:

$n(n+1)(n+2)=\dfrac{1}{4}[n(n+1)(n+2)(n+3)-(n-1)n(n+1)(n+2)]$,

将n个式子相加得到$1\times2\times3+2\times3\times4+\cdots+n(n+1)(n+2)=\dfrac{1}{4}n(n+1)(n+2)(n+3)$.

学生3:由$\dfrac{1}{n(n+1)}=\dfrac{1}{n}-\dfrac{1}{n+1}$,我发现$\dfrac{1}{1\times2}+\dfrac{1}{2\times3}+\cdots+\dfrac{1}{n(n+1)}=\dfrac{n}{n+1}$.

学生4:因为$\dfrac{1}{n(n+d)}=\dfrac{1}{d}\left(\dfrac{1}{n}-\dfrac{1}{n+d}\right)$,所以我又得到$\dfrac{1}{1\times4}+\dfrac{1}{4\times7}+\cdots+\dfrac{1}{(3n+1)(3n+4)}=\dfrac{n+1}{3n+4}$.

学生5:由$\dfrac{1}{n(n+1)(n+2)}=\dfrac{1}{2}\left[\dfrac{1}{n(n+1)}-\dfrac{1}{(n+1)(n+2)}\right]$,我有$\dfrac{1}{1\times2\times3}+\dfrac{1}{2\times3\times4}+\cdots+\dfrac{1}{n(n+1)(n+2)}=\dfrac{n(n+3)}{4(n+1)(n+2)}$.

教师:很好! 同学们的发现很好,这样的发现还有很多,有兴趣的同学请课后继续探究.

这是有理数复习的一个问题,由一个阅读材料为出发点,采用类比的方法提炼出这么多结论,令我感到很欣慰.尽管影响了上课的进度,却获得不菲的收获,更重要的是学生的思维得到空前的激发,创新意识和创新品质得以引爆,在七年级的课堂中让学生首次感到只要我们思考,我们探究,一定会有创新的成果.

(三)在研究性学习活动中培养学生创新的素养

研究性学习是指学生在教师指导下,从学习生活和社会生活中选择和确定研究专题,主动地获取知识、应用知识、解决问题的活动.研究性学习是一种实践性较强的教育教学活动,不再局限于对学生进行纯粹的书本知识的传授,而是让学生参加实践活动,在实践中学会学习和获得各种能力.由于初中学生年龄较小,知识面狭窄,所做的研究只能是初步的、浅显的.

案例3 怎样用一张正方形纸片折出一个 $45°$ 的角?

学生1:如图 4-4-4 所示,将正方形沿对角线 BD 对折,AB 与 BC 是重合的,则 $\angle ABD = \angle CBD = 45°$. 即 $\angle EBF = 45°$.

学生2:如图 4-4-5 所示,将正方形的边 AB、CB 分别沿某条线对折得到使得 A,C 重合(设重合点为 H),显然有 $\angle ABE = \angle HBE$,$\angle CBF = \angle HBF$,从而 $\angle HBE + \angle HBF = \angle ABE + \angle CBF = 45°$,

学生3:如图 4-4-6 所示,将正方形的顶点 B 沿某条直线 MN 对折与正好落在边 AD 上,设此点为 E,点 C 关于直线 MN 的对称点为 C',连结 EC',交 DC 于点 F,则 $\angle EBF = 45°$.

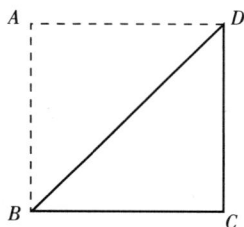

图 4-4-4

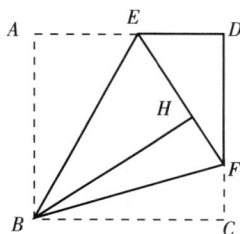

图 4-4-5

教师:为什么?

学生 3:由折叠的性质可知 $\angle MEC = \angle ABC = 90°$,$MB = ME$,$\angle MBE = \angle MEB$. 过点 B 作 $BP \perp EF$,垂足为 P.$\therefore BP \parallel EM$,$\therefore \angle MEB = \angle PBE$.得 $\angle MBE = \angle PBE$ ①.

$\because \angle MBE = \angle PBE$,$BE = BE$,

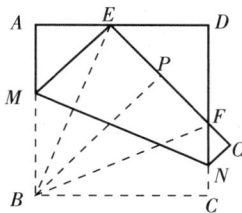

图 4-4-6

$\therefore \text{Rt}\triangle ABE \cong \text{Rt}\triangle PBE, \therefore AB = PB. \because AB = BC, \therefore PB = CB.$

$\because PB = CB, BF = BF, \therefore \text{Rt}\triangle CBF \cong \text{Rt}\triangle PBF.$ 得 $\angle CBF = \angle PBF$②. 由①、②式可知 $\angle EBF = 45°$.

学生 4：我还发现 $\triangle DEF$ 的周长等于正方形 $ABCD$ 周长的一半.

老师：怎么得到的？

学生 4：设 $AB = 2a$，由折叠的性质知 $EM = BM, \angle EMF = \angle MBC = 90°$. E 为 AD 边上的任意一点，设 $AE = x, AM = b$，则 $EM = MB = 2a - b$，在 $\text{Rt}\triangle EDM$ 中，$AM + AE = EM$，即 $x + b = 2z - b$，解得 $b = \dfrac{4a - x}{4a}$. $\because \angle MEF = \angle MBC = 90°, \therefore \angle MEA + \angle FED = 90°$.

又 $\because \angle MEA + \angle EMA = 90°, \therefore \angle EMA = \angle FED$. 又 $\angle D = \angle A = 90°$, $\therefore \triangle AME \backsim \triangle DEF$. $\therefore \dfrac{\triangle DEF \text{ 的周长}}{\triangle AME \text{ 的周长}} = \dfrac{ED}{MA} = 2a - xb$. 故 $\triangle DEF$ 的周长 $= (2a - xb) \times \triangle AME$ 的周长. 而 $\triangle AME$ 的周长 $= MA + EM + AE = DE + EA + DM = 2a + x, \therefore \triangle DEF$ 的周长 $= \dfrac{2a - x}{b} \cdot (2a + x) = (4a - x) \cdot$

$\dfrac{4a}{4a - x} = 4a$.

所以 $\triangle MCG$ 的周长为正方形 $ABCD$ 周长的一半.

学生 5：上面两个结论实际上是等价的.

老师：对，这个问题我们证明过.

数学活动在教材中有很多，但我们的教师并没有真正发挥数学活动的作用，而是流于形式. 只要我们充分准备、积极探究，就可以提炼出数学活动中很多有趣的问题，和教学内容相互补充，会得到较好的效果. 本活动是一个寻常的活动，但通过这样的活动我们不仅获得了用折纸得到 45° 的方法，更为重要的是找到了两个结论的等价关系，一气呵成.

（四）用类比法构建知识，实现学习上的创新

类比推理是根据两个或两类对象有部分属性相同，从而推出它们的其他属性也相同的推理，简称类推、类比. 它是以关于两个事物某些属性相同的判断为前提，推出两个事物的其他属性相同的结论的推理. 类比是非常重要的一种数学提炼方法，由此及彼. 如将三角形内切圆的性质类比到三角形旁切圆，将三角形海伦公式类比到圆内接四边形，将分数的性质和运算法则类比到分式的性质和运算法则等. 运用类比推理解决问题的过程如图 4 - 4 - 7 所示.

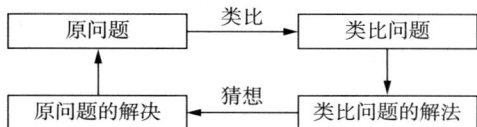

图 4 - 4 - 7

案例 4　一个比较大小问题的探究.

已知 $a = \dfrac{2007}{2008}, b = \dfrac{2008}{2009}$,比较 a, b 的大小.

比较大小后,提出同学们能不能得到一般性规律?

(经过研究)

学生 1:若 m, n 是任意正整数,且 $m > n$,则 $\dfrac{n}{m} < \dfrac{n+1}{m+1}$.

学生 2:若 m, n 是任意正实数,且 $m > n$,则 $\dfrac{n}{m} < \dfrac{n+1}{m+1}$.

学生 3:若 m, n, r 是任意正整数,且 $m > n$;或 m, n 是任意正整数,r 是任意正实数,且 $m > n$,则 $\dfrac{n}{m} < \dfrac{n+r}{m+r}$.

学生 4:若 m, n 是任意正实数,r 是任意正整数,且 $m > n$;或 m, n, r 是任意正实数,且 $m > n$,则 $\dfrac{n}{m} < \dfrac{n+r}{m+r}$.

学生 5:若 m, n 是任意正实数,r 是任意正整数,若 $m > n$,则 $\dfrac{n}{m} < \dfrac{n+r}{m+r}$;若 $m < n$,则 $\dfrac{n}{m} > \dfrac{n+r}{m+r}$.

学生 6:利用学生 4 的规律,我可以证明 $\dfrac{3}{2} \times \dfrac{5}{4} \times \dfrac{7}{6} \times \cdots \times \dfrac{2n+1}{2n} > \sqrt{n+1}$.

令 $A = \dfrac{3}{2} \times \dfrac{5}{4} \times \dfrac{7}{6} \cdots \dfrac{2n+1}{2n}, B = \dfrac{4}{3} \times \dfrac{6}{5} \times \dfrac{8}{7} \cdots \dfrac{2n+2}{2n+1}$.

$\because a > b > 0, m > 0, \therefore \dfrac{a}{b} > \dfrac{a+m}{b+m} \therefore \dfrac{3}{2} > \dfrac{4}{3}, \dfrac{5}{4} > \dfrac{6}{5}, \dfrac{7}{6} > \dfrac{8}{7}, \cdots,$

$\dfrac{2n+1}{2n} > \dfrac{2n+2}{2n+1}$.

$\therefore A^2 > AB = \dfrac{3}{2} \times \dfrac{4}{3} \times \dfrac{5}{4} \times \dfrac{6}{5} \times \dfrac{7}{6} \times \dfrac{8}{7} \cdots \dfrac{2n+1}{2n} \times \dfrac{2n+2}{2n+1} = n+1.$

$\therefore A > \sqrt{n+1}$.

学生7:我能够证明 $\frac{1}{2} \times \frac{3}{4} \times \frac{5}{6} \times \cdots \times \frac{2n-1}{2n} < \sqrt{\frac{1}{2n+1}}$.

令 $A = \frac{1}{2} \times \frac{3}{4} \times \frac{5}{6} \times \cdots \times \frac{2n-1}{2n}$, $B = \frac{2}{3} \times \frac{4}{5} \times \frac{6}{7} \times \cdots \times \frac{2n}{2n+1}$,

$\because 0 < a < b, \therefore \frac{a}{b} < \frac{a+m}{b+m} \therefore \frac{1}{2} < \frac{2}{3}, \frac{3}{4} < \frac{4}{5}, \frac{5}{6} < \frac{6}{7}, \cdots$,

$\frac{2n-1}{2n} < \frac{2n}{2n+1}$.

$\therefore A^2 < AB = \frac{1}{2} \times \frac{2}{3} \times \frac{3}{4} \times \frac{4}{5} \times \frac{5}{6} \times \frac{6}{7} \times \cdots \times \frac{2n-1}{2n} \times \frac{2n}{2n+1} =$

$\frac{1}{2n+1}$. $\therefore A < \sqrt{\frac{1}{2n+1}}$.

在数学教学中,要发展学生的个性、培养其创新能力,就得重视引导学生发现问题、提出问题.教师要学会正确地分析、对待学生的"奇谈怪论"和"异常举止",才能扶持他们的创新行为.

(五)教会学生学会思考是培养学生创新能力的归宿

从某种意义上来说,思考尤为重要,它是学生对问题认识的深化和提高的过程.养成反思的习惯,反思自己的思维过程,反思知识点和解题技巧,反思各种方法的优劣,反思各种知识的纵横联系,适时地组织引导学生展开想象:题设条件能否减弱,结论能否加强,问题能否推广,等等.通过不断思考,打开创新思维大门,培养出色的创新能力.

案例5 对 2020 年哈佛-麻省数学竞赛春季赛一道代数题的解与变式.

2020 年哈佛-麻省数学竞赛春季赛代数数论卷第 2 题为:

求正整数对 (a,b),其中 $a < b$,且 $\frac{2020-a}{a} \cdot \frac{2020-b}{b} = 2$.

解:由已知,得 $(2020-a)(2020-b) = 2ab$,整理得 $ab + 2020a + 2020b = 2020^2$.

因式分解得 $(a+2020)(b+2020) = 2 \times 2020^2 = 2^5 \times 5^2 \times 101^2$.

因为 (a,b) 为正整数对,且 $a < b$,所以

$a + 2020 > 2020, b + 2020 > 2020, a + 2020 < b + 2020$,

所以只能是 $a + 2020 = 25 \times 101 = 2525, b + 2020 = 32 \times 101 = 3232$.

从而 $(a,b) = (505, 1212)$. 故正整数对 (a,b) 只有一对解 $(a,b) = (505, 1212)$.

说明：如果没有 $a < b$ 的限制，题目应该有两对解 $(a,b) = (505, 1212)$，$(1212, 505)$.

把式子右边的 2 改成其他数，会得到题目的变式.

变式 1 求正整数对 (a,b)，其中 $a < b$，且 $\dfrac{2020-a}{a} \cdot \dfrac{2020-b}{b} = 3$.

解：由已知，得 $(2020 - a)(2020 - b) = 3ab$. 整理得 $ab + 1010a + 1010b = 2 \times 1010^2$.

因式分解得 $(a + 1010)(b + 1010) = 3 \times 1010^2 = 3 \times 2^2 \times 5^2 \times 101^2$.

因为 (a,b) 为正整数对，且 $a < b$. 所以

$$a + 1010 > 1010, b + 1010 > 1010, a + 1010 < b + 1010,$$

所以只能是 $a + 1010 = 3 \times 505 = 1515, b + 1010 = 4 \times 505 = 2020$.

从而 $(a,b) = (505, 1010)$.

变式 2 求正整数对 (a,b)，其中 $a < b$，且 $\dfrac{2020-a}{a} \cdot \dfrac{2020-b}{b} = 4$.

解：由已知，得 $(2020 - a)(2020 - b) = 4ab$. 整理得 $3ab + 2020a + 2020b = 2020^2$.

因式分解，得 $(3a + 2020)(3b + 2020) = 4 \times 2020^2 = 2^7 \times 5^2 \times 101^2$.

因为 (a,b) 为正整数对，且 $a < b$ 所以

$$3a + 2020 > 2020, 3b + 2020 > 2020, 3a + 2020 < 3b + 2020,$$

所以只能是 $(3a + 2020, 3b + 2020) = (3200, 10201), (4040, 8080)$.

验证知上述两组数的 (a,b) 均不是整数，故满足条件的 (a,b) 不存在.

把原题的减号改成加号，可以得到.

变式 3 求正整数对 (a,b) 的个数，且 $\dfrac{2020+a}{a} \cdot \dfrac{2020+b}{b} = 2$.

解：由已知，得 $(2020 + a)(2020 + b) = 2ab$，整理得 $ab - 2020a - 2020b = 2020^2$.

因式分解得 $(a - 2020)(b - 2020) = 2 \times 2020^2 = 2^5 \times 5^2 \times 101^2$，

所以满足条件的 (a,b) 的个数有 $(5+1)(2+1)(2+1) = 54$.

（六）教学生学会反思，实现学习的自觉创新

古人云："授人以鱼，不如授之以渔。"我常常告诫学生，老师只能给你一根拐杖，扶着你迈出第一步，但以后的路需要自己去走，教师应该给学生撑起一根什么样的拐杖对学生来说是至关重要的. 要想使学生得到可持续发

展,进而有一定的创新意识和创新能力,应培养他们不断思考问题、分析问题、研究问题、解决问题,在这些过程中创新问题是核心.但这个过程是一个渐进的、持续的、螺旋上升的,需要在教学过程中有条理、分步骤地推进.

在教学中要引导学生学会思考、善于思考,只有进行思考,才可能进行创新,思考是创新的助推器.中国自古以来就提倡"思",孔子说:"学而不思则罔,思而不学则殆."主张学思结合.孟子说:"心之官则思,思则得之,不思则不得也."韩愈在《进学解》中讲"行成于思".由于学生数学核心素养的差异性,会导致学生在"思"过程中采用不同的思维方式、探究方法,会出现不同层次的创新能力.

案例 6 几道分式求值题的反思.

问题 1 (孝感市 2019 年特色高中自主招生)设互不相等的非零实数 a, b,c 满足 $a+\dfrac{3}{b}=b+\dfrac{3}{c}=c+\dfrac{3}{a}$,求 $\sqrt{\left(a+\dfrac{3}{b}\right)^2+\left(b+\dfrac{3}{c}\right)^2+\left(c+\dfrac{3}{a}\right)^2}$ 的值.

解:设 $a+\dfrac{3}{b}=b+\dfrac{3}{c}=c+\dfrac{3}{a}=k$,则 $abc+3c=bck$,$abc+3a=ack$,$abc+3b=abk$.

于是 $abc+3c=bck=k(ck-3)$,即 $abc+3k=c(k^2-3)$.

同理,有 $abc+3k=a(k^2-3)$,$abc+3k=b(k^2-3)$,于是 $k^2=3$.

故 $\sqrt{\left(a+\dfrac{3}{b}\right)^2+\left(b+\dfrac{3}{c}\right)^2+\left(c+\dfrac{3}{a}\right)^2}=\sqrt{3k^2}=3$.

通过引导学生反思,该题的结论能不能推广到一般情形,经过师生的双边活动,最后发现完全类似地可以得到本题的一般形式:设互不相等的非零实数 a,b,c,和正实数 m 满足 $a+\dfrac{m}{b}=b+\dfrac{m}{c}=c+\dfrac{m}{a}$,则

$$\sqrt{\left(a+\dfrac{3}{b}\right)^2+\left(b+\dfrac{3}{c}\right)^2+\left(c+\dfrac{3}{a}\right)^2}=\sqrt{3}m.$$

问题 2 (2020 年北京初中数学竞赛)已知 $\dfrac{1}{a}+\dfrac{1}{b+c+d}=\dfrac{1}{3}$,$\dfrac{1}{b}+\dfrac{1}{a+c+d}=\dfrac{1}{5}$,$\dfrac{1}{c}+\dfrac{1}{a+b+d}=\dfrac{1}{7}$,$\dfrac{1}{d}+\dfrac{1}{a+b+c}=\dfrac{1}{9}$,则 $\dfrac{3}{a}+\dfrac{5}{b}+\dfrac{7}{c}+\dfrac{9}{d}=($).

A. 1   B. 2   C. 3   D. 4

解: 令 $a+b+c+d=k$，则

$$\frac{1}{a}+\frac{1}{k-a}=\frac{1}{3},\frac{1}{b}+\frac{1}{k-b}=\frac{1}{5},\frac{1}{c}+\frac{1}{k-c}=\frac{1}{7},\frac{1}{d}+\frac{1}{k-d}=\frac{1}{9}.$$

所以 $a(k-a)=3k,b(k-b)=5k,c(k-c)=7k,d(k-d)=9k.$ 于是

$$\frac{3}{a}=\frac{k-a}{k},\frac{5}{b}=\frac{k-b}{k},\frac{7}{c}=\frac{k-c}{k},\frac{9}{d}=\frac{k-d}{k}.$$

故

$$\frac{3}{a}+\frac{5}{b}+\frac{7}{c}+\frac{9}{d}=\frac{k-a}{k}+\frac{k-b}{k}+\frac{k-c}{k}+\frac{k-d}{k}$$

$$=\frac{4k-a-b-c-d}{k}$$

$$=\frac{4k-k}{k}$$

$$=3.$$

故选 C.

在基础较好的学生的努力下，可推广为：已知 $\frac{1}{a}+\frac{1}{b+c+d}=\frac{1}{m},\frac{1}{b}+\frac{1}{a+c+d}=\frac{1}{n},\frac{1}{d}+\frac{1}{a+b+c}=\frac{1}{q}$，则 $\frac{m}{a}+\frac{n}{b}+\frac{p}{c}+\frac{q}{d}=3.$

问题 3　（2020 百子菁英计划青少年数学竞赛）若 $\frac{a^2}{b+c-a}+\frac{b^2}{c+a-b}+\frac{c^2}{a+b-c}=0$，则 $\frac{a}{b+c-a}+\frac{b}{c+a-b}+\frac{c}{a+b-c}=$ _____.

解: 令 $a+b+c=s$，则 $\frac{a^2}{s-2a}+\frac{b^2}{s-2b}+\frac{c^2}{s-2c}=0$，所以

$$\frac{4a^2-s^2+s^2}{s-2a}+\frac{4b^2-s^2+s^2}{s-2b}+\frac{4c^2-s^2+s^2}{s-2c}=0,$$

即

$$-(2s+a+2s+b+2s+c)+s^2\left(\frac{1}{s-2a}+\frac{1}{s-2b}+\frac{1}{s-2c}\right)=0,$$

$$-5s+s^2\left(\frac{1}{s-2a}+\frac{1}{s-2b}+\frac{1}{s-2c}\right)=0.$$

所以 $s=0$ 或 $\dfrac{1}{s-2a}+\dfrac{1}{s-2b}+\dfrac{1}{s-2c}=5$，又因为

$$A=\dfrac{a}{b+c-a}+\dfrac{b}{c+a-b}+\dfrac{c}{a+b-c}$$

$$=\dfrac{a}{s-2a}+\dfrac{b}{s-2b}+\dfrac{c}{s-2c}$$

$$=\dfrac{1}{2}\left(\dfrac{2a}{s-2a}+\dfrac{2b}{s-2b}+\dfrac{2c}{s-2c}\right)$$

$$=\dfrac{1}{2}\left[-3+s\left(\dfrac{1}{s-2a}+\dfrac{1}{s-2b}+\dfrac{1}{s-2c}\right)\right].$$

当 $s=0$ 时，$A=-\dfrac{3}{2}$；

当 $\dfrac{1}{s-2a}+\dfrac{1}{s-2b}+\dfrac{1}{s-2c}=5$ 时，$A=1$.

故 $\dfrac{a}{b+c-a}+\dfrac{b}{c+a-b}+\dfrac{c}{a+b-c}$ 的值为 $-\dfrac{3}{2}$ 或 1.

本题也可推广为：若 $\dfrac{a^2}{b+c-ka}+\dfrac{b^2}{c+a-kb}+\dfrac{c^2}{a+b-kc}=0$，则

$$\dfrac{a}{b+c-ka}+\dfrac{b}{c+a-kb}+\dfrac{c}{a+b-kc}=-\dfrac{3}{k+1}\ 或\ 1.$$

证明：令 $a+b+c=s$，则 $\dfrac{a^2}{b+c-ka}+\dfrac{b^2}{c+a-kb}+\dfrac{c^2}{a+b-kc}=0$，所以

$$\dfrac{a^2}{s-(k+1)a}+\dfrac{b^2}{s-(k+1)b}+\dfrac{c^2}{s-(k+1)c}=0,$$

即

$$\dfrac{1}{(k+1)^2}\times$$

$$\left[\dfrac{(k+1)^2a^2-s^2+s^2}{s-(k+1)a}+\dfrac{(k+1)^2b^2-s^2+s^2}{s-(k+1)b}+\dfrac{(k+1)^2c^2-s^2+s^2}{s-(k+1)c}\right]=0.$$

于是，有

$$-\left[(k+1)a+s+(k+1)b+s+(k+1)c+s\right]+$$

$$\left[\dfrac{s^2}{s-(k+1)a}+\dfrac{s^2}{s-(k+1)b}+\dfrac{s^2}{s-(k+1)c}\right]=0.$$

因此 $\dfrac{s^2}{s-(k+1)a}+\dfrac{s^2}{s-(k+1)b}+\dfrac{s^2}{s-(k+1)c}-(k+4)s=0.$

所以 $s=0$ 或 $\dfrac{s}{s-(k+1)a}+\dfrac{s}{s-(k+1)b}+\dfrac{s}{s-(k+1)c}=(k+4).$

当 $s=0$ 时，$\dfrac{a}{b+c-ka}+\dfrac{b}{c+a-kb}+\dfrac{c}{a+b-kc}=\dfrac{a}{s-(k+1)a}+$

$\dfrac{b}{s-(k+1)b}+\dfrac{c}{s-(k+1)c}=-\dfrac{3}{k+1};$

当 $\dfrac{s}{s-(k+1)a}+\dfrac{s}{s-(k+1)b}+\dfrac{s}{s-(k+1)c}=(k+4)$ 时，

$$\dfrac{a}{b+c-ka}+\dfrac{b}{c+a-kb}+\dfrac{c}{a+b-kc}$$

$$=\dfrac{a}{s-(k+1)a}+\dfrac{b}{s-(k+1)b}+\dfrac{c}{s-(k+1)c}$$

$$=\dfrac{1}{k+1}\left[\dfrac{(k+1)a-s+s}{s-(k+1)a}+\dfrac{(k+1)b-s+s}{s-(k+1)b}+\dfrac{(k+1)c-s+s}{s-(k+1)c}\right]$$

$$=\dfrac{1}{k+1}\left[-3+\dfrac{s}{s-(k+1)a}+\dfrac{s}{s-(k+1)b}+\dfrac{s}{s-(k+1)c}\right]$$

$$=\dfrac{1}{k+1}(-3+k+4)$$

$$=1.$$

问题 4　(《数学竞赛之窗》2021 年春季赛试题 JOP13，白俄罗斯 D. Bazylew 供题) 若非零实数 a,b,c 满足 $(a+b+c)\left(\dfrac{1}{a}+\dfrac{1}{b}+\dfrac{1}{c}\right)=\dfrac{27}{2}$，求以下不等式的值.

$$(a+b+c)\left(\dfrac{1}{a+b-5c}+\dfrac{1}{b+c-5a}+\dfrac{1}{c+a-5b}\right).$$

解：设 $a+b+c=k$，已知变形为 $k\cdot\dfrac{ab+bc+ca}{abc}=\dfrac{27}{2}$，所以

$abc=\dfrac{27}{2}k(ab+bc+ca).$

记 $F=(a+b+c)\left(\dfrac{1}{a+b-5c}+\dfrac{1}{b+c-5a}+\dfrac{1}{c+a-5b}\right)$，则

$$F = k\left(\frac{1}{k-6c} + \frac{1}{k-6b} + \frac{1}{k-6a}\right)$$

$$= k \cdot \frac{(k-6a)(k-6b) + (k-6b)(k-6c) + (k-6c)(k-6a)}{(k-6a)(k-6b)(k-6c)}$$

$$= k \cdot \frac{3k^2 - 12k^2 + 36(ab+bc+ca)}{k^3 - 6k^2(a+b+c) + 36k(ab+bc+ca) - 216abc}$$

$$= k \cdot \frac{-9k^2 + 36(ab+bc+ca)}{-5k^3 + 36k(ab+bc+ca) - 216 \cdot \dfrac{2k(ab+bc+ca)}{27}}$$

$$= k \cdot \frac{-9k^2 + 36(ab+bc+ca)}{-5k^3 + 20k(ab+bc+ca)}$$

$$= \frac{9}{5}.$$

本题可推广为：

若非零实数 a,b,c 满足 $(a+b+c)\left(\dfrac{1}{a} + \dfrac{1}{b} + \dfrac{1}{c}\right) = \dfrac{2p^2-3p}{p-2}(p \neq 1,2)$，

则

$$(a+b+c)\left[\frac{1}{a+b-(p-1)c} + \frac{1}{b+c-(p-1)a} + \frac{1}{c+a-(p-1)b}\right]$$

$$= \frac{3-2p}{1-p}.$$

证明：设 $a+b+c=k$，已知变形为 $k \cdot \dfrac{ab+bc+ca}{abc} = \dfrac{2p^2-3p}{p-2}$，

所以

$$abc = k(b+bc+ca) \cdot \frac{p-2}{2p^2-3p}.$$

于是

$$(a+b+c)\left[\frac{1}{a+b-(p-1)c} + \frac{1}{b+c-(p-1)a} + \frac{1}{c+a-(p-1)b}\right]$$

$$= k \cdot \left(\frac{1}{k-pa} + \frac{1}{k-pb} + \frac{1}{k-pc}\right)$$

$$= k \cdot \frac{\sum (k-pa)(k-pb)}{(k-pa)(k-pb)(k-pc)}$$

$$= k \cdot \frac{3k^2 - 2k^2 p + p^2 \sum ab}{k^3 - k^3 p + kp^2 \sum ab - p^3 abc}$$

$$= k \cdot \frac{(3 - 2p)k^2 + p^2 \sum ab}{k^3 - k^3 p + kp^2 \sum ab - p^3 k \sum ab \cdot \dfrac{p-2}{2p^2 - 3p}}$$

$$= \frac{(3 - 2p)k^2 + p^2 \sum ab}{(1 - p)k^2 + p^2 \sum ab \cdot \left(1 - \dfrac{p-2}{2p-3}\right)}$$

$$= \frac{(3 - 2p)k^2 + p^2 \sum ab}{(1 - p)k^2 + p^2 \sum ab \cdot \dfrac{p-1}{2p-3}}$$

$$= \frac{(3 - 2p)\left(k^2 + \dfrac{p^2}{3 - 2p} \sum ab\right)}{(1 - p)\left(k^2 + + \dfrac{p^2}{3 - 2p} \sum ab\right)}$$

$$= \frac{3 - 2p}{1 - p}.$$

中国著名教育家叶圣陶先生指出："教师的教是为了不教."为了"不教"，教师要培养学生阅读的习惯，使学生真正学会读书、学会学习、学会思考、学会反思、学会创新.

参考文献

［1］中华人民共和国教育部.义务教育数学课程标准(2011 年版)［M］.北京：北京师范大学出版社,2011.

［2］蒋海燕.中学数学核心素养培养方略［M］.济南：山东人民出版社,2017.

［3］李玉龙.因材施教的教学方法［M］.长春：东北师范大学出版社,2010.